인생을 바꾸는 작은 습관들

THE CHOICE POINT: The Scientifically Proven Method to
Push Past Mental Walls and Achieve Your Goals
by Joanna Grover LCSW, Jonathan Rhodes PhD

인생을 바꾸는 작은 습관들

The Choice Point

조안나 그로버 · 조나단 로즈 지음

이윤정 옮김

원하는 미래를 눈앞의 현실로 끌어당기는 미라클 상상 훈련

일러두기

1. 이 책에 등장하는 주요 인명, 지명, 기관명은 국립국어원 외래어표기법을 따르되 일부는 관례에 따라 소리 나는 대로 표기했다.

2. 단행본은 《 》, 신문과 잡지, 영화는 〈 〉으로 표기했다.

우리가 머릿속에 떠올리는 심상Image에는 엄청난 힘이 있다. 내가 윔블던에서 첫 우승을 거두고 트로피를 손에 들었을 때 그것은 처음 맞이하는 순간이 아니었다. 나는 수년간 윔블던 트로피를 손에 든 내 모습을 상상했다. 아버지는 어린 내게 언젠가 윔블던에서 우승하게 될 것이라고 늘 말씀하셨다. 나는 그 말을 믿었지만, 초등학교 4학년이 세상에 대해 뭘 알았겠는가. 비록 어떤 여정일지는 알 수 없었지만, 엄청난 미래가 펼쳐지리라는 것은 알고 있었다. 윔블던은 내게 상징적인 심상이었고 나는 윔블던을 마음의 눈으로 볼 수 있었다. 나는 이런 모습을 상상하곤 했다.

매치 포인트에서 승리하는 모습

멋진 샷을 치는 모습

트로피를 받는 모습

트로피를 들고 있는 모습

트로피에 키스하는 모습

트로피를 머리 위로 들어 올리는 모습

이러한 심상들은 내 안에 각인되었다. 대부분의 운동선수들처럼 나도 목표 지향적인 사람으로 내게는 분명한 목적지와 목표가 있었다. 감사하게도 내게는 자신감까지 있었다. 상대가 누구든, 어느 스포츠에서든 겨뤄서 이길 자신이 있었다. 테니스를 선택한 이유는 테니스가 가장 좋았기 때문이다. 코트에 발을 내딛는 순간 집에 온 듯한 기분이 들었다. 그러니 테니스에서 이길 수 있다면 얼마나 좋았겠는가? 아무도 내게 테니스 훈련을 강요하지 않았다. 오히려 그 반대였다. 나는 연습할 시간이 되면 제일 먼저 문을 열고 코트로 나갔다.

다섯 살 때는 몇 시간이고 벽에 대고 공을 쳤는데, 그것이 너무 좋았다! 스마트폰과 소셜 미디어가 등장하기 훨씬 전이었다. 테니스가 지루하게 느껴진 적은 한 번도 없었고 실력을 키우기 위한 훈련이라면 아무리 힘들고 단조로워도 마다하지 않았다. 훈련은 전체 과정의 일부분이었고 고통도 마찬가지였다. 내 입

맛에 맞게 훈련하지 않았다. 챔피언은 그런 식으로 탄생하지 않기 때문이다. 원하는 부분만 선택하지 않고 모든 훈련에 헌신적으로 임했다. 코치의 말을 경청하고 존중했으며, 주어진 과제를 완수했다.

"말이 쉽지. 당신은 마르티나 나브라틸로바잖아"라고 말할지도 모른다. 맞는 말이다. 한때 사춘기에 접어든 풋풋한 소녀였던 나는 프라하행 기차를 타고 있었다. 원대한 꿈을 품고 학교 가방과 테니스 가방을 메고 있던 내게 낯선 사람이 말을 걸었다. "테니스 라켓은 왜 들고 다니는 거니?" 나는 테니스를 친다고 대답하며, 마음속으로는 언젠가 사람들이 내게 그런 질문을 하지 않는 날이 올 것이라고 믿었다.

꿈을 향해 나아가기로 결심했다면 언젠가 역경의 시험대에 오르게 될 것이다. 이때 그 누구도 건드릴 수 없는 내면의 나침반을 갖고 있는 것이 중요하다. 내 삶의 목적은 인권과 공정성에 대한 헌신이고 이는 모두 부모님에게서 물려받은 가치이다. 나는 테니스를 통해 얻은 명성 덕분에 목소리를 낼 수 있었고, 일부 사람들의 편견을 바꾸기도 했다.

당연히 나도 완벽하지는 않다. 하지만 실수했을 때는 배우고 순응한다. 테니스를 할 때도 그렇다. 테니스는 인생에 좋은 교훈을 많이 가르쳐준다.

코트 위에서 나는 계속하여 '만약의 경우'에 직면했다. 코트 밖에서는 언론과 사회의 시선 등 많은 난관에 부딪혔다. 이겼을 때보다 졌을 때 기사는 더 크게 났다. 그때는 지금과 달리 선수들이 소셜 미디어에서 팬들과 소통할 수도 없었다. 선수 생활 내내 시소를 타듯 전투를 치러야 했다. 해외에 나가면 경기력으로 칭찬을 받다가도 성적 지향을 이유로 거부당하기도 했다. 하지만 미디어가 가하는 사회적 압력에도 불구하고 나 자신을 잃지 않으려고 노력했다. 나는 시대를 앞서가고 있다는 사실을 머리와 가슴으로 알고 있었다. 나는 강하고 거침없는 레즈비언이었다. 언젠가는 세상이 나를 따라올 것이라고 믿었고, 실제로 그렇게 되었다.

조나단과 조안나(이후 조)가 이 책에서 말하는 것처럼, 자신의 '왜'를 알고, 내면의 신념 체계를 이해하며, 자신만의 도덕적 나침반을 찾으면 어려운 상황에 처했을 때 도움을 받을 수 있다. 나는 당신이 그런 순간을 마주할 때 당신만의 길을 찾기를 바란다. 관습에 얽매이지 말고 당신만의 길을 찾아라.

한 유명한 테니스 전문 기자로부터 내가 먼저 서브를 넣을 경우 그 경기는 잘 풀어내지 못한다는 말을 들은 적이 있다. 당시에는 아무런 대꾸도 하지 않았지만, 그의 말은 한동안 내 머릿속을 떠나지 않았고 서브를 넣을 때마다 떠오르는 바람에 애를 먹었다. 그의 말이 사실인지는 알 수 없었다. 당시에는 지금처럼 통계가 나오지 않았기에 그게 정말 내 약점인지 찾아보거나 알아볼 수가 없었다. 그저 의구심을 품을 수밖에 없었는데, 그러다 보니 샷에 대해 지나치게 많이 고민하게 되었다. 운동선수에게 자신에 대한 기사를 읽지 말라고 하는 건 그런 이유에서다.

내가 경기를 하던 시절에는 스포츠 심리학자가 없었다. 경기 중에 긍정적인 공간으로 이동하도록 해주는 리셋 도구가 있었다면 좋았을 것이다. 하지만 지금은 그러한 도구가 있을 뿐만 아니라 바로 당신의 손에 쥐어져 있다. 조와 조나단은 이 책에서 당신이 역경을 이기고 중요한 목표를 완수하도록 도와주는 도구들을 제공한다.

이 도구들은 심상화 훈련에 뿌리를 두고 있다. 그들은 이 책에서 자신의 가치와 목표를 찾고 심상화를 통해 이를 실현하는 방법을 알려준다. 당신의 꿈이 무엇이든, 마음껏 상상해보는 습관을 기르길 바란다. 그 열망의 씨앗을 참나무로 키워보라. 테니스 코트에서든 개인 생활에서든 더 나은 자신이 될 수 있다는 믿음을 가져라. 언젠가 자신의 삶과 경력, 유산을 되돌아보며 이렇게 말할 수 있기를 바란다.

"나는 나 자신에게 진실했고 나 자신과 가족, 친구, 공동체의 발전을 위해 최선을 다했다."

이보다 더 중요한 것이 있을까?

마르티나 나브라틸로바

차례

Part 1

당신의 상상은 의지보다 강하다

Part 2

원하는 미래를 끌어당기는 작은 습관들

"코미디언이라고 소개만 할 게 아니라 농담이라도 하나 해주세요."

한 국제회의에서 프로그램을 발표하고 있을 때 어느 현명한 사람이 우리에게 했던 말이다. 우리가 이 말에 공감한 이유는 사실 우리도 모르는 사이에 잘못된 방법으로 우리가 하는 일을 소개하고 있었기 때문이다. 우리는 보여주지 않고 말만 했다. 그때 했던 실수와 같은 실수를 반복하지 않기 위해 당신의 마음속을 들여다보는 일부터 해보겠다. 다음 단어를 가능한 한 구체적으로 생각해보라.

'이메일.'

이 단어는 당신에게 어떤 의미를 지니는가? 가능하면 감각을 활용해보자. 이 단어를 생각하면 어떤 감각이 활성화되는가?

'이메일'이라는 단어를 떠올리면 어떤 생각과 느낌이 드는가? 이 '어떤 느낌'이란 당연히 사람마다 다르다. 누군가로부터 이메일을 받는 상상을 하는 사람도 있고, 자판을 두드리며 이메일을 작성하는 상상을 하는 사람도 있을 것이다. 컴퓨터 앞에 앉아 화면의 글자를 읽는 모습을 상상했을 수도 있고, 휴대전화의 이메일 아이콘이나 56개의 읽지 않은 이메일 알림을 떠올렸을지도 모른다. 아니면 이메일 삭제를 생각했을 수도 있다. 아마 기분이 좋았을 것이다.

특정 생각(이 경우 '이메일'이라는 단어)에 주의를 기울이면 그 생각이 의미, 감정과 연결된다. 마음속으로 단어를 읽고 반복하며 혼잣말, 즉 내면의 수다를 시작하면 '심상화imagery'도 시작된다. 소리, 냄새, 맛, 촉감, 움직임, 시각, 감정을 통해 정신적 표상을 만들어내는 과정을 심상화라고 한다.

심상화를 하는 방식은 사람마다 다르다. 케이크 한 조각을 먹는 등의 특정한 생각에 집중할 때, 그 생각을 경험하는 방식은 개인의 선호나 경험과 함께 케이크를 먹을 때의 촉감, 후각, 미각, 감정을 상상하는 과정인 '정교화elaboration'의 정도에 따라 다르다. 생각을 구체적으로 상상하는 정교화를 하면 다음에 벌어질 일을 짐작할 수 있다. 바로 케이크를 갈망하게 된다. 당신은 이 책을 읽다 말고 케이크를 구하러 부엌이나 동네 빵집으로 달려갈지도 모른다.

이렇듯 시나리오를 상상하는 능력은 행동을 지시하기도 한다. 때로는 그러한 행동이 우리의 목표와 반대되는 결과를 초래하기도 한다(케이크를 먹어! 프로젝트를 그만둬!). 하지만 내면의 힘으로 적합한 행동을 이끌어내면(샐러드를 먹어. 그 프로젝트를 끝내.) 그러한 결과를 막을 수도 있다. 이 책은 당신이 인생의 승객이 아닌 운전자로 살아갈 수 있도록 도구를 제공할 것이다.

대부분의 사람들은 목표를 설정할 때 효과적으로 계획을 세우지 않고 목표를 달성하는 과정을 다감각적으로 심상화하지 않는다. 어려움에 직면하면 그것을 장애물이 아닌 벽으로 보기 때문에 자주 포기하고 만다. 하지만 심상화를 하면, 상상을 통해 목표를 달성하기 위한 계획을 세울 수 있다. 먼저 당신이 원하는 성공의 모습을 상상하라. 목표에 따라 직장에서 승진하는 모습, 올림픽에서 금메달을 따는 모습, 태평양 연안 해변에 누워 있는 모습을 상상해볼 수 있다. 그런 다음 목표를 작은 이정표들로 나누고 각 이정표를 달성했을 때의 느낌, 냄새, 맛, 소리, 모습을 상상하면 된다. 이 과정은 다감각적 심상화의 기초 단계이다.

이 접근법의 장점은 어려움에 직면할 때 분명해진다. 사전에 어려움이 닥치는 상상을 하고 극복할 방법을 계획해 두면 실제로 어려움이 닥칠 때 벽이 아닌 장애물로 인식하고 속도를 올려 뛰어넘을 수 있다.

이 책에서는 계획을 세우고 목표에 이르기 위한 방법을 개선하도록 심상화 능력을 훈련하는 법을 배운다. 지금 당장은 상상력의 힘을 알지 못할 수도 있지만, 곧 상상력을 측정하고, 훈련하며, 잠재력을 활용하고, 개인의 성장과 사랑하는 사람들과 공동체를 위해 상상력을 다듬는 방법을 배우게 될 것이다

이 책은 기능적 심상화 훈련FIT, Functional Imagery Training이라는 학술적 연구에 기반하며, 정신적 심상화가 이끌어내는 감정이 동기를 증폭시키고 행동을 변화시키는 열쇠라는 사실을 보여준다. 영국 플리머스 대학교와 호주 퀸즐랜드 공과대학교에서 중독을 연구해온 심리학자들이 이 프로그램을 개발했다. 이들은 중독으로 고통받는 사람들을 연구하며 나쁜 습관을 끊으려는 강한 의지를 지니고 있던 사람들이 어떻게 또다시 갈망에 잠식당하면서 중독이 재발하게 되는지에 대한 현상을 관찰했다. FIT는 목표를 고수하는 훈련을 통해 이 갈망(또는 쾌락에 기반한 결정들)을 무시하는 방법을 알려준다.

우리는 FIT 모델에 새로운 도구를 추가했다. 이 책에는 우리가 오랜 습관을 깨뜨리기 위해 직접 개발한 기법들을 실었고 그중 최초로 공개하는 프로그램도 있다. 또한 기존의 FIT가 주로 일대일 코칭과 상담을 위해 설계된 점을 감안해 팀을 위한 모델인 AIMApplied Imagery for Motivation도 개발했다. 심상화 코치로서 우

리는 독자들이 우리와 마주 보고 앉아 있는 느낌을 받을 수 있도록 책을 썼다. 이 책의 핵심 단어인 '선택의 순간Choice Point'은 목표 달성을 위한 의식적인 선택을 방해하는 생각에서 주의를 다른 곳으로 옮기기로 결심하는 순간을 말한다. "계속할까, 말까?" 자문하는 바로 그 순간이다.

이 책은 인간의 행동을 변화시키는 방법에 관한 청사진으로 우리의 이야기뿐만 아니라 그동안 우리가 만나온 수많은 사람들의 이야기도 담았다. 여기에는 해묵은 문제에 새롭게 접근하려는 코치, 스트레스로 지쳐 일과 삶의 균형을 찾으려는 기업 임원, 메달을 노리는 올림픽 출전 선수, 건강한 라이프 스타일을 추구하는 일반인도 있다. 당신이 누구든, 목표가 무엇이든, 삶의 어느 단계에 있든, 이 책은 당신을 위한 책이다.

우리는 서로 다른 상황에서 공동의 비전을 가지고 함께 모였다. 조나단 로즈 박사는 플리머스 대학교에서 연구 활동을 하는 열정적인 인지심리학자이다. 또한 그는 지금까지 프로 축구팀, 요트팀, 교육 단체, 기업 조직, 영국 육군 등 다양한 팀과 함께 AIM을 연구하고 적용한 유일한 사람이다. 조안나 그로버는 플로리다 마이애미 비치 출신의 열정적인 지역사회 활동가 및 인지행동 치료사이자 코치이다. 켄터키에서 열린 대회 도중 낙마한 그녀는 팔이 부러지는 부상을 입고 자신이 좋아했던 승마에 대한 자신감을 잃었다. 외과의사와 물리 치료사는 그녀의 몸을 치료하는 데 도움을 주었고, 심상화 훈련은 그녀가 사고로 갖게 된 두려움을 극복하는 데 도움을 주었다. 그녀는 심상화 훈련을 통해 말과 자기 자신을 다시 신뢰하는 법을 배웠고, 은퇴하기 전까지 승마대회에서 두 차례나 우승을 차지했다. 조는 FIT 자격증을 취득한 최초의 미국인이다. 그녀는 FIT가 이전에 받았던 인지행동 치료보다 효과적이고 더 강렬하며 고객들에게 오래 지속되는 변화를 가져온다는 사실을 발견했다.

우리는 사람들이 상상력을 사용하는 방법을 이해하고 나면 얻게 될 유익을 상상하며 이 책을 집필했다. 사람들이 얻은 것은 개인의 목표 달성에 그치지 않았다. 수면의 질이 개선되었고, 의사소통도 원활해졌으며, 스트레스가 감소했고, 목적의식과 행복감이 높아졌으며, 강한 소속감을 느끼는 등 삶의 질이 개선되는 경험을 했다.

우리는 이후 심상화 코칭Imagery Coaching이라는 회사를 설립해 포춘 500대 기업의 임원, 기업가, 프로 운동선수, 응급 구조대원, 간호사, 교사, 학생, 코치, 교육 기관, 정예군 등과 컨설팅을 진행했으며, 차세대 심상화 코치를 교육하기 위해 국제적인 훈련 과정을 개발했다. 또한 우리는 사회경제적인 장벽으로 코칭을 받지 못하는 사람들을 위해 수강생의 20퍼센트에게 전액 장학금을 지급하고 있다. 기후 단체와 협력하는 코치들의 네트워크인 기후코칭연합Climate Coaching Alliance 등 지역 및 글로벌 변화 이니

셔티브도 지원하고 있다. 우리는 세계 지도자와 기후활동가들이 창의성과 협업을 통해 함께 기후 변화에 대한 해결책을 상상하는 훈련을 하는 유엔 상상의 날UN Day of Imagery에 큰 기대를 걸고 있으며, 개인을 대상으로 하는 FIT와 팀을 대상으로 하는 AIM의 연구 범위를 지속적으로 확장하고 있다.

여기까지가 우리가 하고 있는 일이다. 하지만 이 책의 궁극적인 주인공은 바로 당신이다. 당신의 꿈, 목표, 열망 등 당신의 의미와 가치에 관한 이야기이고 당신의 지역사회와 관계에 관한 이야기이다. 이 책은 당신이 생각한 목표를 상상하고, 그것을 실현하는 이야기이다.

이 책을 읽는 방법

심상화는 친밀하고 감정적인 과정이다. 인내심을 가지고 자기 자신에게 관대해야 한다. 함께할 친구를 찾거나 나 자신을 절친한 친구라고 생각하라. 예제를 통해 의미와 연결에 대해 보다 깊이 이해하게 될 것이다. 상상은 개인적인 과정이므로 목표를 향해 나아가는 출발점이 되는 일련의 검사와 측정 도구를 제공했다.

1부에서는 마치 자신의 마음을 연구하듯이 진행 상황을 일지에 기록하고 추적해보는 것이 좋다. 일지는 자기 성찰과 멘탈을 기르기 위한 공간으로, 자신의 생각에 관해 성찰해볼 수 있는 기회를 제공한다. 엉뚱하게 들릴지 모르지만 '왜'라는 생각을 할 수 있는 공간이 있어야 한다. 일지에 글을 쓰며 비판적인 성찰을 하는 동안에는 책 읽기를 멈추고 생각을 숙성시키는 것이 좋다. 몇 시간 후나 다음 날, 혹은 적절하다고 느껴질 때 언제든 다시 해당 섹션으로 돌아가면 된다. 이 책은 다섯 살 아이가 샌드위치를 먹듯 빨리 읽어서는 안 된다. 샌드위치를 한 입 베어 물 때마다 맛을 음미하며 추억을 떠올리는 쉰다섯처럼 천천히 읽으라.

2부에서는 여정의 인지 단계인 심상화 훈련에 집중한다. 확고한 목표와 호기심을 가지고 이 단계에 진입하기를 바란다. 여기에서는 자신의 심상화 능력을 측정하고 시각, 청각, 운동 감각 심상화 등 다감각적 측면을 강화한다. 각 감각 영역에 대해 기록하고 이론을 실천에 옮길 때마다 성찰하는 것이 가장 좋다. 막히는 부분이 있다면 각 장을 살펴보며 문제를 해결하고 다른 사람들은 어떻게 심상화를 일상화했는지 참고한다.

심상화를 하다 보면 마지막 단계인 행동 변화 단계에 접어들게 된다. 이 단계에서는 어떤 응용 방법이 가장 효과적인지 실험해 볼 수 있다. 2부를 다시 한 번 천천히 읽어보고 자신에게 가장 적합한 방법을 찾아보라.

지금까지는 당신과 당신의 목표, 당신의 심상화 연습에 대해 이야기했다. 자신의 목적과 의미, 행동을 찾았다면 이제 심상화를 어떻게 자신의 공동체를 위해 활용할 수 있을지 알아볼 차례이다. 3부에서는 개인을 넘어 그룹과 팀에서 심상화를 활용하는 방법에 관해 자세히 살펴본다.

변화를 약속하는 자기계발서는 무수히 많지만, 가치에서 출발해 내면부터 변화시키는 책은 거의 없다. 상상력이 어떻게 동기를 증폭시키고 지속적인 행동 변화를 이끌어내는지를 문서화한, 전문가의 평가를 거친 학술적 연구에 기반한 책은 더욱 드물다. 이 책은 개인의 변화에 과학을 입혀 실용적이고 유일무이한 도구들을 제공한다.

지난 수십 년 동안 심상화를 통해 장애물을 뛰어넘고 목표를 이룬 많은 사람들이 존재한다. 테니스 챔피언, 울트라 마라톤 선수, 세계 기록 보유자, 글로벌 기업의 CEO, 정예군들의 상상 속에 들어가 보면 이들이 했던 심상화가 어떻게 당신의 삶을 개선하는지 이해할 수 있을 것이다. 자, 이제 당신 차례이다.

PART 1

당신의 상상은
의지보다 강하다

Chapter 1

왜 자꾸 후회만 하는
선택을 할까?

혼돈 아래 숨어 있는 고요함 속으로 들어가면
불가능하리라 생각했던 평화를 찾고
폭풍 속에서 반짝이는 것을 보게 되리라.

존 오도나휴

1월의 어느 날, 아침 일찍 울리는 알람을 상상해 보자. 잠에서 깨어난 당신은 창밖을 내다본다. 춥고 비가 내리고 있다. 그동안 당신은 다짐했던 것을 성실히 해냈고, 앞으로도 건강 관리를 할 생각이지만, 달리기를 하러 나가지는 않을 것이다. '내일은 비가 그치겠지'라고 생각한다. 아늑한 침대로 돌아가 30분 더 늦잠을 잔다. 마침내 침대에서 일어나자 죄책감이 들고 의욕이 없어지면서 새해를 건강하게 시작하겠다는 희망도 사라진다. 살짝 부끄

럽지만, 스스로를 격려하기 위해 아침은 거하게 먹는다. 그러다 문득 어제와 그 전날에도 똑같은 일이 반복되었다는 사실을 깨닫는다. 당신은 '2월에 다시 도전하면 되지'라고 생각한다. 이때가 바로 '선택의 순간'이다. 달릴 것인가, 말 것인가? 그것이 문제로다.

선택의 순간 무엇을 생각하는가

사실 우리는 매일 '해야 할 일'과 '하지 말아야 할 일'을 정하며 우리의 행동에 영향을 미치는 결정을 내린다. 선택의 순간은 도전 과제에 직면할 때 찾아온다. 업무, 논문 작성, 시험 준비, 수영장에서 마지막 한 바퀴 돌기, 어려운 인간관계 헤쳐 나가기 등 온갖 일을 하는 도중에 (또는 하지 않으려 할 때) 선택의 순간을 마주한다. 선택의 순간에 내리는 결정은 내가 달리기를 하는 사람인지, 학구적인 사람인지, 건강한 사람인지 등 우리가 누구인지에 대해 정의하는 힘을 가지고 있다.

결정의 순간에 도달한 사람은 이미 많은 에너지와 감정, 관심을 쏟아부은 뒤라 정신적으로 고갈되거나 의욕이 상실된 상태에 있다. 기력이 없을 때는 부정적인 생각이 물밀듯이 밀려오고, 모든 도전 과제가 해결할 수 없는 난제로 보인다. 사람은 하루에 약 6,000에서 6만 번 사이의 생각을 한다.[1] 이 모든 생각 중에서 행동으로 옮길 생각을 선택할 자유가 우리에게 있다는 사실을 이해한다면 우리는 인생을 바꾸고 운명을 결정할 힘을 갖게 된다. 하지만 이토록 중요한 선택의 순간에 어떤 행동을 왜 하고 싶은지, 그 행동이 우리의 미래에 어떤 의미를 지니는지 스스로 묻지 않기 때문에 우리는 자신의 결정이 의지력의 문제라고 생각하게 된다.

선택의 순간은 마음의 저항과 인지적 통제라는 두 가지 선택지에 직면하는 순간이다. 마음의 저항은 우리의 행동에 대한 실망으로 이어질 수 있는 선택이지만, 인지적 통제는 장기적인 목표와 가치, 의미에 부합하는 선택이다.

하루에 하는 6만 번의 생각 가운데 0.1퍼센트의 생각만이 선택의 순간에 맞닥뜨리게 된다 해도 '예 또는 아니요', '중단 또는 계속', '포기 또는 계속'을 선택할 중요한 기회가 60번이나 찾아오는 셈이다. 선택의 순간은 무의식적인 과정이 아니라 의식적인 사고가 필요한 과정이다. 따라서 우리는 정신적으로 지쳐 있을 때 의지를 강화하려고 애쓰기보다 의식 속으로 들어오는 생각을 관리해야 한다.[2]

우리는 연구를 통해 일상에서 업무나 가족과의 약속 등으로 상황이 바뀔 때 우리의 핵심 가치들이 무시되거나 뒤로 밀려난다는 사실을 발견했다. 사람들에게 최우선 핵심 가치에 순위를 매겨달라고 하면 99퍼센트가 건강을 최우선 가치로 꼽는다. 그렇다. 사람들은 가족이나 인간관계, 행복, 세계 평화보다 건강을 중시한다. 건강을 유지하려면 운동을 하고, 적절한 영양소를 섭취하고, 물을 충분히 마셔야 한다는 사실은 누구나 알고 있다. 그러나 세계보건기구의 조사에 따르면 2021년 사망한 사람 중 280만 명의 죽음이 비만과 직접적인 관련이 있는 것으로 나타났다.[3] 상당수가 막을 수 있었던 죽음이다. 사람들은 건강하게 먹고 물을 충분히 마시고 운동을 해야 한다는 사실을 알고 있다. 그런데도 많은 사람이 운동은 내일 하면 되니까 오늘은 하지 않겠다고 한다. 하지만 오늘의 행동은 종종 같은 생각, 같은 변명, 똑같이 발전 없는 내일로 이어지는 결과를 낳는다.

어느 쪽이 체중 감량에 성공했을까

건강이 우리에게 그토록 중요하다면, 왜 우리는 자신에게 도움이 되는 결정을 행동으로 옮기지 못할까? 왜 어떤 사람은 행동하고, 어떤 사람은 행동하지 못할까? 바로 이 질문에서 우리의 연구는 시작되었다.

답은 주의력과 상상력에 있다. 약물을 사용하지 않은 체중 감량 연구에서 주의력과 상상력이 어떻게 작동하는지 보여주는 연

구 결과가 있다. 영국 플리머스 대학교의 린다 솔브리그 박사를
비롯한 연구진들과 호주 퀸즐랜드 공과대학교가 공동으로 수행
한 이 연구는 체중 감량을 위한 기능적 상상 훈련과 관련된 가장
널리 알려진 연구이다.[4] 2018년에 연구진은 플리머스의 지역 신
문에 광고를 내 체중 감량을 원하는 참가자 121명을 모집한 뒤
무작위로 두 그룹으로 나눴다. 한 그룹은 개방형 질문, 확언, 성
찰, 요약으로 구성된 증거 기반의 내담자 중심의 동기 부여 면담
을 실시했다. 동기 부여 면담은 다양한 분야에서 교사, 의사, 코
치, 치료사, 상담사가 사용하고 있는 체인지 토크change talk(사람들
이 해결책과 계획을 논의하도록 유도하는 방법)의 표준이다. 다른 그룹
은 기능적 심상화 훈련을 받고 심상화를 통해 계획을 세우고, 장
애물을 예측하며 과거의 성공 사례를 바탕으로 새로운 해결책을
시도하도록 했다.

솔브리그 박사는 두 그룹을 6개월 동안 관찰하고 12개월 후에
추적 조사했다. 두 그룹 모두 프로그램에 참여하는 데 소요된 시
간은 짧았다. 모든 참가자와 각각 1시간가량의 면담과 45분 이
내의 전화 통화를 한 차례 실시했고, 이후 3개월 동안 2주마다
15분 이내의 확인 전화를 했으며, 그 이후에는 3개월 동안 매월
확인 전화를 했다. 각 참가자가 솔브리그 박사와 접촉한 시간은
4시간에 불과했다. 연구 결과는 전 세계 언론 매체에 보도될 만
큼 흥미로웠다.

심상화 훈련을 받은 그룹은 6개월이 지난 시점에 평균 3.6킬로그램을 감량했고 이후에도 감량을 지속하여 12개월 후에는 평균 6킬로그램을 감량했다. 반면에 동기 부여 면담을 실시한 그룹은 평균 0.6킬로그램을 감량하는 데 그쳤다. 체중 감량 프로그램에서 이런 결과가 나온 적은 그동안 없었다. 심상화 훈련을 받은 그룹은 첫 6개월간 심상화 훈련 트레이너와 단 4시간 동안 접촉했고 이후에는 전혀 접촉하지 않았는데도 자율적이고 자기 주도적으로 행동하고 목표를 향해 계속 전진했다.

다음은 심상화 훈련을 받은 그룹이 수행한 작업을 요약한 것이다.

- 자신의 핵심 가치와 현재 행동 사이의 불일치를 탐구했다.
- 계획한 경로의 각 단계에서 자신이 성공하는 모습과 목표를 달성한 모습을 상상했다.
- 앞으로 당신도 배우게 되겠지만, 심상화를 아침에 커피를 마시거나 양치질을 하는 것처럼 습관화했다.

심상화 훈련은 원하지 않는 생각을 목표 지향적인 심상으로 대체해 충동을 관리하는 법을 가르쳐준다.

즉흥적인 생각을 이해하면

기차역에서 기차를 기다릴 때 어떤 생각이 다른 생각으로 전환되는 경험을 한 적이 있을 것이다. 상상해보자. 당신이 X승강장에 있는데, Y승강장으로 열차가 들어온다. 기차 안에는 여행가방을 들고 휴가를 떠나려는 사람들이 타고 있다. 열차 측면에 목적지가 공항이라고 적힌 표지판이 보이자 사람들이 어디로 가는지 궁금해진다. '따뜻한 곳으로 떠나는 게 분명해!' 열차가 출발한다. 그다음 Z승강장에서 열차가 정차하는 소리가 들리더니 단정한 출근 복장으로 열차를 기다리는 사람들이 보인다. 이번에는 굳이 목적지를 보고 싶지 않았던 당신은 새로운 열차가 도착한 Y승강장으로 시선을 돌린다.

생각은 기차처럼 자주 오가고 당신은 기차에 탈지 지나가는 기차를 지켜볼지 선택할 자유의지가 있다. 그러나 누구나 아는 것처럼 한 번에 한 대의 기차만 탈 수 있다. 사실 자유의지를 행사하는 것은 학습된 행동이다. 따라서 주의를 집중하는 방식을 관리한다면 결정적인 선택의 순간을 나에게 유리한 순간으로 바꿀 수 있다. 생각이 의식 속으로 들어올 때, 목표를 향해 나아가려는 생각을 유지하면 자제력이 강화되어 의식적인 선택을 할 수 있는 것이다. 결국 주의력을 관리하면 중요한 것에 집중하는 법을 알게 된다.

즉흥적인 생각은 머릿속에 떠오르는 모든 생각, 기억, 느낌, 환상을 말하며, 머릿속에 떠오르는 생각은 우리가 선택할 수 없다. 의식하든 그렇지 않든 우리는 늘 생각을 하고 있는데, 승강장을 지나가는 기차처럼 잠깐이라도 붙잡게 되는 생각은 모두 즉흥적인 생각이다. 이러한 즉흥적인 생각은 우리를 선택의 순간으로 이끌고 선택의 순간을 지나가게 하기도 한다. 과학자들은 우리가 매일 지나치는 이 '생각의 기차'가 과연 몇 대나 될지 알아내려 노력해왔다. 이들은 떠오르는 생각을 계산하기 위해 뇌 지도를 만들어 사람들이 휴식 중일 때와 작업 중일 때 하는 생각을 측정하고 즉흥적인 생각이 어떻게, 얼마나 자주 떠오르는지 관찰했다.

불가능해 보이는 이 실험을 위해 수백만 달러가 투입되고, 첨단 시설이 설치되었으며, 최고의 뇌 전문가들이 모여 협력했다. 이것이 바로 '휴먼 커넥톰 프로젝트The Human Connectome Project'이다. 이 프로젝트는 인간의 뇌를 스캔하여 뇌 지도를 만드는 것을 목표로 2009년에 시작되었다. 여기에서 생성된 방대한 데이터는 공개 자료로 누구나 살펴볼 수 있으며 분석을 통해 자신만의 결론을 도출해볼 수 있다.[5]

내 머릿속 생각 벌레

한 연구 집단은 개인이 매일 수행하는 작업과 즉흥적인 생각의 수를 측정하고 비교했다.[6] 연구자들은 신경 조각을 생각 벌레 thought worm(머릿속에 맴도는 노래를 뜻하는 귀 벌레earworm와 혼동하지 말 것)라고 부른다. 생각으로 급격히 증가한 뇌 활동은 기능적 자기공명영상fMRI에서 '벌레처럼 생긴 신경 조각'이 신경회로망을 꿈틀거리며 기어가는 모습으로 나타난다. 오랫동안 지속되는 생각도 있지만, 대부분의 생각은 짧고 찰나이며 떠오르는 즉시 사라진다. 생각 벌레는 의식 속으로 들어가면 새에게 먹히듯 순식간에 사라진다.

예를 들어, 휴대전화나 컴퓨터에서 (띵!) 소리가 나면 이전에 집중하던 것으로부터 주의를 돌리게 된다. 당신은 기기를 보기로 결정한다. 단서(띵!)가 (확인하려는) 생각을 만들어낼 때 이를 '자발적인 즉흥적 생각'이라고 한다. 반면에 '비자발적인 즉흥적 생각'은 무작위로 떠오르는 경우가 많다. 잠재의식 깊숙한 곳에 있다가(장보기 목록에 우유를 추가해야겠어) 불현듯 수면 위로 떠오르는 것이다. 이러한 즉흥적인 생각은 설거지, 운동, 이메일 작성 등 반복적인 작업을 할 때 자주 떠오른다. 한 번 떠올랐다가 지속되는 생각이 있는 반면, 금세 사라지는 생각도 있다.

선택의 순간에 도달하면 단기적 쾌락에 대한 충동을 가장 먼저 느끼게 되는 반면, 장기적 목표에 대한 생각은 천천히 의식 속으로 들어온다. 아침에 일어나서 달리기를 하려는 이유는 건강해지기 위해서지만, 당장의 단기적 쾌락은 따뜻하고 편안한 침대이므로 머릿속에 핑계가 떠오르게 된다. 마치 장기적 목표와 단기적 만족이라는 두 유형의 생각 벌레가 존재하는 것 같다. 두 벌레는 동일한 지점에서 출발하지만, 한 벌레는 교통량이 제한적인 고속도로를 타고 의식의 세계로 이동하고, 다른 벌레는 출퇴근 시간대에 막힌 도로를 이용하는 셈이다. 두 생각 벌레가 동시에 의식에 도착하는 것이 아니라 단기적인 만족을 주는 생각이 먼저 도착하게 된다는 뜻이다.

선택의 순간에 내리는 임시변통의 결정은 장기적인 성공으로 이어지는 경우가 드물어 목표를 망칠 수 있다. 이 책에서는 이러한 초기 생각을 수정하여 즉각적인 욕구를 충족시키는 대신에 미래의 만족과 성취에 대한 생각으로 바꾸는 법을 배운다.

생각 벌레는 끊임없이 생긴다. 비자발적이거나 무작위로 떠오르는 즉흥적인 생각도 있고, 단서에 의해 자발적으로 떠오르는 생각도 있지만, 모든 생각은 한 번에 하나씩 떠오른다. 통제력을 발휘하지 못하면 대부분의 생각에 주의를 기울이게 되고 집중력은 흐트러지게 된다. 그런데 매일 같은 일상적인 업무를 수행하면서도 중요해 보이는 일부 생각에는 주의를 집중하게 된다. 왜 그럴까?

그 이유는 감정 탓이다. 감정은 사고를 주도한다. 예를 들면 배가 고파서 음식을 먹기보다는 음식이 주는 쾌락을 경험하고 싶어 먹는 경우가 많다. 초콜릿을 떠올려보라. 초콜릿이 선사할 만족감에 주의를 기울이면, 초콜릿이 주는 자극과 즐거움에 대한 생각이 구체적으로 떠오르기 시작한다. 브리짓 존스는 기분이 우울할 때 아이스크림으로 손을 뻗는다. 왜 그럴까? 아이스크림이 정서적 만족을 주기 때문이다. 일생 동안 우리는 음식을 먹는 등 즉각적인 만족감을 불러일으키는 단기적 쾌락이라는 미봉책에 익숙해져 있다.

뛰지 않던 사람들

비 오는 날 아침 달리기를 건너뛰었다면 결정은 이미 한참 전에 내려져 있었다는 사실을 기억하라. '침대에 누워 있자'라고 말하는 생각 벌레가 전날부터 당신의 잠재의식 속에서 꿈틀대고 있었던 것이다. 당신은 변명이 필요하기도 전에 변명을 준비하고 있었다. 우리는 항상 무언가를 예상하고 있다. 뇌 스캔 연구 결과에 따르면 인간은 뭔가를 시작하기도 전에 결과를 감지한다고 한다.[7]

과제를 앞두고 어려운 일이 될 것이라고 예상되면, 멈추거나 그만두라고 하는 즉흥적인 생각이 떠오르게 된다. 하지만 생각 벌레를 훈련해 장기적인 목표에 대한 생각을 페라리에 태워 빠르게 고속도로를 달리게 하고 미봉책은 걸어가게 만든다면, 삶이 어떻게 바뀔지 상상해보라.

조나단과 동료들은 기능적 심상화 훈련의 효과를 시험하기 위해 건강이 중요하다고 생각하면서도 동기 부족으로 꾸준히 운동하지 못해 스스로 '뛰지 않는 사람'이라고 주장하는 31명을 모집했다. 이 그룹은 동기 부여 면담을 통해 목표를 탐색하고 동기를 부여하며 자율적으로 운동 계획을 세웠다. 그런 다음 자신이 효과적이라고 생각하는 방식으로 운동을 했다. 조나단은 참가자들이 운동을 시작한 지 5개월이 지난 후에 울트라 마라톤에 참가할 의향이 있는지 물었다. 그는 아무도 참가하지 않을 것이라고 예상했지만, 놀랍게도 15명이 도전에 응했다.

15명은 다시 심리학자의 도움을 받는 동기 부여 면담 그룹과 다감각적 심상화를 통해 생각 벌레를 훈련하는 법을 배우는 그룹으로 나뉘었다. 이들은 8개월 뒤에 울트라 마라톤에 참가했다. 결과는 어땠을까? 심상화 훈련을 받은 그룹이 그렇지 않은 그룹에 비해 마라톤을 완주할 확률이 5배나 높았다.[8] 이를 통해 연구진은 참가자들이 몇 시간 동안 달리느라 지치고 감정이 과민해진 상태에서도 생각 벌레를 원하는 목표가 있는 방향으로 가도록 훈련할 수 있다는 사실을 발견했다. 이처럼 심상화 훈련은 주의를 장기적인 목표에 집중시키고 최고의 성과를 달성하도록 자신감을 북돋아 누구나 생각을 지배할 수 있게 만드는 훈련 방법이다.

나의 단서

체중 감량 연구와 울트라 마라톤 연구에 참여한 사람들은 심상화를 일상적인 습관으로 만들었다.[9] 참가자들은 매일 아침 커피를 끓이거나 찻주전자를 놓을 때 장애물을 극복하는 방법을 상상하고 건강을 위한 작은 행동들을 계획했다. 또한 처음에 설정한 목표를 넘어 결과를 지속하는 모습을 보여줬다.

연구자들은 집중할 것을 상기하는 간단한 단서를 사용하여 즉흥적인 생각을 관리할 수 있다는 사실을 발견했다.[10] 심리학에서 사용하는 용어인 '단서clue'는 생각 벌레에게 출발을 알리기 위해 총을 쏘는 것과 같은 명시적인 행위이다. 당신도 이미 여러 단서를 일상적인 습관으로 가지고 있을 것이다. 아침에 샤워를 하면서 따뜻한 물을 즐기는 대신 하루 일과와 옷차림, 업무 회의를 계획할 수 있다. 내부 단서는 체온이나 심장 박동과 같은 생리적인 것이지만, 외부 단서는 샤워를 하거나 운동화를 쳐다보는 등 생각을 촉발하는 경험이나 시각적인 것을 말한다.

하지만 우리는 매일 수많은 단서의 희생양이 되어 길을 잃고 헤맨다. 텔레비전을 켜면 즉흥적인 생각을 불러일으키는 광고를 만난다. 그다음 휴대전화를 들고 인스타그램이나 페이스북, 트위터, 이메일을 클릭한다. 중요한 일을 하다가 '그냥' 생각이 나서 휴대전화를 확인한 적이 있는가? 휴대전화를 확인하는 동안 떠오르는 생각들은 동영상, 메시지, 콘텐츠가 만들어낸 생각으로, 불연속적이며 우리의 주의를 끌어 우리가 다른 생각을 하지 못하게 한다. 그렇게 이런저런 생각을 하다 보면 어느새 5분, 10분이 지나고 시간을 낭비하고 있는 자신을 발견하게 된다. 빠르게 확인하려는 의도였겠지만, 생각을 방황하게 하는 결과를 초래한 것이다.

우리에게 필요한 것은 업무나 장기 목표가 중요한 이유를 상기하는 명확한 단서이다. FIT는 우리의 주의를 집중시켜 그렇게 할 수 있도록 돕는다.

몰입하는 힘

중요한 과제나 특별한 날의 요리처럼 높은 집중력과 주의력을 발휘했던 경험을 떠올려보라. 그 작업을 하는 동안 당신은 매우 몰입된 상태에서 많은 양의 일을 끝냈을 것이다. 몰입된 상태에 있는 동안에는 즉흥적인 생각들이 서로 조화를 이루어 작업을 완료하는 데 도움을 준다. 이러한 조화로운 생각들은 왔다가 사라지지만, 서로 연결되어 오랫동안 집중력을 유지해주면서 문제를 해결하고 정신적 에너지를 효율적으로 사용할 수 있도록 도와준다.

몰입된 상태에서 일을 했을 당시에 방해 요소가 많았는가, 아니면 업무에 집중할 수 있는 환경이었는가? 휴대전화를 끄고 컴퓨터를 종료했을지도 모른다. 의도하지는 않았지만, 이렇게 행동함으로써 당신은 행동을 촉진하는 단서를 활성화하고 내면의 수다를 잠재운 것이다. 단서와 같은 전략은 수천 가지의 즉흥적인 생각을 관리해주므로 작업 계획을 어떻게 세우느냐에 따라 그 결과가 달라질 수 있다.

연구자들은 앞서 언급한 인간의 뇌 전체를 지도로 만드는 휴먼 커넥톰 프로젝트를 통해 사람들이 매일 하는 생각의 수가 수행하는 작업과 즉흥적인 생각을 관리하는 능력에 따라 달라진다는 사실을 발견했다. 좋아하는 작업을 한다면, 지루한 작업을 할 때보다 떠올리는 생각의 수가 적을 수 있다. 영화를 본다고 가정해보자. 영화의 줄거리를 따라가며 등장인물 간의 관계를 파악하고 다음에 일어날 일을 예측하는 등 영화에 주의를 집중하면, 생각들이 조화롭게 작용하면서 몰입 상태에 있게 된다. 반면에 휴대전화 메시지를 확인하는 데 정신이 팔리면 영화는 전혀 보지 않게 된다. 머릿속에서는 무수히 많은 생각들이 방황하게 되기 때문이다.

생각들이 조화를 이루는 날에 떠올리는 생각의 수는 약 6,200개 정도이다. 집중하지 않거나 주의를 기울이지 않으면 즉흥적인 생각의 빈도는 증가한다. 노벨경제학상을 수상한 심리학자 대니엘 카너먼은 한 사람이 하루에 내리는 결정은 평균적으로 3만 5,000건이며, 이는 1분에 약 24건이라고 말했다.[11] 안타깝게도 우리가 매일 하는 수천 개의 생각 중 80퍼센트가 부정적인 생각이다. 매일 3만 5,000건의 결정을 내린다고 가정하면, 매일 2만 8,000개의 부정적 결정과 7,000개의 긍정적 결정을 내리고 있는 것이다.

내일은 다를까? 그럴 가능성은 낮다. 심리학자 로버트 레이히에 따르면 우리가 하루 동안 하는 생각의 95퍼센트는 전날 했던 생각과 똑같다고 한다.[12] 따라서 오늘 떠오르는 부정적인 생각과 목표를 방해하는 생각을 그대로 내버려 두면 내일도 똑같은 생각을 하게 될 확률이 높다. 다행인 것은 오늘 생각을 바꾸면 낙관적인 내일을 맞이할 수 있다는 사실이다.

우리가 주의를 기울이는 대상은 우리에게 달려 있다. 즉흥적인 생각은 선택의 순간으로 이어지고, 우리는 그 생각을 정교화할지 말지 선택한다. 자발적 혹은 비자발적으로 떠오르는 생각을 통제하는 것은 불가능하지만, 그 생각에 얼마나 오래 머무를 지는 선택할 수 있다.

그날의 다이빙

독일 출신의 신예 하이다이빙 선수였던 아이리스 슈미트바우어는 2016년 필리핀에서 열린 국제 절벽 다이빙 대회에 초청받았다. 이 권위 있는 대회는 20미터 플랫폼에서 다이빙을 할 수 있는 기회로 아이리스가 어릴 적부터 꿈꿔왔던 무대였다. 아이리스는 열심히 훈련해왔으며 그날의 경기를 위해 머릿속으로 수도 없이 다이빙을 해왔다. 대회 전날 밤잠을 제대로 자지 못한 그녀는 약간 피곤한 상태였지만, 근육의 기억에 의존하면 해낼 수 있다는 사실을 알고 있었다. 이전 대회에서 발목 부상을 입었지만, 진통제를 복용하고 부정적인 생각을 하지 않으려 노력하며 첫 번째 라운드가 끝날 때까지 긍정적인 마음을 유지했다. 그녀는 준비, 자세, 팔 컨트롤, 체중 분배, 회전 속도, 입수 시 충격 등을 상상하며 순조롭게 다이빙하는 자신의 모습을 상상했다.

대회 당일 첫 라운드는 그녀의 계획대로 진행되었고 심사위원들로부터 높은 점수를 얻어 1위로 다음 라운드에 진출하게 되었다. 그녀는 부정적인 생각을 떨쳐버리고 자신 있게 다음 다이빙인 트리플 하프를 머릿속으로 시연했다. 그 이후 여러 일이 벌어졌다. 느낌이 좋지 않았지만, 아이리스는 첫 라운드 때처럼 근육의 기억이 작동하리라는 확신을 잃지 않았다. 자신의 능력을 믿고 생각을 통제하던 아이리스는 평소에 하던 상상을 잠시 멈추고 몸에 의존해 동작을 이어가기 시작했다. 진통제가 집중력에 영향을 미치고 있는 것인지, 새로운 차원의 고도의 집중 상태를 경험하고 있는 것인지 알 수 없는 이상한 기분을 느꼈다. 하지만 그것은 일생일대의 기회였고, 지금까지 열심히 달려온 그녀였으며, 게다가 1등이었다. 회복탄력성이 뛰어난 선수였던 그녀는 다이빙에 대한 자신의 능력과 재능, 의지를 보여주기로 단단히 마음먹었다.

절벽 꼭대기에 도착해 다이빙할 준비를 마친 아이리스는 아래에 있는 구조대원들에게 신호를 보낸 뒤 가장자리에 섰다. 그녀는 다이빙하는 자신의 모습을 마지막으로 한 번 더 상상했다. 머릿속에서 뛰어내리는 모습을 상상하고, 공중에서 몸이 움직이는 것, 발이 먼저 입수하면서 온몸에 물이 튀는 것을 느꼈다. 숨을 깊게 들이마신 그녀는 바른 자세를 취하고 무릎을 구부리고 몸을 공중으로 날렸다. 회전을 하려고 몸을 돌리자 속도가 빨라졌다. 그런데 그 순간 길을 잃은 듯한 느낌이 들었다. 근육이 다이빙하는 법을 잊어버렸기 때문이다. 그녀는 시속 75킬로미터로 입수했다.

아이리스는 피를 토했고, 온몸에 멍이 들었으며, 목 부위에 편타성 손상을 입었지만, 다행히 뼈는 멀쩡했다. 그녀는 병원에서 몇 시간 동안 안정을 취한 뒤에 퇴원했고, 그날 저녁 다른 선수들과 함께 바에서 탄산수를 마시며 시간을 보냈다. 하지만 그날의 경험은 심리적, 인지적 트라우마로 남았다.

그녀는 그 후 수개월 동안 매일 몇 번씩 즉흥적으로 그날의 다이빙을 떠올렸다. 머릿속으로 그날의 실패를 상세하게 떠올렸고, 그 결과 더 이상 하이다이빙을 할 수 없게 되었다. 그녀는 조나단에게 도움을 요청했고, 이후 6주 동안 조나단과 함께 트라우마를 극복하고 다시 하이다이빙을 할 계획을 세웠다.

생각을 탐색하는 과정

아이리스가 경험한 것처럼 즉흥적이고 침투적인 생각이 의식 속으로 들어오는 것을 막을 수는 없지만, 그러한 생각을 탐구하는 정도는 조절할 수 있다. 즉흥적인 생각에 주의를 기울이는 정도는 정교화와 시연 과정에 따라 달라진다. 정교화는 생각에 주의를 기울이고 맛, 냄새, 소리, 감정 등을 상상하며 다감각적인 방법으로 세세하게 탐색하는 과정이다. 시연은 정교화를 반복하는 과정이다.

즉흥적인 생각은 내부적 단서(배고픔)나 외부적 단서(다른 사람이 치즈버거를 먹는 모습)로 인해 발생하는 경우가 많다. 우리는 치즈버거(자극)가 건강에 좋지 않다는 사실을 알고 있지만, 처음 떠오르는 생각은 이러한 사실이 아니라 치즈버거의 맛이고, 우리는 그 자극에 주의를 기울인다. 그런 다음 냄새, 촉감, 맛 등 다감각적 정교화를 통해, 특히 자극과의 감정적 연결을 통해 치즈버거를 먹는 것을 탐구한다. 치즈버거를 먹고 식중독에 걸린 경험 때문에 치즈버거를 싫어하는 경우도 마찬가지다. 치즈버거라는 자극이 다감각적 정교화를 촉발하면 나쁜 경험이 시연되면서 속이 울렁거리고 회피하게 된다.

정교함은 다양한 감각에 얼마나 세세히 노출되느냐에 달려 있다. 즉흥적인 생각이 떠오르는 순간, 의식적으로 그 생각을 정교화하고 시연할 기회가 생긴다. 이 기회는 약 2초 동안만 열리는 변화의 창이다.

우리는 생각을 경험하고 받아들인다. 하늘에 구름이 떠 있다고 가정해보자. 그러면 구름의 모양, 크기, 색상, 구름이 만들어내는 그림자, 이동 속도 등 구름에 대해 자세히 생각할 기회가 생긴다. 어떤 생각을 세세하게 탐구하겠다는 결정은 언제나 당신의 몫이며, 이 순간이 바로 선택의 순간이기 때문에 무엇을 탐구하기로 선택하느냐는 중요하다.

정교화의 세 시스템

선택의 순간을 관리하기 위한 세 가지 정교화 요소를 살펴보면 더 나은 선택을 할 수 있다. 정교화 이론의 적용 사례는 특히 영국의 앨런 배들리 박사와 그레이엄 히치 박사가 제안한 작업 기억 모델에 잘 드러난다.[13] 이 모델은 어떻게 정보가 감각으로 들어와 뇌에서 처리되는지 보여준다. 정보나 자극이 의식으로 들어오면, 우리는 그것에 주의를 기울이고 뇌의 한 부분(중추)은 그것을 다음의 세 가지 시스템에 넣는다.

- 음운 고리: 내면의 목소리
- 시공간 메모장: 심상화
- 일화 완충기: 특정 사건에 대한 기억

예를 들어보겠다. 잠시 레몬이라는 단어를 떠올려보자. 이 단어를 말하고 들으면 어떤 생각이 드는가? 몇 초만 그 단어를 떠올려보라. 처음에는 단어에 주의를 기울이며 집중하고, 단어를 소리 내어 읽자 그 의미를 찾게 되고 다감각적 심상이 떠올랐을 것이다. 이것이 바로 정교화이다. '몇 초 동안 단어에 대해 생각해보라'는 요청을 받으면 머릿속에서 그 단어를 반복적으로 떠올려 정교화하고 시연하기 시작한다. 아마 지금도 이 과정이 지속되고 있을 것이다.

이제 머릿속에서 반복되는 단어가 무엇이었는지 기억해낼 수 있다면, 그 단어는 단기기억에서 장기기억으로 이동하고 있는 것이다. 이러한 청각적 반복을 음운 고리라고 하며, '인지적 수다cognitive chatter' 또는 '혼잣말self-talk'이라고도 한다. 이 내면의 목소리는 종종 다음 과정인 시공간 시스템을 촉발한다.[*]

당신은 머릿속에서 레몬을 그려보았을 것이다. 레몬의 밝은 노란색에 감탄하고, 레몬 디저트를 떠올리며, 레몬을 손에 쥐었을 때의 무게감을 상상했을 것이다. 레몬을 코에 대고 달콤한 시트러스 향을 맡았을지도 모른다. 얇게 썬 레몬 조각의 단면을 떠올렸을 수도 있다. 레몬으로 진토닉을 만드는 장면을 떠올렸을 수도 있다.

레몬을 시각화할 때 부엌처럼 익숙한 장소에 있는 자신의 모습을 떠올렸거나 의미 있는 기억 혹은 순간을 떠올렸을 수도 있다. 이러한 타임스탬프는 일화 완충기로 알려진 세 번째 시스템으로 정교함에 친숙함을 더한다.

---

[*] 만약 당신이 이 단어를 반복하고 있다는 사실을 인지하지 못하고 있다면, 이 시점에서 우리가 이 단어를 처음 언급한 이후로 다시 말한 적이 없다는 점을 강조하겠다. 당신이 이 단어를 잊지 않고 있었기에 쉽게 기억해 낼 수 있었던 것이다. 또한 이제 이 단어가 등장한 지 20초 정도가 지났기 때문에, 이 단어는 당신의 장기기억에 저장되었고, 당신은 아마도 평생 책의 이 부분을 기억하게 될 것이다.

일화 완충기는 세 가지 시스템 중 가장 중요하다. 우리는 생일이나 기념일, 인생의 주요 이벤트처럼 우리에게 의미 있는 사건들은 자주 상기하고 정교화하기 때문이다. 일화 완충기는 중요한 날짜가 표시된 벽걸이 달력 같은 존재이다. 이 시스템이 어떻게 작동하는지 알아보기 위해 처음으로 밴드의 라이브 공연을 보러 갔던 기억에 집중해보자. 당신은 어디에 있었는가? 공연장은 어떻게 생겼는가? 온도는 어떠했는가? 누구와 함께 있었는가? 어떤 사연이 있었는가? 기억을 떠올리면서 의미를 되새기는 시간을 가져보라. 그 기억은 왜 중요한가? 몇 연도에 있었던 일인가? 날짜와 시간을 기억하는가?

중요한 사건이 우리에게 지니는 의미는 다감각적 정교화를 촉발하므로 이는 시연될 가능성이 크다. 일화 완충기는 선택의 순간에서 핵심적인 부분이다. 생생한 기억을 떠올리게 하는 의미, 즉 이유가 포함되어 있어 궁극적으로 동기를 부여하고 영감을 주며, 어려운 시기를 헤쳐 나가기 위한 도구가 된다.

중요한 사건을 회상하거나 계획할 때 세 시스템은 모두 서로 연결된다. 사건이 감정을 불러일으키면, 시각 시스템이 장면이나 사물을 머릿속에 그리고, 내면의 수다가 시작된다. 출퇴근이나 자동차로 A에서 B로 이동하는 것처럼 감정이 담겨 있지 않은 사건은 거의 기억되지 않는다. 반면에 가족 행사나 친구와 함께한 특별한 순간은 의미와 감정을 부여하여 사건을 세부적으로 정교화하고 시연하므로 기억하게 된다. 마찬가지로 외상적 사건도 기억에 남는다. 외상은 우리의 행동을 변화시킬 수 있는 힘을 가지고 있는데, 예를 들어 아이리스의 다이빙 추락 사고와 같은 외상적 사건은 위험을 떠올리게 하고 선택에 영향을 미친다.

생각 상자 열기

각각의 즉흥적인 생각이 저마다 상자 안에 갇혀 있다고 생각해보자. 마음에 즉흥적인 생각 상자가 도착했을 때, 상자를 열어보기 전까지는 안에 들어 있는 생각이 긍정적인 생각인지 부정적 생각인지 알 수 없다. 상자를 열어서 안을 보아야만 어떤 생각에 주의를 기울일지 결정하고 세부사항을 검토할 수 있다. 이것을 심리학의 '슈뢰딩거 고양이'라고 부른다.

에르빈 루돌프 요제프 알렉산더 슈뢰딩거는 한 상자 안에 여러 입자가 존재할 수 없다고 주장한 양자 물리학자이다. 그는 이 아이디어를 증명하기 위해 방사선 물질과 독이 든 구리 상자에 고양이를 넣는 '슈뢰딩거의 고양이'라는 사고 실험을 고안했다. 독이 방출될 확률은 50퍼센트이며, 독이 방출되면 고양이는 죽게 된다. 따라서 상자를 열지 않으면 고양이가 독에 의해 죽었는지 알 수 없으므로 고양이는 죽은 상태이면서 살아있는 상태이다. 상자를 열어야 비로소 고양이는 죽은 상태 혹은 살아있는 상태가 되고 중첩 상태가 무너진다.

생각 상자 안을 들여다봐야만 현재 그 생각이 어떤 상태에 있는지 볼 수 있다. 그것은 생선에 관한 생각이나 소파에 관한 생각일 수도 있지만, 들여다보기 전까지는 무슨 생각일지 알 수 없다. 매일 수천 개의 즉흥적인 생각 상자가 생길 수 있지만, 당신은 한 번에 한 개의 상자에만 주의를 기울일 수 있다. 한 번에 하나의 기차만 탈 수 있는 기차 여행처럼 말이다.

상자 하나를 열고 내부를 살펴보자. 액체가 들어 있는 컵을 떠올려보라. 이제 컵의 색깔, 크기, 온도, 촉감, 무게, 냄새 등 세부사항을 자세히 설명해보라. 컵에 담긴 액체의 맛과 온도를 떠올리고 그것을 마시는 모습을 상상해보자. 여기서 당신은 정교한 디테일을 더하면서 하나의 생각을 탐구하고 있다. 그 정교한 생각이 즐거운 경험을 제공했다면, 당신은 그 생각을 시연하고 싶어질 것이고, 그 생각을 시연하다 보면 갈증을 느끼게 될 수도 있다.

이제 새로운 생각 상자를 열어 보자. 이 상자 안에는 피자가 들어 있다. 상자를 열고 피자의 촉감, 온도, 맛 등 피자의 모습을 생생하게 떠올리다 보면 컵은 마법처럼 사라지고 없다. 우리는 한 번에 하나의 상자만 열 수 있고 하나의 생각만 정교화할 수 있기 때문에 새 상자에 담긴 새로운 생각에 집중하는 순간 이전 상자는 닫히게 된다.[*]

2초 안에

즉흥적 생각이 담긴 생각 상자들은 뇌 속 컨베이어 벨트인 신경망을 통해 무의식에서 의식으로 이동한다. 올바른 단서나 자극은 비자발적인 생각보다 자발적인 생각을 먼저 활성화시켜 긍정적인 생각이 담긴 상자를 열 확률을 높인다. 물론 어떤 상자에 주의를 기울이고 그 상자를 열기 전까지는 상자 안에 어떤 생각이 들어 있는지 알 수 없다. 일단 상자를 열고 나면, 그 안에 있는 생각을 정교화할지, 상자의 뚜껑을 다시 닫을지 결정할 수 있는 시간은 2초이다.

정교화 작업은 상자를 열자마자 시작된다. 그때 선택의 순간을 알리는 스톱워치도 함께 작동되므로 2초 내로 결정해야만 한다. 생각을 검토하는 데 그 이상 걸리면, 정교함이 쌓이고 재연이 시작되면서 감정이 발생해 행동을 유발한다. 그러나 적절한 단서와 훈련으로 상자를 닫으면 생각은 사라진다. 생각이 사라지는 순간에는 생각의 힘도 같이 쇠퇴하게 된다. 어떤 생각이 사라

---

* 피자와 컵이라는 생각 상자 두 개를 번갈아 가며 생각하다 보면 두 생각이 하나의 생각으로 합쳐져 새로운 생각 상자가 만들어질 수 있는데, 일반적으로 두 가지를 함께 경험할 때(피자를 먹으면서 동시에 컵으로 뭔가를 마실 때) 이런 일이 발생한다. 하지만 이런 일이 발생하면 슈뢰딩거의 고양이가 죽은 상태이면서 살아 있는 상태라고 주장할 근거가 생기는 것이다.

지면, 함께 떠올랐던 미봉책도 서서히 사라진다.

하이다이빙 선수인 아이리스는 대회 도중 일어났던 사고를 다시 생각하고 싶지 않았지만, 수개월 동안이나 생생하게 떠올랐다. 아이리스와 조나단은 반복적으로 떠오르는 생각을 통제하기 위해 세 가지 질문을 탐구했다. 무엇이 생각을 촉발하는가? 주의를 다른 곳으로 돌릴 수는 없는가? 무엇으로 주의를 돌릴 것인가? 아이리스는 이 질문들에 대한 답을 하면서 정교화와 시연 과정을 재훈련하고 부정적 사고를 긍정적 사고로 전환하는 데 성공했다.

아이리스는 마치 탐정처럼 자신의 습관을 조사하고 정확히 언제 부정적인 생각이 떠오르는지 메모했다. 단서를 감지한 아이리스와 조나단은 생각 상자들이 언제 도착하는지 분석해낼 수 있었다. 이후 조나단은 아이리스에게 그날의 사고를 떠오르게 하는 단서를 줄이는 방법을 찾아보라는 숙제를 내줬다.

아이리스는 절벽 위에 서 있는 자신의 모습이 담긴 휴대전화 배경화면을 볼 때마다 부정적인 생각이 떠오른다는 것을 알게 됐다. 사고 전에 찍은 사진이었지만, 볼 때마다 그날의 사건이 구체적으로 정교화되고 시연이 시작되면서 스트레스와 불안, 두려움이 밀려들었다.

그 다음 주에 조나단은 아이리스에게 부정적인 생각의 강도와 빈도를 줄이기 위해 할 수 있는 행동의 목록을 작성해보라고 권했다.

첫 번째로 아이리스는 휴대전화의 배경화면을 중립적인 이미지로 바꿨다. 그러자 부정적인 생각을 불러일으키는 단서가 활성화되는 빈도가 자연스럽게 줄었다. 동시에 부정적인 생각이 정교화되는 강도도 감소했다.

두 번째 전략은 다시 5미터 플랫폼에서 물속으로 다이빙을 하는 것이었다.

세 번째는 다이빙이 자신의 길이라고 믿게 해주었던 이전의 다이빙 경기에 집중하고, 매일 훈련 가방을 챙길 때 그 경기에 대한 생각을 정교화하는 것이었다.

아이리스는 긍정적인 생각을 정교화하고 시연하기 위해 계속 생각을 구체화했다. 덕분에 부정적인 생각을 줄일 수 있었다. 조나단과 아이리스는 다이빙 차례를 기다릴 때 파란색 수건으로 다리를 닦거나, 다이빙을 하기 전에 일정한 속도로 손가락을 튕겨 세 번 딱 소리를 내는 등의 단서를 활용해 심상화하면서 매주 전략을 수정해 나갔다. 각 단서를 통해 아이리스는 자신이 다이빙을 하는 이유와 회전을 할 때 골반의 움직임 등 다이빙 동작을 향상시킨다는 현재 목표로 주의를 돌렸다. 6주째가 되자 다시 절벽에서 다이빙을 할 수 있게 되었다.

아이리스는 자신이 다이빙을 하는 이유를 치열하게 되새겼다. 다이빙을 하는 이유는 그녀에게 의미를 부여해주었고 그녀가 목표를 위해 견뎌냈던 경험들을 떠오르게 해주었다. 부정적인 생각이 떠오르면 그녀는 그 생각을 받아들이고 자신의 동기와 의지, 현재 주어진 기회로 주의를 돌렸다. 즉흥적인 생각은 정교화되면 좋든 나쁘든 우리의 미래를 결정할 잠재력을 가지고 있다. 이러한 선택의 순간들은 사고방식을 바꿀 힘을 가지고 있기 때문에 우리는 생각이 어떻게 생성되는지 이해하고 이에 대응하는 방법을 배워야 한다.

조나단의 도움으로 상상 훈련을 하고 선택의 순간을 탐구하며 정신적 저항을 통제할 수 있게 된 아이리스는 자신이 누구인지 새롭게 정의할 수 있었다. 현재 그녀는 세계 10대 하이다이버 중 한 명이다.

Chapter 2

앞으로 나아가게 하는
상상의 힘

자극과 반응 사이에는 공간이 있다.
그 공간에서 우리는 반응을 선택할 힘을 갖고 있다.
우리의 성장과 자유는 그 반응에 달려 있다.

빅토르 프랭클

잠에서 깨어났을 때도 선택의 순간에 맞닥뜨릴 수 있다. 바로 휴대전화를 꺼내 15분에서 30분 동안 화면을 스크롤할 수도 있고, 침대에서 일어나 산책이나 수영, 명상 등의 활동을 할 수도 있다. 휴대전화를 본 뒤에 어떤 기분이 들지 잠시 생각해 보라. 일어나서 명상을 해보는 건 어떨까? 명상을 하고 나면 어떤 기분이 들까? 휴대전화를 보고 난 뒤의 기분과 비교했을 때 어떤 차이가 있을까?

하루 3분 습관

하루 3분 연습으로 선택을 관리하여 목표를 달성할 수 있는 방법이 있다고 하면 어떻게 하겠는가? 당신은 연습을 거듭할수록 올바른 결정을 내릴 수 있을 뿐 아니라 주변 사람들에게까지 긍정적인 영향과 유익한 파급효과를 미치게 될 것이다. 우리가 개발한 기능적 심상화 훈련FIT이라는 3분 프로그램을 통해서 말이다. 이 훈련은 심상화 코칭 프로그램의 일부로, 목표에 가까워지는 행동과 태도를 선택하도록 도와주는 강력한 도구이다.

최초 고객 중 한 명이었던 스트라투스Stratus의 CEO 찰리 알바레즈는 간단한 목표를 들고 우리를 찾아왔다. 그는 4주 앞으로 다가온 대학 친구들과의 연례 골프 토너먼트에서 우승하길 원했다. 그가 특히 배우고자 했던 것은 압박감 속에서 감정을 조절하는 방법이었다. 그는 한 번 미스 샷을 하고 나면 그 샷에 대한 생각으로 경기 전체를 망치곤 했다. 그에게 구체적이고 명확한 목표를 달성하려는 동기가 있었던 덕분에 우리는 바로 본론으로 들어갔다. 그는 네 번의 심상화 세션을 거치며 토너먼트에 임할 준비를 했고, 결국 경기에서 승리했다.

여기서 그가 토너먼트에서 이긴 것보다 중요한 점은 다른 문제를 해결하는 데에도 심상화를 활용하기로 결심했다는 것이다. FIT를 받은 지 약 1년이 지난 지금, 심상화는 찰리의 삶에서 아주 자연스러운 일이 됐다. 그는 이를 통해 골프 실력을 향상시켰을 뿐만 아니라 자기 자신과 타인을 관리하는 방식도 바꿨다. 이는 체중 감량 연구에서 관찰된 것과 동일한 효과이다. 심상화가 어떻게 작동하는지 알게 된 사람들은 심상화를 일상의 다양한 상황에서 지속한다.

심상화로 선택의 순간을 관리할 수 있게 된 고객들은 지인에게도 이를 가르쳐주었다. 찰리의 팀원 중 한 명은 경영진 회의에서 매우 부정적인 태도로 다른 직원들의 사기를 떨어뜨렸다. 찰리는 화가 났지만, FIT로 골프를 하다가 생긴 분노를 조절했던 기억을 떠올렸다. 그는 선택할 수 있었다. 화를 낼 수도 있고, 잠시 시간을 갖고 회사와 자신에게 도움이 되는 장기전을 펼 수도 있었다. 집으로 돌아간 그는 반려견과 산책을 하며 원하는 결과를 상상했다.

그는 마음의 평온을 되찾자 팀원에게 전화를 걸어 호기심 어린 목소리로 물었다. "회의는 어땠어요?", "원하는 방향으로 진행되었나요?" 비난이 아니라 순전한 호기심에서 던진 질문이었다. 이후 그 팀원은 자신의 태도가 팀에 부정적인 영향을 미쳤다는 사실을 깨닫고, 달라진 태도로 다음 회의에 들어왔다.

어떻게 동기를 부여해왔는가

다른 사람의 변화를 돕는 방법을 깊이 이해하기 위해서는 FIT의 등장 이전 연구자들의 이야기를 빼놓을 수 없다. 1980년 심리학자 윌리엄 밀러는 치료사의 공감이 내담자의 성공에 67퍼센트 기여한다는 내용의 문제성 음주에 관한 연구 논문을 공동 집필했다.[1] 몇 년 뒤, 그는 공감적 대화의 구조를 기술한 논문을 발표했다. 내담자를 지지하는 대화 방식이 내담자로 하여금 변화할 필요성을 느끼게 한다는 내용이었다.[2] 이는 동기 부여 면담으로 알려진 코칭 분야의 토대를 마련한 패러다임의 전환이었다.

더 거슬러 올라가면 칼 로저스의 혁신적인 연구와 인간 중심적 상담을 만나게 되는데, 그의 접근방식은 사람은 누구나 내면에 자신의 문제를 해결할 지혜를 가지고 있다는 생각을 전제로한다. 로저스는 좋은 치료사가 되려면, 전문가가 되기보다 경청하는 것이 더 중요하다고 믿었다. 이 두 상담의 중요한 차이점은 동기 부여 면담의 경우 내담자의 행동을 이끌어내기 위해 전문가가 참여와 집중, 환기, 계획이라는 네 단계를 사용해 대화를 주도하는 반면, 로저스는 상담에서 대화를 주도하지 않는다는 것이다.

밀러는 로저스의 방법을 마음에 새겼다. 노르웨이에서 심리학을 공부하는 학생들을 대상으로 공감 형성 기법을 시연해달라는 요청을 받았을 때, 밀러는 학생들의 말을 경청하고 학생들의 질문에 답하는 방식으로 시연을 했다. 공감적 대화가 개념에서 프로세스로 세분화된 것은 그때가 처음이었다. 이는 동기 부여 면담의 틀이 되었다.

얼마 지나지 않아 밀러는 자신의 논문을 읽고 영국에서 의료종사자들에게 의료 서비스에 동기 부여 면담을 활용하는 방법을 가르치던 심리학자 스티븐 롤닉을 만났다. 밀러는 롤닉이 동기 부여 면담의 핵심을 이해하고 있다고 생각했다. 두 사람은 함께 책을 집필하며 동기 부여 면담을 더욱 발전시켰는데, 동기 부여 면담은 지금까지 심리치료 분야에서 가장 많이 연구된 기법으로 관련 연구는 500여 건에 이른다.[3]

40년에 걸친 연구를 통해 동기 부여 면담은 현재 동기 부여를 이끌어내는 가장 효과적인 방법이 되었으며, 내담자에게 조언하는 기존의 면담 방식보다 75퍼센트 더 나은 성과를 올리고 있다.[4] 협력, 연민, 환기, 수용을 통해 목표를 함께 논의하는 사람 중심의 동기 부여 면담은 내담자와 상담자 간의 협력을 끌어내는데, 협력은 다음과 같은 소통의 기술을 통해 이루어진다.

• 개방형 질문하기
  : 하루 일과에 대해 이야기해주세요.

- 인정하기

  : 제시간에 회의에 참석하셨다니 정말 잘하셨네요.

- 반영하기

  : 힘든 아침이었던 것 같군요.

- 요약하기

  : 반려견을 산책시키고, 아이들을 학교에 데려다준 뒤 저녁 식사를 위해 장을 보고, 9시 회의를 하기 전에 서핑을 하셨군요.

흡연 문제를 가지고 있는 내담자는 이미 흡연이 건강에 미치는 부정적인 영향에 대해 잘 알고 있으므로 그 사실을 반복해서 강조한다고 동기 부여가 되지는 않는다.

상담이 진행되면서 내담자가 실행하려는 선택 목표가 처음 올 때 생각했던 목표와 달라지는 것은 자연스러운 일이다. 흡연 문제를 예로 들면, 내담자는 흡연 습관을 버리겠다는 목표를 가지고 상담실에 들어온다. 이때 금연 방법과 금연이 건강에 도움이 되는 이유를 함께 찾아볼 수도 있지만, 일반적으로 동기 부여 면담에서는 그렇게 하지 않는다. 먼저 대화를 하면서 내담자의 사연을 듣고 내담자의 이야기와 핵심 가치를 정리하지만, 목표에 대해서는 깊이 들어가지 않는다.

"자신이 어떤 사람인지 말씀해주세요"라거나 "여가 시간에는 무엇을 하세요?"라는 말로 대화를 시작할 수 있다. 이러한 질문은 공감을 표현하는 방법으로 새롭게 사귄 친구가 진심으로 관심을 보이며 던질 만한 질문이다. 이렇게 고객의 목표와 가치관을 탐색할 때 흔히 듣게 되는 대답은 "주말에는 가족과 함께 시간을 보내거나 산책을 하는 편이에요"라거나 "친구들과 함께 스포츠를 즐기거나 운동을 해요"라는 대답이다. 처음에는 먼저 이러한 행동에 대해 자세히 알아보고, 흡연에 대해서는 꼭 언급할 필요는 없다.

일단 대화가 시작되면, 상담자는 상담자의 목표에 집중해야 한다. "끊는다", "그만한다" 같은 언어는 사용하지 않고 내담자의 사고방식과 태도를 내담자가 중시하는 가치에 연결하는 질문을 한다. 예를 들면, "가족과 함께 활동하는 것을 좋아하고 건강을 위해 운동을 한다고 말씀하셨는데요. 내담자께는 건강과 가족이 중요한 것 같아요. 제 말이 맞나요?"라고 질문한다.

이 지점에서 우리는 내담자의 불일치를 상기시켜 양가감정을 불러일으킨다. 양가감정이 동기 부여 면담의 핵심인 이유는 바로 이 순간에 내담자가 "하지만, 아마"라고 말하며 반문하기 때문이다. 우리는 내담자로부터 "건강은 중요하죠. 하지만 스트레스가 심한 날은 담배를 피워야 스트레스가 풀려요"라는 말을 자주 듣는다.

"전에도 끊으려고 했는데, 실패했어요. 아마 이번에는 다를 겁니다"라는 대답도 흔하다. 그러면 우리는 "도전적인 일을 시작해서 성공한 적이 있나요?" 같은 질문을 던진다. 이런 질문은 내담자가 과거 경험을 통해 자신감을 쌓는 데 도움이 된다.

다음 단계는 "변화하는 것이 왜 중요한가요?", "지금 당장 시작할 준비가 되었나요?" 등의 질문으로 동기를 불러일으키는 것이다. 이러한 질문은 체인지 토크를 촉발하고, 상담자는 내담자의 말을 경청하면서 대화를 원하는 방향으로 끌고 간다.

내담자가 "담배를 줄여야 할 것 같아요"라거나 "담배를 피우는 것보다 조깅을 하는 것이 스트레스 관리에 더 좋을 것 같아요"라고 말할 수도 있다. 내담자가 문제에 어떻게 접근하든 간에, 상담자는 절대 해결책을 제시해서는 안 된다. 퍼즐은 내담자가 풀어야 한다. 왜 그럴까? 내담자는 상담자를 만나기 전에 이미 해결책을 떠올리고 그 과정에서 필요한 노력을 상상한다. 내담자에겐 단지 동기를 부여하고 계획을 수립하는 데 도움이 필요할 뿐이다.

마지막 단계는 계획이다. 다시 한 번 말하지만, 계획은 정해진 기간 동안 어떻게 행동할지에 초점을 맞춰 내담자가 주도적으로 세워야 한다. 이 시점에서 우리는 과제를 수행할 자신의 능력에 대한 자신감을 0(변화할 자신이 없다)에서 100(변화할 자신이 있다)까지의 척도로 평가할 것을 권장한다. 이 점수는 내담자의 낙관성과 내담자가 부정적으로 생각하는 영역, 내담자의 노력, 예상되는 어려움 등을 나타내며, 내담자의 현재 변화에 대한 인식을 평가하고 내담자의 니즈에 맞는 현실적인 계획을 수립하는 데 사용할 수 있다.

동기 부여 면담으로 행동을 변화시킬 수 있다는 주장에는 설득력 있는 증거가 있다.[5] 동기 부여 면담은 폭식 치료, 운동 지속 능력 향상, 스트레스와 불안 감소, 체중 감량, 운동 능력 향상에 적극적으로 사용되고 있다. 동기 부여 면담이 이렇게 효과적이라면, "왜 다른 방식으로 바꾸어야 하는가?"라는 질문이 생길 것이다. 대화 도중 중요한 순간에 심상화를 활용하는 FIT는 단순한 동기 부여 면담보다 최대 5배 더 효과적이기 때문이다.

FIT 효과

FIT는 동기 부여 면담과 마찬가지로 중독, 그중에서도 특히 갈망과 욕구를 연구하는 심리학자들에 의해 개발되었다.[6] 플리머스 대학교의 심리학 교수인 재키 앤드레이드와 존 메이, 퀸즐랜드 공과대학교의 데이비드 카바나 교수가 20년간 연구한 끝에 현재 FIT라고 부르는 프로세스로 구체화되었다.

초기 연구는 기억력, 창의력, 심상화에 관한 것이었으며, 중독으로 고통받는 사람부터 창의력을 높이려는 무용수에 이르기까지 다양한 사람을 대상으로 진행되었다.[7] FIT를 적용한 첫 번째 프로젝트는 간식을 끊는 방법을 모색하는 것이었다.[8] 이 프로젝트는 건강한 습관을 만드는 방법, 즉 심상화를 통해 당장의 욕망에 굴복하지 않고 성취하고 싶은 것을 갈망하게 하는 방법으로 발전했다. 쿠키든 칵테일이든 무언가를 먹지 않을 때의 이점을 상상하는 것은 쉽지 않은 일이므로 이것은 큰 도전이었다. 참가자들은 작은 행동으로 자신감을 키우고 장기적인 성공으로 이어지는 단기 목표를 설정하는 데 집중해 과제를 완수했다.

이 장 초반에 만난 CEO 찰리는 골프 실력을 향상시키는 것부터 시작해 리더로서 자신의 능력을 향상시키는 일까지 성공했다. FIT 덕분에 찰리는 장기 목표에 대한 압박감에 짓눌리지 않고 목표를 달성하기 위해 필요한 일상적인 선택에 집중할 수 있었다. 감정 관리를 해야 하는 선택의 순간도 있었고, 판단을 하기 전에 설득과 협력이 필요한 순간도 있었다.

모든 연구자들의 핵심 질문은 방해가 되는 생각(예를 들면 와인 한 잔을 마시고 싶다는 생각)을 다른 생각으로 바꾸거나, 주의를 환기할 수 있느냐는 것이었다. 대답은 '그렇다'이다. 대체하는 생각에 정교한(호랑이의 모양, 크기, 색깔 등) 상상을 더하면, 와인에 관한 생각은 사라지게 된다.[9]

조나단은 플리머스 대학교에서 박사 과정을 밟을 때, 린다 솔브리그와 함께 재키 안드레이드와 존 메이의 지도를 받았다. (주로 안드레이드로부터 동기 부여 면담을 배우고 훈련받은) 린다는 체중 감량을 위한 FIT를 개발했고, (주로 존 메이로부터 동기 부여 면담을 배우고 훈련받은) 조나단은 스포츠에 FIT를 적용했다. 한편, 데이비드 카바나는 폭식에 관한 연구를 계속하며 호주에서 자신의 팀을 성장시켰다. 이 소수의 연구자들은 FIT를 동기 부여 면담의 정신에 심상화를 통합하는 방향으로 발전시켰다.

이후 연구자들은 각각의 내담자에 맞게 FIT를 설계하고, 시간 제약에 맞게 조정하며, 심상화를 하지 못하는 사람들이 FIT를 할 수 있는 방법을 찾기 위해 노력해왔다. 처음에 조나단은 내담자나 연구 참여자를 대상으로 기존의 FIT 방식을 사용했지만, 나중에 이 방식을 팀과 함께 사용하고, 조직의 요구에 맞게 비교적 짧은 기간 동안 활용하며, 시각화에 어려움을 겪는 (종종 팀내) 개인도 사용할 수 있도록 발전시켰다.

심상화는 감정을 불러일으키고, 감정은 행동 변화에 대해 이야기하는 것보다 더 많은 행동 변화를 일으킨다. 누구나 미래를 상상하지만, FIT는 목표와 관련된 미래에 관한 상상을 일상적인 습관으로 만드는 방법을 알려준다. FIT는 목표를 포기하게 하거나 저하시키는 생각을 다른 생각으로 대체하는 방식으로, 생각을 의식적으로 관리하는 효과적인 방법이다. 우리 내면의 목소리가 들려주는 스토리는 심상화를 촉발하는데, FIT는 이 내면의 목소리도 바꿔준다. 따라서 이러한 FIT를 통해 상상하는 법을 이해하고 습관화하면, 자신의 능력에 자신감을 갖게 되고, 미리 계획을 세워 더욱 성실해지며, 피할 수 없는 난관에 부딪혀도 인내하며 전진할 수 있다.

일지 쓰기

앞서 언급했듯이 FIT는 대화로 시작한다. 이 책에서는 일반적인 동기 부여 면담에서 하는 질문을 일지 쓰기 예제로 제시했다. 이 방법은 우리와 직접 만나서 하는 것과는 다르지만, 목표와 관련된 핵심 가치를 탐구하도록 유도하는 질문들이 포함되어 있다. 일반적으로 사람들은 자신의 스토리를 공유하며 의사소통하므로 스토리텔링 기능도 추가했다. 당신이 우리와 직접 만났다면 책에 나온 것과 거의 동일한 방식으로 이야기를 나누었을 것이다.

일지는 자기 자신에게 솔직해지고, 취약성을 드러내며, 목표를 향해 나아가는 가장 좋은 방법을 배울 수 있는 공간이다. 가만히 앉아서 모든 생각과 느낌을 적을 수 있는 생각을 키우는 공간으로 일지를 쓰다 보면 앞으로 벌어질 일에 대해 정신적으로 또 감정적으로 계획을 세우게 된다. 또한 새로운 아이디어와 기존 아이디어가 만나면서 자기 자신과 목표를 바라보는 새로운 시각이 열린다. 일지를 쓰는 마지막 이유는 시행착오를 추적하여 일상생활과 도전 과제에 접근하는 방식을 개선하고 자신에게 가장 적합한 변화를 만들어낼 수 있기 때문이다.

일지 쓰기의 첫 번째 목표는 핵심 가치를 이해하는 것이다. 일지 쓰기를 통해 내가 중시하는 가치에 부합하는 목표를 설정하고 나의 행동과 비전을 일치시킬 수 있다. 다음은 밀러와 동료들이 연구한 83가지 가치의 목록이다.[10] 이 목록을 살펴보고 자신이 중요하게 생각하는 가치를 적어보라. 목록에 없는 가치가 떠오르면 언제든지 추가해도 된다.

나의 가치를 어떻게 구현하고 있는가? 여기서 잠시 멈추자. 시간을 내어 내가 중시하는 가치를 어떻게 구현하고 있는지 생각해보라.

일지에 다음 질문에 대한 답을 적는다.

- 나의 상위 가치 5가지는 무엇인가?
- 개인 목표에는 어떤 가치가 반영되어 있는가?
- 시간적 제약으로 건강과 가족 등의 가치가 서로 충돌하는 경우 어떻게 관리하는가?

이제 내 행동이 가치와 일치하는지 확인해보라. 예를 들어, 가족을 핵심 가치라고 생각하면서 가족과 연락도 잘 하지 않는다

기능적 심상화 훈련

수용	우정	질서
정확성	재미	열정
성취	관대함	쾌락
모험	진정성	인기
매력	신의 뜻	권력
권위	성장	목적
자율성	건강	합리성
아름다움	도움	현실주의
돌봄	정직	책임
도전	희망	위험
변화	겸손	로맨스
편안함	유머	안전
헌신	독립	자기수용
연민	산업	자기통제
공헌	내적 평화	자존감
협력	친밀감	자기인식
예의	정의	섬김
창의성	지식	성
의존성	여가	단순함
의무	사랑받는 것	고독
생태계	사랑하는 것	영성
흥분	숙달	안정
신앙	마음챙김	관용
명성	절제	전통
가족	일부일처제	부
신체단련	비순응	세계 평화
유연성	양육	
용서	개방성	

면 가치와 행동이 불일치하는 것이다. 마찬가지로 건강을 중요하게 생각하면서 규칙적으로 운동하지 않거나 건강에 해로운 음식을 자주 먹거나 담배를 피운다면 불일치가 발생하고 있다.

반대로 매일 자신의 가치에 맞는 생활을 하고 있을 수도 있다. 그렇다면 일의 우선순위를 정하는 데 능숙할 것이고, 삶의 질이 높을 것이다. 스스로 정말 '잘하고 있다'고 느끼고 자신의 행동과 가치가 대부분 일치한다면 다음 단락은 대충 훑어보고 '나의 스토리'에서 시작하라.

우리 대부분은 균형이 깨진 생활을 하고 있다. 자신의 가치가 우리를 항상 원하는 행동으로 이끄는 것은 아닌데, 운동선수들은 건강, 승리, 체력을 상위 가치로 꼽으면서 힘든 훈련을 마친 뒤에 초콜릿이나 패스트푸드로 스스로를 보상한다. 물론 이것이 항상 나쁘다는 말은 아니다. 어려운 과제를 완수한 것에 대한 보상은 적당히 이루어지면 좋은 점도 있다. 하지만 이러한 탐닉은 적당한 통제 속에서 이루어져야 한다. 운동 후 곧바로 초콜릿 바를 먹기보다는 '저녁에 휴식을 취할 때 차 한 잔과 초콜릿 바 하나 정도는 먹어도 괜찮아'라고 하는 게 좋다. 이러한 행동은 건강에 대한 자신의 사고방식과 상충되지 않으므로 균형을 유지할 수 있다.

나의 스토리

자아의식과 주변 세계는 대부분 자기 자신이 스스로에게 정기적으로 들려주는 스토리를 통해 드러난다. 책과 마찬가지로 스토리에도 악당, 영웅, 조연, 여정, 예상되는 결말 등이 존재한다. 스토리는 상상 속에서 펼쳐지며 우리의 감각과 감정에 관여한다. 스토리는 우리를 앞으로 나아가게 하고 멈춰 서게 한다. 또한 우리의 주의를 집중시키고 우리의 행동에 현실보다 더 큰 영향을 미친다.

5일간의 자기 탐색

일지 쓰기 연습 중 첫 번째 과정이다. 서둘러 끝내거나 대충 훑어보면 안 되고, 시간을 들여 고민해야 한다. 시간이 제한되어 있는 시험이 아니라 오래된 습관을 바꾸고 스스로를 자신의 목표에 맞게 개선하는 방법이다.

5일간의 일지 쓰기

5일간의 일지 쓰기는 당신을 즉각적인 해결을 추구하는 도파민 중심의 시스템이 아닌 의미, 직관, 상상력과 연결된 뇌의 상층부로 안내할 것이다. 이 책에 있는 자기 탐색 과정을 따라가다 보면 완전히 새롭거나 일반적인 생각과 달라서 실행하기 어려운 부분도 있을 것이다. 그럴 때는 차분히 앉아서 아이디어에 대해 숙고하고 글로 써본 후에 다시 해당 부분으로 돌아온다. 친구를 응원하듯 스스로에게 다가가라. 자기 성찰(자신의 생각에 대해 생각하는 것)은 어려운 일이므로 자기 자신에게 친절과 연민을 베풀어라. 예제부터 시작하자.

1일차 자신이 하는 이야기를 들어보라. 회의에서 혹은 새로운 사람들을 만날 때 자신이 스스로에 대해 하는 말을 주목하라. 이것이 관찰 연습이라는 점을 명심하길 바란다. 정답이나 오답은 없다. 당신을 판단하려는 게 아니니 스스로 판단하지 말라. 그저 관찰하고 관찰한 내용을 일지에 적어보자.

2일차 하던 일을 잠시 내려놓고 '나의 스토리는 무엇인가?'라는 질문에 대해 5분 동안 곰곰이 생각해보자. 떠오르는 것은 무엇이든 적어보자.

3일차 어제와 마찬가지로 5분간 조용히 집중하여 다음 질문에 답해 보라. 나의 스토리는 내게 어떻게 도움이 되고 있는가? 스토리의 어떤 점이 내 발목을 잡고 있는가?

4일차 내 꿈에 가까워지려면 내 스토리에 어떤 변화가 필요할지 생각해보라.

5일차 어제를 되돌아보고 필요한 변화를 현실로 만들 수 있다면, 내 삶은 어떤 모습이 될까?

이제 나의 5가지 상위 가치와 스토리에 대해 알게 되었으니, 자기 자신을 보다 잘 이해하고 편안하게 느끼게 되었기를 바란다. 자신의 가치와 연결되어 있는 것은 중요하며, 이러한 연결이 자기 자신과 자신이 설정한 목표, 주변 사람들 앞에서 진실된 모습을 유지할 수 있도록 안내해줄 것이다. 꿈꾸는 목표를 위해 동기를 부여하고 무엇이 나를 나답게 만드는지 이해하는 것이 첫 번째 단계이다. 이제 동기 부여와 헌신의 차이점, 성공하기 위해 가치에 부합하는 목표를 설정해야 하는 이유를 알아보자.

Chapter 3

당신은 충분히 해낼 수 있다

헌신은 상상의 문을 열어준다.
비전을 품게 하고, 꿈을 현실로 바꾸는 데
필요한 자질을 갖추게 한다.

제임스 워맥

율리우스 카이사르는 군대를 데리고 루비콘 강을 건너면서 "알레아 이악타 에스트_{Alea iacta est}(주사위는 던져졌다)"라고 외쳤다. 그는 이 얕은 강이 로마 본국과 속주 사이의 경계 역할을 한다는 사실과 강을 건너는 행위가 곧 내전을 의미한다는 사실을 잘 알고 있었다. 루비콘 강을 건너는 죄에 대한 형벌은 사형이었다. 카이사르와 병사들이 고향으로 돌아갈 수 있는 방법은 단 하나, 승리뿐이었다. 전투에서 지면 전멸이었다. 오늘날 루비콘 강은 직장을 그만두거나 아이를 낳는 등 인생의 돌이킬 수 없는 지점을 의미한다. 루비콘 강을 건너는 행위에는 우리가 하는 대부분의 행동에 결여된 명확성이 있다. 그 행동이 자신의 운명을 바꿀 수 있음을 알면서 위험을 감수하는 것이며, 일단 하고 나면 더 이상 다른 선택은 할 수 없다. 돌이킬 수 없는 것이다.

하지만 우리가 하는 대부분의 일은 하다가 도중에 돌아가거나 그만둘 수 있는 기회가 많이 있다. 우리는 계획에 충실하려고 노력하지만, 막상 어려운 순간이 닥치면 그렇게 하지 않는 경우가 많다. 쿠키를 먹을지 먹지 않을지, 도움을 요청할지 요청하지 않을지, 일찍 일어나 운동을 할지, 늦잠을 잘지를 선택하는 순간에 직면할 때마다 우리는 목표에 가까워지는 일을 할지, 아니면 멀어지는 일을 할지 선택해야 한다. 이러한 순간들을 우리는 선택의 순간이라고 부른다.

이 장에서는 루비콘 강을 건너는 것과 선택의 순간에 대해 알아보고, 헌신을 강화하는 핵심 요소를 알아본다. 비전을 향해 나아갈지 포기할지는 결국 자신만이 결정할 수 있다. 만약 도전하기로 결정했다면, 이 장에서 도전 중에 혼자라고 느끼는 순간 영감의 원천이 되어주는 것을 찾을 수 있을 것이다. 물론 무언가를 계속하는 데 드는 비용이 혜택보다 크다는 결론이 나오는 '포기 지점'에서 새로운 길을 선택할 수도 있다.

그들은 루비콘 강을 건널 수 있을까

조는 1985년 아버지 알 그로버 시니어와 형 알 주니어가 소형 모터보트를 타고 대서양 횡단에 나섰을 때 루비콘 강을 건너는 것이 얼마나 어려운 일인지 처음 알게 되었다.

떠나기 전날 밤, 아버지와 아들은 술잔을 나누며 긴장을 풀었다. 다음 날 아침 둘은 마음이 불안한 상태에서 출발했다. 항구를 떠나자마자 바람이 거세지고 파도는 높아졌다. 그들은 각자 조용히 깊은 생각에 잠겼다. 어둠이 깔리고 폭풍이 몰아쳤다. 육지에서 점점 멀어졌고, 배는 페트병처럼 이리저리 흔들렸다. 그들은 수 시간 혹은 수일 내에 상황이 나아지지 않을 것이라는 사실을 깨달았다. 갑자기 4,500킬로미터의 여정이 매력적으로 다가오지 않았다.

동기가 흐려지자, 둘은 "이 여행이 그만한 가치가 있는지" 묻기 시작했다. 알 주니어가 대답했다. "전혀 그렇지 않아요. 돌아가면 안 되나요? 저는 아직 준비가 안 됐어요!" 그러자 아버지가 대답했다. "너무 늦었어." 알 시니어는 거센 바람과 파도 앞에 무력감을 느꼈다. 해안으로 돌아가는 것은 12.5인치 프로펠러가 장착된 65마력의 트윈 엔진으로는 역부족이었다. 떠나온 것은 돌이킬 수 없는 결정이었다. 그들은 루비콘 강을 건넜다.

바다는 꼬박 2주 동안 성이 나 있었다. 17일째 되던 날, 첫 번째 목적지인 포르투갈 앞바다의 아조레스 제도에서 160킬로미터 떨어진 곳에 이르러서야 둘은 허리케인을 뚫고 지나왔다는 사실을 알게 되었다.

그로부터 48시간이 지나자 폭풍은 잠잠해졌다. 허리케인의 공격으로 온몸에 멍이 들었고 21일 전에 캐나다를 떠날 때보다 9킬로그램이 빠져 수척해졌다. 연료는 거의 바닥났지만, 폭풍우는 견뎌낸 상황이었다. 이제 둘은 각자 선택의 순간에 직면해 있었다.

알 주니어는 더 가지 않고 아조레스 제도에 남기로 결정했다. 다음 날, 알 시니어는 아내 로즈마리에게 전화를 걸어 아들이 도전을 포기했으니 모든 것이 끝났다고 말했다. "도전은 끝났어, 여기까지야." 그러자 로즈마리가 대답했다. "아니야, 그렇지 않아. 여행을 마무리해야지! 단테를 보낼게." 단테는 둘째 아들이었다. 결정적인 선택의 순간에 아내의 단호한 어조가 모든 것을 바꿔놓았다. 알 시니어의 내적 자원이 고갈되었을 때 아내의 결단력이 그의 결의를 새롭게 해주었고, 그는 계속 나아가기로 했다.

이틀 후 아조레스 제도에 도착한 단테는 아버지와 함께 리스본까지 1,287킬로미터를 항해했다. 알 시니어는 평생의 꿈을 이루었다.

새로운 길을 원한다면

현 상태를 바꾸려면 헌신이 필요하다. 직업을 바꾸는 것처럼 큰 변화를 고려한다면, 루비콘 강을 건너야 한다. 주사위를 던지겠는가? 아니면 되돌아가겠는가?

목표가 무엇이든 당신은 매일 다양한 선택의 순간에서 헌신을 강화할 기회를 얻는다. 사람들은 평균적으로 매일 60~80번의 의식적인 선택을 한다. 이러한 선택의 순간에서 헌신의 수준이 드러난다. 그 순간에 그만두는 것을 선택하겠는가? 희생을 감수하고 변화하여 원하는 미래로 나아가는 새로운 길을 선택하겠는가? 꿋꿋하게 후자를 선택하면 당신은 내면의 변화를 경험하게 되고, 보다 큰 자율성과 삶에 대한 만족을 느끼게 될 것이다. 자신의 삶에서 승객이었다가 운전자가 되는 것이다.

어려움과 좌절에 직면할 때, 끝까지 나아가겠다는 결정은 내면 깊은 곳에서 나와야 하며 심상, 그리고 자기 자신보다 큰 무언가와 연결되어 있는 것이 이상적이다. 알 시니어는 역사에 남을 만한 인물들과 함께 나란히 인정받는 자신의 모습을 상상했다. 그는 슬로컴 선장, 프랜시스 드레이크 경과 프랜시스 치체스터 경의 위험한 항해에 대해 읽고 상상했다. 국가와 부하들, 명예를 위해 그들이 견딘 시간과 아무도 해낸 적 없는 일을 하고자 했던 그들의 열망을 동경했다. 그는 이 횡단이 일생일대의 여정이 되리라는 사실을 알고 있었다. 그 여정을 완수하는 것은 그가 갈망하던 유산이었고, 그는 모든 위험을 감수할 각오가 되어 있었다. 반면에 아들 알 주니어는 그와 같은 비전이나 의지를 품고 있지 않았는데, 이것이 그가 아버지와 다른 선택을 한 근본적인 이유이다.

나타났다 사라지는 동기와 달리 헌신은 고정적이다. 헌신적이거나 헌신적이지 않거나 둘 중 하나인 것이다. 인정하기 어렵고 직면하기 벅찬 진실일지도 모른다. 헌신하지 않는 것은 자기 자신과 맺은 계약을 파기하는 것과 같기 때문이다. 인생의 어느 지점에서 '건강해지기 위해 최선을 다하고 있다'라거나 '이 관계에 헌신하겠다'라거나 '이 교육 과정을 이수하겠다'라고 자기 자신과 약속한 적이 있을 것이다. 이렇게 말하는 것은 자기 자신과 계약을 시작하는 것이다. 동기를 잃거나, 계약을 재확인하도록 도와줄 도구나 사람이 주변에 없다면, 그 계약은 깨질 수도 있다.

당신이 항상 '전념'할 수 있다고 믿는 것은 비현실적인 생각이지만, 매 순간 느끼는 감정은 다양한 수준의 동기를 반영한다. 자신이 얼마나 헌신적인지는 성공을 가로막는 정신적, 육체적 장애물을 만나기 전까지는 알 수 없다. 이때 당신은 도전할 수도 있고, 포기할 수도 있다.

헌신을 강화하는 네 가지

어떤 장애물을 만나더라도 계속 나아가겠다는 의지가 분명하다면, 헌신의 네 가지 핵심 요소를 통해 성공 확률을 높일 수 있다.

1. 하나의 목표 세우기

아리스토텔레스는 저서 《천체에 관하여On the Heavens》에서 음식과 물을 앞에 두고 어쩔 줄 몰라 하던 한 남자의 이야기를 들려준다. 남자는 배도 고프고 목도 마른 상태에서 먼저 할 행동을 결정해야 했다. 음식이 물보다 가까이 있었다면 선택은 쉬웠을 것이다. 그러나 음식과 물 모두 같은 거리에 있었던 탓에 그는 역설적인 상황에 직면했다. 어떤 선택도 하지 못한 남자는 결국 굶주림과 갈증으로 죽고 말았다. 여기서 얻을 수 있는 교훈은 결정 그 자체보다 결정을 내리는 데 걸리는 시간이 중요하다는 사실이다. 이 역설은 16세기에 '부리단의 당나귀'라는 일화에도 등장한다. 이 일화에서 주인공은 당나귀인데, 사막을 거쳐 오느라 지친 당나귀 역시 물과 음식 중 어떤 것을 먼저 먹어야 할지 결정하지 못하고 굶어 죽고 만다.

오늘날에도 이러한 역설은 자주 보이는데 특히 우선순위가 상충하는 직장에서 만연하다. 경쟁하는 두 선택 사이에서 당신은 끊임없이 씨름하며 어느 한쪽에도 충분한 시간과 집중력을 투입하지 못하기 쉽다. 순위가 제대로 정해지지 않은 목표는 정신적 탈진 상태인 번아웃burnout으로 이어진다.

꿈을 크게 갖는 것도 중요하지만, 큰 목표를 향해 노력할 때는 작은 목표도 중요하다. 한꺼번에 여러 변화를 시도하는 것보다 한 가지 변화를 시도하는 것이 힘이 덜 든다. 일단 하나의 목표를 세워 거기에 전념하면 방해되는 생각과 이미지가 줄어들어 원하는 생각과 이미지에 집중할 여유가 생긴다. 시작부터 바보가 된 기분을 느끼지 않으려면, 하나의 목표와 행동을 정하고 그 목표에 충실하라.

이 한 가지 목표와 한 가지 행동은 자신에게 중요하기만 하다면, 그 규모에 상관없이 무엇이든 될 수 있다. 스트레스를 줄이기 위해 하루에 몇 분씩 마음챙김을 실천하는 것처럼 작은 목표와 실천일 수도 있고, 세상의 시각을 바꾸는 코칭 프로그램을 만드는 것과 같이 큰 목표와 실천이 될 수도 있다.

2. 지원 확보하기

누구나 동기를 가지고 시작한다. 하지만 힘든 순간이 오면 동기는 사라지고, 계속할지 그만둘지 순간적으로 결정해야 하는 선택의 순간에 도달한다. 머릿속에서 '난 못 해', '이렇게까지 할 만한 가치가 없어', '휴식이 필요해'라고 말하는 목소리가 우리를 유혹한다. 이 지점에 도달하면, 동기 부여로는 더 이상 충분하지 않다.

알 시니어가 횡단을 그만두려던 순간, 집으로 돌아갈지 여정을 계속할지 결정하는 중요한 선택의 순간에 그를 도와준 핵심 지원자는 그의 아내였다. 그가 실패한 채 집으로 돌아온다면 비참한 기분에 빠져 있을 것을 알았던 아내는 그가 목적을 되새기고 다시 헌신할 수 있도록 격려했다. 이처럼 대부분의 사람에게는 다른 사람의 지지와 격려가 필요하다.

자신을 지지하는 배우자나 인생의 동반자가 없는 경우 친구나 가족, 또는 코치에게 도움을 청할 수도 있다. 당신이 그만두고 싶을 때 '왜'와 비전을 상기시켜주고 다시 헌신할 수 있게 도와주며 당신이 의지할 수 있는 사람이면 된다. 항상 목표와 관련된 대화를 할 필요도 없다. 때로는 자신을 응원하는 사람이 있다는 사실만으로도 흔들리는 순간을 견딜 수 있다.

목표를 공유하는 '파트너'와 함께 지원체계를 만들 수도 있다. 조와 조나단은 이 책을 집필하고 글로벌 코칭 비즈니스를 발전시키면서 서로를 신뢰하고 의지했다. 처음에는 다른 사람에게 도움을 요청하는 것을 좋아하지 않는 조가 힘들어했지만 조나단은 조에게 자신은 언제나 그의 편이라고 말하며 그를 지원했다. 조의 도전에 기꺼이 동참한 조나단 덕분에 이 책과 글로벌 코칭 비즈니스가 탄생할 수 있었다.

지원은 공동체의 형태가 될 수도 있다. 알 주니어는 문제에서 도망치지 않고 집으로 돌아와 현실을 직시했고, 매주 천주교 미사에 참례하고 기도함으로써 공동체 의식을 함양했다. 엘리트 운동선수나 영국 특공대원들을 상담하다 보면 이와 같이 서로를 지원하는 모습과 그 영향력에 대해 관찰할 수 있다.

3. 나의 핵심 심상을 찾아 심상화하기

FIT는 자신의 동기와 변화에 대한 헌신을 이해하는 데서 출발한다. 수년 또는 수십 년 동안 상상해온 명확한 목표가 있고 그 목표를 성취한 경험이 있는 사람들은 쉽게 이해할 수 있다. 하지만 대부분의 사람들은 자신을 방해하는 심상과 자신에게 도움이 되는 심상을 편견 없이 찾아야 그렇게 할 수 있다. 심상화는 지극히 개인적인 과정이다. 시간을 내어 자신을 감정적으로 움직이는 심상을 찾아라. 좋아하는 드레스나 정장을 입거나, 연단에 서서 관중의 환호를 듣는 심상이 될 수도 있다. 심상화 여부는 말 그대로 성패를 좌우할 수 있다.

알 시니어는 항구를 떠나기 수년 전부터 보트를 타고 대서양을 횡단한 최초의 선장으로 세계 신기록을 세우는 자신의 모습을 상상했다. 그는 성취감, 사랑하는 사람들의 응원, 바다 냄새, 육지를 떠나 있을 때 느끼는 자유로움, 광활한 바다 위로 떠오르는 태양을 바라보며 마시는 커피의 맛을 상상했다. 여행을 계획하는 동안 그는 마음속에서 부풀어 오르는 긍지와 솟구치는 에너지를 느꼈다. 자신도 몰랐지만, 그의 핵심 심상이 대서양 횡단에 대한 그의 헌신을 강화시켜준 덕분에 무수한 어려움 속에서도 끝까지 완주할 수 있었던 것이다. 여행을 떠나기 전에 여행에 대한 핵심 심상을 정의하지 않았던 알 주니어는 여행과 목적의식을 연결시킬 수 없었다. 그가 여행을 중도 포기한 것은 그리 놀라운 일이 아니다.

평생에 걸친 체중 감량의 싸움

심상화와 그 방법에 대해서는 다음 장에서 자세히 살펴보고 이 장에서는 조의 내담자가 어떻게 핵심 이미지를 찾고 강화해 체중 감량이라는 목표를 달성할 수 있었는지에 대해 살펴본다.

밥은 평생 체중과 싸웠다. 의사인 그는 과체중이 신체에 미치는 악영향에 대해 잘 알고 있었다. 과거에 체중을 감량했다가 요요 현상을 겪은 그는 정신적, 육체적으로 지친 상태였다. 철인 3종 경기를 위해 강박적으로 훈련하면서 6개월 동안 45킬로그램을 감량한 경험이 두 번이나 있었다. 칼로리 제한과 격렬한 훈련이 심신에 가하는 부담을 더 이상 견딜 수 없게 되자, 그의 의지력은 바닥났고, 건강에 해로운 식습관은 다시 시작되었으며, 체중도 원상태로 돌아왔다. 그때마다 그는 낙담했다.

운동선수인 아내가 FIT에 대해 듣고 그에게 시도해볼 것을 권했다. 2019년 4월, 정상 체중보다 45킬로그램이 더 나갔던 밥이 조를 만나러 왔다. 그의 첫 FIT 세션은 그의 쉰다섯 번째 생일날 시작되었다. 자기 자신에게 선물을 주기 위해 그가 특별히 잡은 일정이었다. 연구 자료를 보고 온 밥은 바로 시작할 준비가 되어 있었다. "어떻게 해야 하는지 말해주세요." 그가 말했다.

"먼저, 당신의 이야기가 듣고 싶습니다. 본인에 대해 말씀해주세요." 조가 말했다.

"어디서부터 시작할까요?"

"원하시는 곳에서부터요."

밥은 자신의 어린 시절에 대해 이야기했다. 그는 남부의 작은 마을에서 자랐고, 그의 아버지는 그를 신뢰하지 않았지만, 그는 가난을 딛고 성공하겠다는 일념으로 마을을 떠났다. 아버지는 그에게 "너는 의사가 아니라 배관공이나 에어컨 수리공이 되어야 해"라고 말하곤 했는데, 그것은 '네 주제를 알고나 있는 거니?'라는 뜻이었다.

성인이 된 밥은 성공했지만, 머릿속에서는 아버지가 그랬던 것처럼 자신을 향해 야유하는 목소리가 들렸다. "네가 우리보다 낫다고 생각해? 장담하는데, 너도 다르지 않아!" 밥은 자기 자신뿐만 아니라 사랑하는 아내와 십 대인 두 아들을 위해서라도 내면의 목소리가 외치는 스토리를 놓아줄 준비가 되었다고 했다. 그는 그동안 짊어지고 있던 육체적, 정신적 무게를 내려놓고 가족과 함께 자유롭게 돌아다니고 싶었다.

"더 이상 이렇게 살고 싶지 않아요." 그가 말했다.

"어떻게요?"

"건강하지 않은 상태로요. 저는 오래 걷지 못해요. 숨이 차고 고통스럽습니다. 이번 여름에 아내와 아이들과 유럽에 갈 계획인데, 가족과 함께 걷고 새로운 도시를 탐험하고 싶어요. 맥스가 대학에 가기 전에 함께 가는 마지막 여행이 될 겁니다."

"같은 상황에 있는 환자가 있다면, 뭐라고 말씀하시겠어요?"

"할 수 있다고 하겠죠. 계획을 세우는 걸 돕겠다고 할 겁니다."

"진심으로 걱정하는 마음이 느껴지네요. 조를 만난 환자분들은 복 받은 거예요."

"고마워요."

그다음 조는 밥을 심상화로 안내했다.

쉰여섯 번째 생일로 시간 여행을 한다고 상상해보세요. 목표를 달성하고 싶었지만 여러 방해 요소가 있었어요. 스스로 가치 없는 사람이라고 외치는 내면의 목소리에 굴복하고 말았습니다. 그래서 아무것도 변하지 않았어요. 잠시 멈추세요. 당신은 쉰여섯 번째 생일날 아침 침대에서 일어나고 있습니다. 방의 색, 소리, 빛에 주목하세요. 숨을 크게 들이마셔 보세요. 어떤 냄새와 맛이 느껴지나요? 모든 감각을 사용하세요. 당신의 발이 바닥에 닿습니다. 어떤 기분이 드나요? 그 기분은 당신의 하루에 어떤 영향을 미치나요? 사랑하는 사람들과 시간을 보내는 방식에 어떤 영향을 미치죠?

"슬프고 몸이 무거워요. 끔찍해요." 밥이 말했다.

"끔찍한 곳으로 데려가서 죄송하지만, 그렇게 하는 이유가 있어요. 다른 심상화를 시도해볼게요. 이번에는 다를 거예요. 조금 뒤에 설명해드릴게요."

조는 다시 쉰여섯 번째 생일날 아침으로 밥을 안내했다.

당신은 건강한 음식을 먹고 시간을 투자해 개인적인 목표를 달성했습니다. 어려움에 직면하기도 했지만, 계속 노력했습니다. 성취감을 만끽하세요. 즐기세요. 침대에서 일어난 당신의 발이 바닥에 닿습니다. 일어서서 걷는 느낌이 어떤지 느껴보세요. 색깔, 소리, 맛, 떠오르는 생각에 주목하세요. 모든 감각을 사용해 지금 그 순간을 느껴보세요.

몇 분이 지났다. 밥의 얼굴이 한결 편안해졌다.

"좋아요, 현재로 돌아옵니다." 조가 말했다. "이제 눈을 뜨셔도 됩니다. 어떠셨나요?"

"기쁘고 몸이 가벼웠어요."

"슬프고 무거운 느낌과 가볍고 즐거운 느낌의 차이를 기억하세요. 그리고 가능할 때마다 떠올려보세요. 어떤 심상을 붙잡을

지는 당신이 결정할 수 있어요. 당신이 선택하는 심상이 당신의 행동을 결정하죠."

밥의 이야기는 잠시 후에 다시 살펴보자.

4. 자신을 신뢰하기

FIT의 독특한 측면은 무엇을 해야 하는지 알려주지 않는다는 점이다. 우리는 당신이 이미 무엇을 해야 할지 알고 있다고 믿는다. 당신의 삶에 관한 전문가는 우리가 아니라 당신이다. 이 사실을 믿는 것은 내담자에게 가장 큰 믿음의 도약이다. 우리는 심상을 찾는 것이 외적인 여정이 아니라 내적인 여정이라는 사실을 내담자가 이해할 수 있도록 돕는다. 그러기 위해서는 자신을 다른 사람과 비교하지 말아야 한다. 외부에서 해결책을 찾지 말라. 당신에게 필요한 내면의 신뢰는 지속적으로 자신을 드러내고, 마음을 가라앉히며, 감각을 활용하면서 쌓인다.

지금까지와는 다른 삶을 살고 싶다면, 자신을 신뢰해야 한다. 하지만 신뢰는 희망 위에 쌓을 수 있는 것이 아니다. 작업의 범위를 이해하고 헌신할 준비가 되어 있어야 신뢰가 구축된다. 조와 조나단은 내담자가 일지 쓰기 연습을 통해 답을 찾을 수 있도록 돕는다.

일지를 쓸 때 다음 예제에 답해 보자.

- 당신은 어떤 일을 하기를 꿈꾸는가?

- 당신의 꿈과 관련된 가치는 무엇인가?

- 당신의 루비콘 강은 무엇인가?

- 건너기로 결심했다면 무엇을 포기해야 하는가?

- 잠재적인 위험은 무엇인가?

- 어느 지점에서 그것이 나쁜 생각이 되는가?

- 도전하면 무엇을 얻게 되는가?

- 누가 당신과 함께할 것이며, 그들이 얻게 되는 것은 무엇인가?

- 실패한다면, 당신의 삶은 어떻게 되는가?

당신이 하려는 일이 어떤 일인지 이해했다면, 이제 당신이 헌신할 준비가 되었는지 직감적인 판단을 내릴 차례이다.

다음 질문에 1부터 10까지 점수를 매겨 목표에 헌신할 준비가 되었는지 확인해보라. (1 = 준비되지 않음, 10 = 완전히 준비됨.)

1. 이 목표가 당신에게 얼마나 중요한가?

2. 시작할 준비가 얼마나 되었는가?

3. 목표 달성을 위해 얼마나 헌신하고 있는가?

그다음 목표를 이루기 위한 헌신과 관련하여 자신이 현재의 위치에 있는 이유를 생각해보라. 위의 질문에 대한 점수를 살펴보고 대답해보길 바란다.

- 각각의 점수에 대한 이유는?
- 왜 그렇게 높은가?
- 왜 그렇게 낮은가?
- 격차가 생기는 이유는 무엇인가? (예를 들어, 중요도는 10점인데, 시작할 준비는 5점이다.)
- 시작을 앞당기려면 어떻게 해야 하는가?
- 우선순위를 어떻게 바꿔야 할까?
- 현실적으로 시작할 수 있는 날짜는 언제인가?

밥과는 다음과 같이 진행했다.

조 1부터 10까지 점수를 매길 때, 얼마큼 변화를 원하나요?

밥 10이요.

조 자신이 얼마나 변할 수 있다고 생각하세요?

밥 8입니다.

조 왜 6이나 7이 아닌가요?

밥 전에도 해봤으니까요. 현시점에서 저는 체중 감량 전문가입니다.

조 이번엔 다르게 할 수 있을까요?

밥 네, 도와주시면요.

조 변화하려면, 항상 무언가를 포기해야 해요.

밥 네.

조 자신의 능력을 믿어서는 안 된다는 낡은 스토리를 포기해야 합니다.

밥 네, 알아요. 오늘은 제 생일이고, 전 준비됐습니다.

준비도(2번 질문)를 6점 이하로 평가했다면, 아직 목표를 향해 구체적인 단계를 밟을 준비가 되지 않았다는 신호이다. 그래도 괜찮다. 목표에 대해 좀 더 생각해보고 약간의 조정을 할 시간을 가져보자. 당신은 골프, 조정, 달리기, 농구 등 취미로 즐기는 스포츠 종목에 출전하고 싶어 목표를 설정했고, 그 목표를 눈으로 보고, 냄새를 맡고, 느낄 수 있다. 하지만 가족 중 한 명이 몸이 좋지 않다면? 가족을 돌보려면 시간과 에너지가 필요하다. 심란하고 혼란스럽다. 이럴 때는 핵심 가치를 되돌아보고 재조정해야 한다. 그렇게 하면 시간과 에너지, 좌절감을 줄일 수 있기 때문이다.

목표에 헌신하기 전에 목표가 다음과 같은지 확인해보자.

- 가치와 연결되는 목표인가?
- 목적에 중요한 목표인가?

- 독백이 아닌 대화인가?

마지막 질문이 의아할 것이다. 이에 대해 자세히 설명하겠다. 내적 대화는 자기 자신과 목표에 대해 논의하고 그 목표가 왜 가치가 있는지 정당화하는 과정이다. 반면에 독백은 목표를 어떻게 달성할지 명확하게 설명하지 못하며, 목표가 왜 중요한지 충분히 설명하지 못한다. 내적으로 주고받는 대화는 당신이 직면하게 될 도전 과제를 탐구하고, 목표를 달성할 가능성에 대한 자신감을 점검하며, 초기 동기와 거기에 따른 헌신을 강화한다.

두 사람이 함께한 여덟 번의 세션에서 조는 밥에게 식사량이나 운동량을 언급하지 않았다. 체중이 얼마나 줄었는지 물어본 적도 없다. 여러 다이어트를 시도하고 극심한 체중 변화를 수차례 겪은 밥에게는 필요하지 않은 질문들이다. 밥은 체중을 성공과 실패의 척도로 삼지 않는 법을 배웠다. 그럼에도 그는 첫 FIT 세션을 마치고 4개월이 지난 뒤 7킬로그램을 감량했다. 더 중요한 것은 그의 바람대로 가족과 함께 여름휴가를 즐겼다는 사실이다. 그는 가족과 함께 새로운 도시를 산책하고 하이킹을 했다. 집으로 돌아온 밥은 조에게 편안하게 비행할 수 있어 아주 좋았다고 말했다.

포기할 때와 집중할 때

어떤 행동에 대한 생각을 그만두고 '실행에 옮기기'를 시작하는 순간이 있다. 그 순간은 헌신과 질문에서 시작된다. '지금 내가 할 수 있는 것은 무엇인가?' 동기가 고갈될 때도 있다는 점을 명심하라. 그럴 때는 균형 감각과 자기 연민이 당신을 계속 앞으로 나아갈 수 있게 도울 것이다. 의사 결정이 이루어지는 선택의 순간을 늘려 자기도 모르게 하는 행동을 멈추는 연습을 하면, 당신과 당신의 꿈에 유리한 길을 선택할 확률이 높아진다.

목표 달성을 위해 헌신하는 것이 필수인 것처럼, 집중할 때와 포기해야 할 때를 미리 파악하는 것도 반드시 해야 하는 일이다. 집중할 때는 자신의 가치와 목적을 재검토한 뒤에 목표가 여전히 의미 있고 추구할 가치가 있음을 깨달을 때다. 포기 지점을 정할 때도 똑같이 중요하다. 목표가 크고 달성하는 데 큰 희생이 필요할 경우 내담자와 포기 지점을 미리 논의한다. "어느 지점에서 비용이 이익보다 크다고 판단합니까?", "어느 지점에서 주변 사람들에게 끼치는 피해가 커진다고 판단하나요?"와 같은 질문을 한다. 스트레스를 받으면 균형을 쉽게 잃을 수 있으므로 이러한 유형의 질문은 매우 중요하며, 미리 계획하는 것이 필요하다.

마음이 경직되면 오히려 고통은 느끼지 못하지만 신체가 공황 발작과 같은 경고를 보낼 수 있다. 조가 수년간 불안과 공황 발작 전문 치료사로 일하면서 겪은 최악의 사례는 스물여섯 살의 셸리라는 여성이었다.

셸리의 공황 발작은 부동산 중개법인에 취직하고 나서부터 시작되었다. 그곳은 마치 상어 수조 같았고, 함께 일하는 사람들은 그녀와는 전혀 달랐다. 일이 그녀를 육체적, 정신적으로 갉아 먹고 있었지만 그녀는 성공을 위해 인내했다. 어느 날 쇼핑몰에서 쇼핑을 하던 중 그녀는 공황 발작을 겪었고 죽을지도 모른다는 두려움을 느꼈다. 몸이 일시적으로 마비되어 구급차에 실려 인근 병원으로 옮겨졌다. 신경학적 검사를 실시한 결과 몸은 건강한 상태였다. 의사들은 그녀가 심각한 공황 발작을 경험했을 가능성이 높다고 말하며 그녀에게 조를 소개해주었다. 조는 두 번의 세션을 통해 문제의 원인을 파악할 수 있었다. 셸리는 현재 하고 있는 일을 싫어했고, 일이 그녀를 산 채로 집어삼키는 중이었다.

"그럼 약을 먹어야 하나요?" 셸리가 물었다.

"아니요, 하지만 새로운 직업이 필요합니다." 조가 대답했다.

셸리는 공황 발작을 막기 위해 무엇이든 할 각오가 되어 있었다. 그녀는 자신의 정신적, 육체적 건강을 위해 사직서를 제출했고 곧 새로운 일자리를 얻었다. 이후 공황 발작은 멈췄다.

물론 모든 포기 지점이 이렇게 극적인 것은 아니다. 목표를 향해 나아가는 과정에서 수시로 주의를 기울이고 자신을 점검한다면 포기 지점이 극적일 필요는 전혀 없다. 포기 지점은 목표와 같은 중요한 지점이 아니라 하나의 선택지로 제시한 것이다. 자신의 포기 지점을 아는 것만으로도 자신의 행복을 위해 벗어나야 할 상황을 미리 파악할 수 있다.

처음에 하나의 목표에 헌신한다고 해서 그 헌신이 고정되어 있다는 의미가 아님을 기억하라. 당신은 끊임없이 진화하고 성장하는 사람이며, 시간이 지나면서 당신의 가치관과 의미와 목적의식도 변할 것이다. 당신의 가치관이 바뀌면 미래를 다시 상상하고 목표를 재조정해야 할 수도 있다. 심상화의 장점은 유연함이다. 나에게 적합한 심상화를 하고 있다는 기분이 들 때까지 마음껏 시도해보면 된다. 그럼 이제 어떻게 해야 하는지에 대해 알아보자.

PART 2

원하는 미래를 끌어당기는
작은 습관들

Chapter 4

바라는 것을 더 생생하게 상상하라

진정한 발견을 위한 여정은
새로운 경치를 찾아다니는 게 아니라
새로운 눈으로 보는 것이다.

마르셀 프루스트

고객, 학생, 심지어 함께 일하는 코치들도 대부분 처음에는 심상화가 이미지를 떠올려 마음의 눈으로 보는 것이라고 생각하는데, 그렇지 않다. 우리가 머릿속으로 '보는 것'은 시각화visualization이다. 심상화는 모든 감각을 사용한다는 점에서 시각화와 다르며, 그 효과는 더욱 강력하다.

머릿속으로 사과를 떠올려보자. 사과의 모양과 색상, 크기를 상상해보라. 보이는가? 이것이 바로 시각화이다.

이제 사과를 잡았을 때의 느낌, 단단함, 질감을 떠올려라. 사과의 향과 한 입 베어 물었을 때의 소리, 맛, 베었을 때의 느낌을 상상해보라. 이것이 바로 심상을 감정과 의미에 연결하는 심상화이다. 상상 속에서 감각을 동원하면 우리 몸은 실제에 가까운 생리적 반응을 보인다. 실제로 우리의 마음은 몸을 속여 행동하게 할 수 있다.

조의 아들 와일리는 열두 살 때 이 현상을 경험했다. 와일리에게는 말 알레르기가 있었다. 어느 날 조의 가족은 뉴욕 링컨 센터에서 연극 〈워 호스War Horse〉를 관람했다. 주인공인 말 조이는 나일론, 지팡이, 전선 등 간단한 재료로 만들어져 끈으로 조종하는 꼭두각시 인형이었기 때문에 아무도 와일리의 알레르기를 걱정하지 않았다. 소리와 조명, 그리고 인형술사 세 명이 인형을 실제 말처럼 움직여 실감나고 인상적인 연극을 연출했다. 말의 움직임을 세심하게 연구한 인형술사들은 인형의 머리를 살짝 기울이고 꼬리를 흔들며 귀를 움직여 말의 감정을 표현했다. 인형술사들은 관객들의 눈에 보이는 위치에 있었지만, 조이가 관객의 상상 속에서 살아 숨 쉬는 말이 되자 관객의 시야에서 사라져버렸다.

그런데 와일리가 인형을 실제 말이라고 믿은 순간 몸에서 히스타민이 분비되어 염증 반응을 일으켰고 이내 두드러기가 올라오고 숨이 쉬어지지 않는 심각한 상태가 되어 버렸다. 기도가 막했다고 생각한 조가 조치를 하려 하자 와일리가 말 인형을 가리켰다. "와일리, 저건 진짜 말이 아니야." 조가 속삭였다. 그러자 놀랍게도 와일리의 알레르기 반응이 빠르게 사라졌다.

다시 사과를 상상해보자. 천천히 사과의 모든 측면에 집중해보라. 사과는 어떻게 생겼는가? 사과를 공중에 던졌다가 잡을 때의 무게를 느껴보라. 코에 가져다 대면 어떤 냄새가 나는가? 손에 쥐었을 때의 감촉은? 한 입 베어 물 때 어떤 소리가 나는가?

어쩌면 지금 당신은 아삭하고 과즙이 가득한 사과를 갈망하고 있는지도 모른다. 먹고 싶은 본능을 이기지 못해 당신은 책을 잠시 덮고 잘 익은 사과를 씹고 있을지도 모른다. 그렇다면 사과를 상상하는 것(자극)이 사과를 먹고 싶다는 반응을 일으킨 것이다.

우리는 끊임없이 자극을 경험하고 의식적 또는 무의식적으로 이에 반응한다. 그 자극에 우리는 사과를 먹는 것과 같이 건강한 반응을 할 수도 있고, 중독에 빠지는 것과 같이 건강하지 않은 반응을 할 수도 있다.

FIT가 처음 개발되었을 때 플리머스 대학교의 연구팀은 갈망에 대해 연구하고 있었다. 연구팀은 마약이나 알코올을 끊으려는 확고한 의지를 가진 사람들이 어째서 순식간에 금단 증상에 사로잡히는지 궁금했다. 갈망은 언제나 감각적이며, 사람의 논리나 의지보다 위에 있다.

갓 구운 쿠키나 빵의 냄새를 맡고 다이어트를 망친 적이 있는가? 냄새를 맡는 것만으로도 빵의 부드럽고 바삭한 식감이 떠오르고, 어떤 맛일지 상상하게 된다. 또한 할머니가 만든 쿠키나 빵을 먹을 때 느끼는 따스한 기운을 떠올릴 수도 있다. 이처럼 정교화하는 초기 생각들은 종종 쾌감을 불러일으킨다. 이러한 감각은 자극의 정도에 따라 당신을 목표에서 순식간에 멀어지게 할 수 있다.

우리는 목표를 설정할 때 목표가 이루어질 때의 결과와 함께 그 목표를 달성하기 위해 투입해야 하는 노력도 상상한다. 궁극적인 목표를 중요한 단계와 작은 목표들로 세분화할 수도 있으며, '노력할 만한 가치가 있는 목표인지'를 자문하며 비용과 편익을 분석하기도 한다. 그리고 도전할 만한 가치가 있는 목표라고 판단하면 계획을 세우고 목표를 달성하기 위해 노력한다.

심상화는 현재의 나와 미래의 잠재력을 연결하는 작업이다. 심상화에는 인지적 심상화와 동기 부여 심상화가 있다.[1] 인지적 심상화는 커피를 마시거나 회의실에 가기 위한 가장 빠른 길을 고민하는 것과 같이 수행하는 작업의 세부적인 내용에 대해 생각하는 것이다. 감정이나 의미, 목적은 없고, 수행할 작업만이 상상의 대상이다. 반면에 동기 부여 심상화에서는 커피를 마셔야 하는 이유나 회의가 중요한 이유와 같이 수행할 작업과 관련된 의미와 목적도 상상의 대상이다.

인지적 심상화든 동기 부여 심상화든, 목표는 결과outcome, 성과performance, 목표에 도달하는 과정process 등 세 부분으로 나누어 상상한다.

인지적 심상화

인지적 심상화는 수술 준비를 하거나, 시험 스트레스를 관리하거나, 정확도를 향상하는 등 다양한 분야에서 수행 능력을 향상시키는 데 매우 유용한 방법이다.[2] 인지적 심상화는 정신적 시연을 통해 주어진 과제에 대한 자신감을 높여주는데, 물리적인 연습과 병행하면 더욱 유용하다.

잠시 골퍼가 되었다고 가정해보자. 당신은 내일 있을 큰 경기에서 75타를 치고 싶다. 현실적인 목표이고 달성할 준비도 되어 있다. 이때 인지적 심상화는 목표의 결과(75타를 치는 것)를 생각하는 것이다. 그다음 성과(목표 스코어를 초과하지 않기 위해 홀당 몇 번의 샷을 할 수 있는지)를 생각하고, 마지막으로 성과에 이르는 과정(어떻게 공을 칠지)을 생각한다.

이때 이 세 부분에 대한 정교화가 이루어져야 한다. 날씨, 소리, 시야, 손에 쥔 클럽의 느낌 등 다감각적인 디테일을 사용해 골프 코스를 상상하며 그 순간에 자신을 이입시킨다. 75타를 치는 데 성공하고 나면 어떤 기분이 들지 결과를 상상해본다. 75타에 도달하기 위해 경기 내내 치게 될 샷들을 각각 구체적으로 떠올린다. 첫 네 홀에서는 파를 하고, 다섯 번째 홀에서 버디를 기록하는 상상을 할 수도 있다. 그런 다음 드라이브에서 어프로치, 퍼팅까지 샷을 할 때마다 성과를 상상한다. 그렇게 하면 공이 페어웨이에 어떻게 떨어질지, 5번 아이언으로 벙커를 넘겨 스리온을 하려면 어떻게 해야 할지 등이 머릿속에 그려질 것이다. 성과는 당신의 전술이다. 이는 당신이 개인의 능력을 최대한 발휘하는 방법이다.

마지막으로 과정을 상상한다. 과정이란 셋업부터 스윙까지 볼을 치는 기술적인 동작의 순서를 말한다. 이 단계에서는 티에 놓인 공, 지면을 밟는 느낌, 클럽을 잡은 손의 위치, 호흡, 바람의 방향, 무릎 구부리기, 스윙 동작, 공이 맞을 때의 소리, 공이 포물선을 그리며 날아가는 모습 등을 시각화하는 데 집중한다.

인지적 심상화는 경이롭고 효과적이지만, 수행하는 작업을 기반으로 하기 때문에 본질적으로 동기를 부여하지는 않는다. 인지적 심상화를 하는 도중 작업을 중단하고 포기하는 경우도 있는데, 이는 지속할 동기가 없기 때문이다. 따라서 작업이 어려워지고 그만두고 싶어지는 선택의 순간에 인지적 심상화의 효과를 보려면, 동기 부여 심상화를 함께 해야 한다.

동기 부여 심상화

동기 부여 심상화는 크게 구체적 심상화와 일반적 심상화로 나눌 수 있다. 구체적인 동기 부여 심상화는 의미(이것이 지금 나에게 왜 중요하고 향후 발전 방향은 어떠한지)를 다루고, 일반적인 동기 부여 심상화는 감정과 자기 관리(어떻게 하면 각성과 스트레스를 관리할 수 있을지)에 영향을 미친다. 다시 한 번 골프를 떠올려보자. 결과(75타 달성)와 성과(홀당 타수)는 의미, 즉 '왜'와 결합된다. 75타를 기록하는 것이 왜 중요하며, 이 스코어가 어떤 가치를 더하는가? 77타나 73타를 치면 어떻게 되는가? 자신의 감정을 목표 달성과 연결하면 성과를 향상하는 데 도움이 된다.

운동선수와 무용수의 인지적 심상화와 동기 부여 심상화를 평가한 최초의 연구에 따르면 두 심상화 모두 성과에 중요한 영향을 미치는 것으로 나타났다.[3] 이 연구는 또한 심상화 능력이 뛰어난 사람일수록 자신의 직업에서 높은 지위에 도달할 가능성이 높다는 것을 보여주었다. 심상화를 배우는 것이 중요한 이유는 심상화가 준비 능력과 수행 능력, 인내력을 향상시킬 잠재력을 지니고 있기 때문이다.

메이저 골프 대회에서 아홉 차례나 우승한 게리 플레이어는 "연습을 많이 할수록 운이 좋아진다"고 말했다. 심상화도 마찬가지이다. 다른 근육과 마찬가지로 심상화 역시 강력한 효과를 얻기 위해서는 연습이 필요하다. 심상화 능력을 잘 익힐수록 작업을 인식하고, 계획하며, 궁극적으로는 수행하는 방식을 통제할 수 있는 가능성이 높아진다.

활동적 심상화와 비활동적 심상화

육지에서 약 800미터 떨어진 따뜻한 바다에 떠 있는 자신의 모습을 상상해보자. 잔잔한 물결이 스치고 푸른 하늘을 바라보며 평화롭게 떠 있는 기분을 느껴보라. 그때 누군가 외치는 소리가 들린다. 천천히 물 위로 주변을 살핀다. 저쪽에서 상어 지느러미가 보인다. 재빨리 해변까지의 거리와 상어의 위치를 확인한다. 상어가 당신을 향해 헤엄쳐 오고 있다. 어떻게 해야 할까?

대부분의 사람들은 미친 듯이 헤엄친다. 아주 대담한 소수만이 그 자리에서 상어를 맞이할 것이다. 이러한 상황을 떠올리면, 동공이 확장되고 심장 박동 수가 빨라지고 땀도 살짝 난다. 이는 자동적으로 일어나는 반응으로 우리가 어떤 행동을 하도록 우리 몸을 준비시키는 이러한 유형의 심상화를 활동적 심상화라고 한다.

상상은 종종 감정에 영향을 미치고, 의미와 결합된 감정은 생생한 심상을 생성하는 활성화 요인이다. 생생한 심상(특히 모든 감각을 동원한 심상)은 신체 반응을 유도하여 동기를 강화하기도 한다.[4]

활동적 심상의 반대는 비활동적 심상으로, 감정이 제거된 상태이다. 화창한 날 아름다운 해변에 누워 시원한 음료를 마시며 책을 읽는 자신의 모습을 상상해보라. 이러한 심상을 떠올리면 편안함이 느껴질 것이다. 편안함을 느끼는 것은 잘못된 일이 아니며 실제로 매우 좋은 것이다. 하지만 편안함은 동기를 강화하지 못한다. 편안하면 무언가를 추진해야 할 필요성을 느끼지 못하기 때문이다.

바닷속의 상어는 당신이 특정 방식으로 느끼고 행동하도록 동기를 부여하는 활동적 심상으로 사용된 반면, 해변에서의 멋진 하루는 중립적인, 즉 비활동적인 심상이다. 당신이 행동하도록 동기를 부여하지 않기 때문에 중립적인 심상이라고 할 수 있다. 해변에 있는 자신의 모습을 상상할 때 땀이 나거나 심장 박동이 빨라지지는 않았겠지만, 눈부신 햇빛 아래에서 책을 읽는 모습을 상상하면서 눈이 약간 찡그려졌을 수는 있다. 이는 중립적인 심상을 떠올려도 인체 생리가 영향을 받는다는 점을 보여준다.

물론, 빛의 강도가 바뀐 상황을 상상하여 눈이 그 반대되는 행동을 하도록 유도할 수도 있다. 침대에 누워 있는 당신은 잠이 들어 꿈을 꾸고 있다. 천천히 잠에서 깨어 한쪽 눈을 뜬다. 시간을 확인하려고 어두운 방 안을 살핀다. 여전히 이른 시간이라 다시 침대에 누워 이불 속으로 들어간다. 이것은 중립적이고 비활동적인 심상이다. 편안하고 안락한 자세로 누워 있는 그때, 누군가 방에 들어와 불을 켠다. 이 상황이 무엇을 의미하는지 곰곰이 생각해보라. 누군가 감히 내 침실로 들어와 불을 켰다! 이 상황은 감정적인 반응을 불러일으킬 가능성이 높다. 심장 박동 수가 증가했을지도 모른다. 불을 켠 사람에게 반응을 보였을 수도 있다. "도대체 뭐가 문제야!"라고 소리쳤을지도 모른다. 그렇다면 당신은 활동적 심상의 효과를 경험한 것이다.

나의 심상화 능력은 몇 점인가

잠깐 일몰을 바라보는 상상을 해보라. 해가 수평선 아래로 지는 모습이 보인다. 빛이 사라져 가고 하늘이 흐릿해지면서 수평선이 희미해지고 어두워진다. 어둠이 내린다. 천천히 고개를 들어보니 저 멀리 별과 초승달이 보인다.[5]

자신의 상상력을 0에서 10까지(0은 심상이 전혀 떠오르지 않고 10은 실제처럼 생생한 심상이 떠오른다) 점수로 매긴다면 어떻게 평가하겠는가? 자신의 점수를 기록해 보라. 이 점수는 시각 신경의 활동을 나타내는 지표이다. 점수가 낮더라도 걱정하지 말라. 심상화 능력을 강화하면 두뇌 활동이 증가하고 신경들의 연결 고리가 새롭게 형성되기 시작한다.[6] 하지만 이것은 시각적 심상화 능력을 측정하는 작은 부분일 뿐이며, 시각적 심상화는 감각과 감정을 통해 접근할 수 있는 모든 유형의 심상화 중 한 단면에 불과하다. 총체적인 심상화 능력, 즉 인지적 심상화와 동기 부여 심상화의 조합을 활용하려면 다감각적인 형태로 상상할 수 있어야 한다. 현재 자신의 심상화 능력이 어느 정도인지 파악하고 이를 개선하여 최상의 결과를 얻을 수 있도록 노력해보자.

심상화 능력은 '통제력'과 '선명도'라는 두 가지 기준으로 측정한다. 통제력은 텔레비전 채널을 변경할 때 리모컨을 사용하는 것과 비슷하다. 즉, 통제력으로 생각을 전환하는 것이다. 뉴스로 시작해서 스포츠로 넘어가거나 잠시 만화 채널을 시청하는 식이다. 통제력으로 텔레비전의 소리 크기(마음)도 조절할 수 있는데, 이는 자신의 생각을 들을 수 있는 정도를 의미하며, 소리는 혼잣말과 유사하다. 여기에 대해서는 나중에 자세히 설명하겠다.

선명도는 텔레비전의 화질이라고 생각하자. 아날로그 텔레비전 시대에는 안테나를 조정해 프로그램을 변경했고, 화면이 희미하고 선명하지 않게 나올 때가 많았다. 요즘 텔레비전은 HD, 4K, 4K UHD, OLED, 8K 등의 디지털 텔레비전이다. 게다가 새로운 기술이 나올 때마다 화질은 더욱 선명해지고 깨끗해진다. 머릿속에서 생생한 심상을 떠올리는 능력을 개발하는 것은 기술이 업그레이드 되는 것과 비슷하다.

심상화 능력은 1880년 프랜시스 골턴(찰스 다윈의 사촌)이 최초로 평가했는데 그는 '아침 식탁 조사' 기법을 사용했다.[7] 갤턴은 다음과 같은 질문을 던졌다. "오늘 아침 식탁에 앉아 있다고 생각하고 머릿속에 떠오르는 그림을 생각해보세요. 심상이 흐릿한가요? 아니면 상당히 선명한 편인가요? 심상이 실제 장면과 비슷하게 선명한가요?"

이제 심상의 선명도에 0점(아침 식탁이 기억나긴 하지만 보이지는 않는다)에서 10점(전혀 희미하지 않고 선명하다)까지 점수를 매겨라. 여기에서 제시하는 심상화 능력을 평가하는 방법은 우리의 마음이 어떻게 작동하는지 상세히 보여준다. 신체 감각을 전정 심상vestibular imagery으로 대체한 이유는 심상으로 상상했던 움직임을 평가할 수 있기 때문인데, 이러한 평가는 심상화 기술을 습득하고자 하는 사람에게 필수적이다.

이제 플리머스 감각적 심상화 설문지(Psi-Q)로 감각별 심상화 능력을 측정해보겠다.[8] 심상화 연습을 할 때는 의식적으로 가능한 한 많은 감각을 동원해야 하므로 자신의 심상화 능력을 측정해보는 것이 중요하다. 이 설문지를 통해 자신의 강점은 어디이고, 개선할 부분은 어디인지 확인할 수 있다.

다음 표를 보고, 감각을 이용해 잠깐 상상을 한 뒤 0점부터 10점까지 점수를 매겨보라. 정답이나 오답은 없다.

이제 당신의 감각별 심상화 능력을 해석해 보겠다. 참고용으로 평균 점수를 기재했다. 당신의 개인 점수는 이 책을 읽으면서 개선해 나갈 기준점이 된다.

플리머스 감각적 심상화 설문지

감각	질문	점수
시각	모닥불의 모습	
	저녁노을이 지는 모습	
	고양이가 나무에 오르는 모습	
청각	자동차의 경적 소리	
	박수갈채 소리	
	구급차의 사이렌 소리	
후각	방금 깎은 풀 냄새	
	나무가 불에 타는 냄새	
	장미의 향기	
미각	후추의 맛	
	레몬의 맛	
	겨자의 맛	
전정 감각	한쪽 다리로 서서 균형을 잡을 때의 신체 감각	
	공을 찰 때의 신체 감각	
	야구 방망이를 휘두를 때의 신체감각	
촉각	털을 만질 때의 느낌	
	따뜻한 모래를 만질 때의 느낌	
	부드러운 수건을 만질 때의 느낌	
감정	설렘	
	안도감	
	사랑에 빠진 기분	

시각적 심상화

9점 이상이면 당신에게는 과상상증으로 알려진 생생한 심상화 능력이 있다. 4점에서 8점 사이라면 정상 범위의 시각적 심상화 능력에 속한다. 1점에서 3점 사이라면 저상상증이 있는 것이다. 0점이라면 일반적으로 무상상증으로 알려진 시각 상실 상태를 말한다. 무상상증이 반드시 나쁜 것은 아니다. 시각화 과제에서 높은 점수를 받은 사람은 신경 활성화가 높지만, 낮은 점수를 받았다고 해서 목표를 계획하고 결과를 인지하는 데 상상력을 사용할 수 없는 것은 아니다. 다른 접근 방식을 취하고 다른 신경 경로를 활성화하면 된다.

또한 실제로 봤던 사물을 떠올리는 시각화와 상상하지 말라고 하면 상상하게 되는 '분홍색 코끼리' 사고 실험처럼 환상을 떠올리는 시각화 사이에는 차이가 존재한다. 시각적 심상화는 일반적으로 가장 점수가 높게 나오는 영역으로 평균점수는 10점 만점에 8점이다. 이는 시각적 심상화가 사람들이 가장 쉽게 접근할 수 있는 심상화라는 의미이다.

앞서 마음속으로 사과를 상상해보라고 했다. 다시 똑같이 하되 이번에는 색깔과 모양, 크기에 집중해보자. 사과는 한 개만 상상해도 되고 나무에 달린 여러 사과 중 하나를 상상해도 된다. 사과에 줄기와 잎이 있는지 확인하라. 이 사과는 기존의 기억에서 가져왔을 가능성이 높다. 이제 같은 맥락에서 나무에 달려 있거나 그와 별개로 놓여 있는 농구공 크기의 커다란 은색 사과를 떠올려보자. 이것은 실제로 본 적이 없는 것으로 간주하기 때문에 환상이다. 이 환상을 0에서 10까지 점수로 평가하라. 바로 커다란 은색 사과를 상상할 수 없더라도 괜찮다. 다음 장에서 심상화 능력을 훈련하는 법을 배우게 될 것이다. 동일한 채점 방법을 사용해 감각별로 심상화하는 능력을 스스로 평가할 수 있다.

청각적 심상화

소리는 다양한 방식으로 상상할 수 있다. 예를 들어, 노래는 멜로디, 화음, 음색, 강도, 리듬을 포함하고 있기 때문에 노래를 상상하는 것은 소음을 상상하는 것보다 복잡하다. 기침 같은 단일한 소리를 상상하는 것보다 노래를 상상하는 것이 더 생생하다는 의미이기도 하다. 노래는 반복적이고 머릿속에 남아 귓전에 맴돌기도 한다. 우리의 경험상 청각적 심상화가 0점인 경우는 거의 없었다. 이는 우리가 머릿속에서 끊임없이 수다를 떨기 때문이다. 솔직해지자. 우리는 혼잣말하는 것을 좋아한다. 그러나 다른 감각과 마찬가지로 익숙한 자극이 아닐 경우(예를 들어 붉은털 원숭이의 비명 소리) 소리를 떠올리는 것이 더 어려울 수 있다.

다시 사과로 돌아가자. 잘 익은 사과를 한 입 베어 물면 어떤 소리가 날지 상상할 수 있는가? 사과를 먹는 소리가 들리는가? 사과가 덜 익었다면 어떤 소리가 날지 상상할 수 있는가? 이 소리가 머릿속에서 얼마나 선명하게 들리는지 0에서 10까지 점수를 매겨보라. 소리의 일부(익은 사과에서 덜 익은 사과로)가 바뀌면 뇌에서 다른 청각 반응이 일어날 수 있다. 다른 반응이 일어났다면, 소리에 대한 통제력과 선명도가 강한 것이다. 청각적 심상화의 평균 점수는 7.2점이며, 내면의 수다와 함께 작용하기 때문에 2점 미만의 점수를 받는 경우는 드물다.

후각적 심상화

후각은 모든 감각 중 6.2점으로 평균 점수가 가장 낮지만, 개인에 따라 점수 편차가 가장 큰 감각이기도 하다. 이처럼 점수의 편차가 큰 것은 경험 때문일 가능성이 높다. 예를 들어, 장미꽃의 향기를 떠올리는 일은 정원사에게는 쉬울 수 있지만 꽃가루 알레르기로 꽃을 피하는 사람에게는 쉽지 않을 것이다. 0점이고 냄새를 상상할 수 없다면 무후각증으로, 1점에서 3점 사이라면 저후각증으로 분류된다. 4점에서 8점 사이는 후각적 심상화를 잘하는 것으로 간주되며, 이보다 점수가 높으면 냄새에 민감하게 반응하는 고후각증으로 분류된다.

모든 감각으로 들어오는 자극은 하위 요소로 나눌 수 있는데, 냄새의 경우 쾌감과 불쾌감으로 나눌 수 있다. 종종 빵 굽는 냄새와 같은 기분 좋은 냄새는 상상 반응을 불러일으키는 데 느린 반면, 썩은 우유와 같은 불쾌한 냄새는 빠르게 떠오른다. 항상 그렇듯이, 최근에 자극을 받은 적이 있다면 그 냄새를 떠올릴 가능성은 높아진다.

청과물 가게에 들어갔던 기억을 떠올릴 수 있는가? 과일의 냄새에 집중하라. 사과의 냄새를 맡는 상상을 할 수 있는가? 달콤한 냄새가 나는 유기농 사과인가? 사과 향을 압도하는 다른 과일이 있을 수도 있다. 잠깐 동안 그 기분 좋은 향을 떠올려보라. 과일에 가까워질수록 향은 더욱 강렬해진다.

미각적 심상화

치약은 매일 두 번 맛보기 때문에 치약에 대한 기억은 평균적으로 점수가 가장 높다. 후각적 심상과 미각적 심상은 서로 밀접하게 관련되어 있지만 뇌에서 처리되는 방식은 다르다. 예를 들면, 코로나19로 인해 후각을 상실했지만 미각은 영향을 받지 않았다는 보고나 그 반대의 경우도 있다. 미각적 심상화는 하위 구성 요소를 기반으로 한다. 미각은 단맛, 신맛, 쓴맛, 짠맛, 감칠맛으로 나눌 수 있지만, 이러한 맛에서 즐거움을 느끼는지는 개인 취향에 따라 달라질 수 있다. 미각적 심상화의 평균 점수는 6.5점이다. 점수가 0점인 경우 무미각증, 점수가 낮으면 미각감퇴, 9점 이상이면 미각과민이라고 하며, 평균적으로 점수가 좋은 편이다.

이제 사과를 먹어도 된다! 미각적 심상화는 맛에 초점이 맞춰져 있으므로 사과 껍질에 처음 입술이 닿았을 때의 매끈한 질감을 상상해보라. 사과가 치아 사이에서 씹히고 달콤한 액체가 나오면서 당신의 미각을 만족시킨다. 사과를 다시 베어 무는데, 이번에는 신맛이 난다! 처음 맛본 사과의 맛과는 다르지만, 흔한 일이다. 어쨌든 당신은 사과를 계속 먹는다. 맛을 상상하는 능력을 0에서 10으로 평가해보자.

전정 심상화

운동감각 또는 움직임 기반 심상화라고도 하는 전정 심상화는 특정 신체 부위를 움직이지 않고도 움직임을 상상하는 과정이다. 운동선수와 무용수들은 전정 감각을 높게 평가하는 경향이 있지만, 일반인들은 낮게 평가하는 경향이 있으며, 평균점수는 7.1점이다.

전정 심상화는 특정 움직임과 일반적인 움직임으로 나눌 수 있다. 특정 전정 심상화는 물 한 잔을 먹기 위해 손을 뻗는 것과 같이 한쪽 팔다리의 움직임을 말한다. 반면에 일반 전정 심상화는 골프 스윙을 상상하는 것과 같이 여러 움직임이 연쇄적으로 발생하는 복합적인 동작을 의미한다. 시각적 심상화 능력이 제한적인 운동선수는 전정 심상화의 점수가 가장 높은 경우가 많다. 이는 스포츠에서 승리하기 위해 연습하고 다듬는 동작을 자주 반복하기 때문일 수 있다.

가상의 사과를 가지고 이 감각을 활성화하려면, 사과를 누군가에게 던져주는 상상을 하면 된다. 손에 들린 사과의 무게를 상상해보라. 사과를 공중에 던졌다가 잡는 동작을 반복하며 무게를 확인한다. 상대방은 9미터 정도 떨어져 있기 때문에 사과를 세게 던져야 한다. 던지는 과정을 상상한다. 팔을 뒤로 휘두른 다음 몸을 앞으로 움직이면서 사과를 손에서 놓는다. 사과가 공중으로 날아간다. 이 동작을 얼마나 잘 상상했는지 0점에서 10점까지 평가하라.

촉각적 심상화

촉각적 심상화의 평균점수는 7.4점으로 두 번째로 높으며, 점수가 낮으면(3점 이하) 감각 저하, 점수가 높으면(9점 이상) 감각 과민으로 분류된다. 하지만 감각을 분리하는 것은 어렵기 때문에 촉각적 심상화를 측정하는 것은 까다로운 일이다. 예를 들어, 털을 만지는 상상에는 털을 보는 것과 털을 만지는 동작이 포함된다. 따라서 촉각적 심상화는 질감, 움직임, 온도라는 세 가지 주요 하위 구성 요소로 이루어져 있다. 고득점자는 이 세 가지 하위 구성 요소를 모두 사용하는 것으로 나타났다. 때로는 시각적 심상을 떠올리기도 한다. 모래를 상상하고 머릿속으로 정교화할 때, 모래 위를 천천히 걷는(움직임) 동안 발밑에 모래가 부드럽고(질감) 뜨겁다(온도) 등 세 가지 요소를 만들어낼 수 있다. 모래의 색이 보일(시각적) 수도 있다.

우리가 상상한 사과는 부드럽고, 따뜻하며 잘 익은 사과이다. 손가락으로 사과를 만지며 단단함을 확인한다. 이 촉각을 0에서 10점까지 평가해보자.

감정적 심상화

상상을 할 때 가장 중요한 감각은 감정인데, 우리의 행동 대부분을 주도하는 것이 감정이기 때문이다. 감정적 심상화의 평균 점수는 6.9점이다. 점수가 낮은 사람(2점 이하)은 저관계이고, 점수가 높은 사람(8점 이상)은 고연결이라고 한다. 우리가 경험한 어떠한 감정을 그 이후에 떠올릴 경우 세로토닌이 분비되는 등 경험을 할 때와 동일한 신경 반응이 나타난다. 감정은 의미 있고 다감각적이므로 단독으로 발생할 수 없다. 앞서 당신은 '사랑에 빠진 감정을 상상하는 능력'을 평가했다. 감정적 심상화는 어떻게 진행되었는가? 단순히 사랑에 빠졌다는 기분만 들었는가? 아니면 사랑에 빠졌던 시기와 순간, 얼굴, 소리, 키스, 촉감 등을 떠올렸는가? 감정은 다른 감각보다 강력해서 다감각적인 경계를 넘나든다. 감정을 채우는 방법을 배우면, 잠재력을 발휘하여 행동과 성과를 이끌고 개선할 수 있다.

감정은 의미와 연관되어 있기 때문에 사과가 무엇을 의미하고 어떤 기분을 느끼게 하는지 생각해볼 수도 있다. 애초에 당신이 사과를 먹는 이유는 무엇일까? 사과가 건강에 좋기 때문일 수도 있고, 사과가 당신에게 개인적인 무언가를 떠올리게 해서일 수도 있다. 사과를 먹으면 어떤 기분이 드는지 당신의 감정적 심상화 능력을 0에서 10까지 점수로 평가하라.

다감각적 심상화

감각별 인지적 심상화 능력을 하나씩 평가했다. 이는 동기 부여 심상화가 아니다. 당신이 사과 한 봉지를 사러 나갈 가능성은 낮기 때문이다(만약 그런 일이 일어났다면, 동기 부여 심상화였을 수도 있겠다). 이제 각 부분을 살펴보며 전체 경험을 통합해보겠다.

사과를 마음속에 그려보자. 사과의 색을 떠올려보라. 사과 전체가 같은 색인가? 줄기와 잎이 있는가? 사과가 어디에 놓여 있는가? 사과를 집어 들고 감촉이 어떤지 느껴보자. 사과가 매끈한가, 아니면 쭈글쭈글한가? 무거운가, 가벼운가? 사과를 공중에 던졌다가 잡을 때 또는 사과가 떨어질 때 나는 소리가 들리는가? 사과를 코로 가져가서 냄새를 맡아보라. 냄새를 맡을 때 사과가 코에 닿는 느낌이 들 수도 있다. 한 입 베어 물 때 소리가 들리는가? 입안에 사과 향이 퍼질 때 어떤 맛이 느껴지는가? 사과를 먹으면 건강해지는 느낌이 드는가?

사과를 한 입 먹은 후에 손에 들린 사과를 내려다보는데, 반쯤 먹힌 벌레가 보인다! 다음에 무슨 일이 벌어질지 상상해보라. 상상한 경험을 0에서 10까지 점수로 평가해보자.

모든 감각을 동원하여 상상한 가상의 경험의 점수는 각각의 심상화 점수보다 높을 것이다. 이는 기억 회상(사과를 들고 먹는 것)과 환상(벌레를 먹은 사실을 알게 된 후에 벌어지는 일)을 연결할 때 뇌를 더 많이 사용하기 때문이다. 따라서 다감각적 심상화를 하면 가상의 경험이 실제로 느껴진다.

예를 들어 벌레를 먹는다는 생각에 지나치게 많은 주의를 기울이고 그 장면을 정교화하면 감정적 반응(예를 들어 두려움, 혐오감)이 일어나고 메스꺼움과 같은 신체적 반응을 유발할 수 있다. 또 이후에도 사과를 먹으려는 동기가 줄어들거나, 사과를 먹을 때 벌레가 있는지 확인하게 될 것이다.

심상화 능력 기르기

감각별로 당신의 심상화 능력이 어느 정도인지 평가해 보았다. 특정 감각이 부족하다는 생각이 들어도 걱정하지 말라. 어떤 감각을 다른 감각보다 더 잘 상상하는 것은 자연스러운 일이다. 더욱이 우리는 개선이 필요한 심상화 능력을 향상하기 위해 노력할 수 있다.

다음의 과제를 수행하면서 각 감각의 심상화 능력을 개선해보자. 최소 일주일 동안 연습을 한 후 심상화 점수를 다시 평가해보라. 여러 가지를 시도하면서 무엇이 효과가 있고 무엇이 효과가 없는지 일지에 기록하라. 자기 자신을 성찰하고 자신의 여정에 주인의식을 가지길 바란다. 무엇이든 잘하려면 시간과 의식적인 연습이 필요하므로 인내심을 가져야 한다.

스물네 살의 리사는 심상화 코칭에 관한 기사를 읽고 우리에게 연락을 해왔다. 우리는 그녀의 심상화 능력부터 평가했다. 검사 결과, 리사는 후각과 미각에 민감하지만 시각적 심상화는 2점이라는 낮은 점수를 받아 저상상증이 있는 것으로 나타났다. 우리는 몇 주에 걸쳐 리사에 대해 알아갔고, 사과를 머릿속으로 상상할 때 이번에는 다음의 그림을 참고하여 0점(사과를 생각할 수는 있지만 심상이 보이지 않음)에서 6점(실제처럼 생생함)까지의 점수로 심상을 평가해달라고 요청했다.

점수를 매길 때 기준으로 삼을 시각적 자료가 있었기 때문에 리사의 심상화 능력을 더 정확하게 파악할 수 있었고, 그녀의 심상화 능력에 대해 토론도 할 수 있었다. 척도를 0~10에서 0~6으로 변경하면서 개인 간의 편차도 더 잘 이해할 수 있었다. 리사는 자신의 시각적 심상화를 1점으로 평가하면서 이렇게 말했다. "선명한 이미지가 아니라 동그라미예요. 사과가 뭔지는 아

는데, 보이지는 않습니다."

우리는 그녀에게 잘 아는 사람들의 얼굴과 특징을 상상해보라고 했는데, 그 정도는 상상할 수 있었지만 그 사람들이 모자를 쓴 모습처럼 환상의 영역에 속하는 것은 상상하지 못했다.

리사의 시각적 심상화 능력을 향상시키기 위해 우리는 '이상한 점 찾기'라는 사진 과제를 개발했다. 이 과제에는 레스토랑, 클럽, 커피숍 등 같은 장소에서 찍은 두 장의 사진을 보는 것이 포함되었다. 첫 번째 사진은 일반적인 활동을 하는 사람들이 찍힌 사진이었다. 두 번째 사진은 어딘가 어울리지 않는 장면이 있는 사진이었다. 예를 들어, 첫 번째는 사람들이 뒤섞여 있는 나이트클럽의 사진이고, 두 번째는 같은 나이트클럽의 사진이지만 당근 복장을 한 사람이 있는 사진이었다.

이 과제의 목표는 리사가 일상적인 것에서 특이한 것을 적극적으로 찾고 나중에 대화 가운데에 특이한 시각적 심상을 떠올릴 수 있게 하는 것이었다. 회상(당근 옷을 입은 사람을 기억할 수 있나요?)에서 환상(그 사람이 토마토 옷을 입은 모습을 상상할 수 있나요?)으로 넘어가는 이 과제는 그녀에게 재미있는 활동이 되었다. 결국 리사는 일상적으로 시각적 환상을 떠올릴 수 있게 되었다.

리사는 직장에서 특이한 것을 찾는 것부터 시작해서 현실에 환상을 더했다. 특이한 물건을 가지고 와서 다른 사람들이 볼 수 있도록 특정 장소에 남겨두기도 했다. 한 번은 고급 레스토랑의

여자 화장실 거울 위에 레고 츄바카(〈스타워즈〉에 등장하는 털복숭이 외계인)를 두고 간 적도 있다. 이런 활동은 재미있기도 했지만, 다른 사람들의 삶에 유머를 불러일으키는 것 이상의 의미가 있었다. 리사가 츄바카 레고를 놓아두는 데는 인지적인 계획이 필요했다. 리사는 츄바카가 어떻게 생겼는지, 다른 사람이 그것을 보고 어떻게 반응할지(웃음, 즐거움, 호기심 등)를 적극적으로 상상했다. 몇 주 뒤, 리사의 시각적 심상화 능력을 다시 평가하자 6점 만점에 5점이 나왔다.

우리는 모두 마음의 사진을 찍는다. 그때의 느낌, 함께했던 사람, 순간의 의미를 기억하기 위해 사진을 찍는다. 해변이나 랜드마크가 담긴 엽서와 같이 다른 사람이 찍은 사진은 우리의 상상력을 확장시킨다. 만약 우리가 사진 속으로 순간이동을 한다면 그 심상이 어떨지 생각해볼 수 있다. 사진 속으로 들어가 보는 것은 잠깐이지만, 시각적 상상이 창조한 환상은 지속적인 영향을 미친다.

지금 바로 시도해보라. 방문하고 싶은 장소의 사진을 찾아 잠시 사진 속의 이미지를 정교화해보자. 의미를 부여하는 실험을 해보라. 그 장소를 방문하는 것은 왜 중요한가? 그것은 어떤 의미를 지니는가? 목적은 무엇인가? 다른 사람들과 함께 그 장소를 방문하겠는가?

사진이나 관찰을 통해 환상(일명 사진 보기)을 만들어내는 활동은 시각적 심상화 능력을 향상하는 좋은 방법이다. 이미지를 보고 내가 그곳에 있다면 어떨지 마음속으로 말해보자. 그런 다음 눈을 감고 사진을 찍는 사람을 바라보면서 주변을 탐색하는 것처럼 이미지 안에 있다고 상상해보라. 다음 이미지로 넘어가기 전에 그 경험에 몰입한다. 사진을 관찰한 뒤에 그 장면 속으로 들어가는 것이 쉬워지면, 사진은 치워버리고 기억 속의 한 장면을 떠올려라. 장소를 떠올린다. 이제 그 기억 속으로 들어가서 영화처럼 다감각적 심상화를 해본다.

성탄절이나 다른 휴일을 떠올려보라. 엽서에 나오는 그림처럼 그날의 모습을 상상하는 것부터 시작한다. 장식, 냄새, 소음, 계절, 질감, 벽난로 옆에 앉아 있을 때 느껴지는 카펫의 감촉 등을 상상하며 그곳에 자신을 배치해보자. 발의 느낌과 그 장소에서 내 몸이 있는 위치를 인식하라. 이제 주변을 둘러본다. 걷는 상상을 해본다. 누군가를 만나 대화를 할 수도 있다. 상대방이 입고 있는 옷을 본다. 모자를 쓰고 있는가? 혹시 당근 모양의 의상을 입고 있는가?

볼륨을 낮출 때

젊은 회계사인 데이비드는 스스로도 '생각이 지나치게 많은 것이 문제'라며 '자신의 생각을 통제할 수 없다'라고 했다. 심상화 능력을 평가할 때 그는 '박수 치는 소리'와 같이 구체적인 소리는 떠올리지 못했지만, 내면의 목소리는 들을 수 있었고 머릿속으로 노래를 반복해서 부르곤 했다. 우리는 그의 청각적 심상화 능력을 평가하기 위해 그에게 〈스타워즈〉의 주제가를 흥얼거려 보라고 했다. 그는 쉽게 해냈다. 평가가 끝나자 그는 자신의 일과를 설명했다.

집을 나서기 직전에 헤드폰을 끼고 음악을 재생합니다. 금요일에는 팟캐스트를 듣습니다. 집을 나서는 순간부터 사무실에 들어서는 순간까지 뭔가를 듣고 있습니다. 출퇴근은 보통 1시간 14분 걸리는데 기차를 32분 정도 탑니다. 기차 안에서는 주로 스마트폰 게임을 하거나 페이스북이나 인스타그램을 봅니다. 덕분에 업무에서 잠시 벗어날 수 있죠. 문제는 집에 도착하면 생각이 끊이지 않는다는 것입니다. 저는 생각에 민감한 편인데, 정리되지 않은 생각들이 무작위로 떠올라요. 저한테는 이게 정상입니다. 집에 갈 때도 같은 과정을 반복합니다. 퇴근하기 직전에 헤드폰을 끼고 집에 도착할 때까지 음악을 듣죠.

우리는 청각적 심상화의 통제를 돕기 위해 '볼륨 조절'이라는 과제를 주곤 한다. 데이비드는 음악을 듣는 시간과 방법을 바꾸는 실험을 하는 데 동의했다. 실험은 간단했다. 집이나 사무실을 나설 때는 평소처럼 음악을 듣고, 출퇴근 시간의 어느 시점(주로 기차 안)에는 아무 소리도 들리지 않을 때까지 볼륨을 낮추는 것이었다. 물론 그의 머릿속에서 내적 수다가 끊임없이 이어지므로 진정한 고요함이란 없었다. 그는 이 훈련을 위해 약 5분 동안 볼륨을 낮추고 주변에서 들려오는 대화, 기차가 선로를 달릴 때의 소음, 기차가 멈추고 사람들이 타고 내리는 소리, 기적 소리, 신문이 바스락거리는 소리 등을 들으며 주변을 인식하는 데 집중했다. 그는 새로운 소음이 들릴 때마다 잠시 그 소리에 집중했다가 다음 소음으로 주의를 옮겼다. 몇 분 뒤에 그는 다시 헤드폰의 볼륨을 높였다.

데이비드의 청각적 심상화 능력을 다시 측정했을 때 전보다 높은 점수가 나온 것은 놀라운 일이 아니었다. 그의 점수는 2.8점에서 6.4점으로 올랐지만, 이는 부수적인 목표에 불과했다. 진짜 목표는 그가 내면의 수다를 더 잘 통제할 수 있게 하는 것이었다.

"볼륨을 조절하면서 제가 항상 혼잣말을 하고 있다는 사실을 자각하게 되었습니다. 음악을 들을 때도 작은 소리로 혼잣말을 했죠. 음악 소리를 낮추니까 제 목소리와 외부의 소리에 예민해졌어요. 평소에 외부 소리에 집중하는 일은 거의 없습니다. 주의를 내면의 소리에서 외부로 전환하는 일이 저한테는 중요한 것 같아요. 제 생각을 통제하는 데 큰 도움이 되었습니다." 그가 설명했다.

청각적 심상화 능력을 향상하기 위해서는 출퇴근, 수업, 운동과 같은 일상생활 속에서 소리를 인식하는 간단한 과제부터 시작해야 한다. 무언가를 들으며 일상적인 업무를 한다. 음악이나 라디오를 듣다가 소리가 들리지 않을 때까지 천천히 볼륨을 낮춘다. 이제 들어보라. 처음에는 이상하겠지만, 귀가 익숙해지면서 청각이 내부에서 외부로 서서히 집중될 것이다. 이 과제를 수행한 내담자들은 이전보다 자신의 생각을 생생하게 들을 수 있었다고 했다. 이는 정상적인 현상이다. 일주일간 볼륨 조절 훈련을 한 다음 연습 시간을 늘리고 어떤 일이 벌어지는지 확인해보자.

원두에서 어떤 향이 날까?

사이클 선수인 조엘은 후각적 심상화를 훈련하는 것이 불가능하다고 믿었다. 동료들과의 모임에서 심상화에 대해 이야기할 때 그는 이렇게 말했다. "시각적 심상화가 뭔지는 이해하겠는데, 냄새를 상상한다는 건 말도 안 돼요." 동료들은 냄새를 맡고 쉽게 이미지를 떠올렸지만, 조엘은 후각적 심상화에 관해 이야기할수록 의구심이 커졌다. 우리를 만난 조엘은 이렇게 말했다. "좋습니다. 일주일간 저를 설득해 보세요."

우리는 조엘의 일과를 살펴보고 그의 심상화 능력을 측정했는데, 조엘의 일상에서 커피는 중요한 역할을 하지만, 커피 향은 그렇지 않다는 사실을 알아냈다(조엘은 후각적 심상화에서 10점 만점에 0점을 받았다). 그는 하루를 커피로 시작하고 훈련 후에도 커피를 마셨다. 그에게 커피를 마신다는 것은 '잠에서 깨는 방법인 동시에 스위치를 *끄는* 방법'이었다(조엘 역시 이것이 아이러니하다고 생각했다).

'평온한 커피' 과제는 냄새를 다른 감각에 연결하는 체계적인 방법으로 비교적 빠르게 숙달이 가능하다. 과제의 이름은 조엘이 커피를 마시기 직전에 평온함을 느낀다고 해서 붙였다. 그는 커피를 마시면 "긴장이 풀리고 훈련이나 시합으로 늘 바쁜 하루의 시작과 끝이 평온해진다"고 했다.

이 과제를 위해 조엘은 커피 원두를 용기에 넣고 아침까지 그대로 두었다. 아침에 일어나 용기의 뚜껑을 열고 원두의 향을 맡으며 원두를 자세히 살펴본 다음 발이 바닥에 닿는 느낌, 방의 온도, 감정 상태를 머릿속에 각인시켰다. 그는 약 30초 동안 이 작업을 수행한 뒤에 원두 향이 새어 나오지 않게 용기 뚜껑을 닫았다.

그는 원두가 담긴 용기를 가방에 넣고 훈련 장소인 경륜장으로 향했다. 훈련이 끝난 뒤에는 조나단을 만나 그에게 용기를 건네주었다. 조나단은 용기를 열기 전에 조엘에게 아침에 봤던 장면을 재현해보라고 했다. "미리 말씀드리는데, 저는 냄새를 상상할 수 없어요. 전혀 상상이 안 됩니다." 조엘이 반박했다. "냄새를 상상하는 게 불가능할 수도 있어요. 우리는 이 과제가 당신에게 효과가 있는지, 효과가 있다면 왜 그런지 알아내려는 것입니다." 조나단이 설명했다.

조엘이 자신의 아침 일과를 떠올렸다. "상자를 열고 원두 향을 맡았어요."

"어떤 향인가요?" 조나단이 물었다.

"강하고 압도적인 향인데, 떠올릴 수는 없습니다."

"실제 향을 완벽하게 떠올리라는 게 아니에요. 머릿속에서 냄새를 찾을 때 작은 변화를 일으키려는 겁니다. 냄새는 다른 감각을 자극할 수 있거든요."

"그렇다면…" 잠시 머뭇거리던 조엘이 말했다. "생각을 좀 해볼게요. 쓴 냄새가 나요. 아주, 아주 약하게요."

"상상하는 냄새와 비슷하지 않나요?" 조나단이 용기 뚜껑을 열고 조엘에게 물었다.

조엘은 다음 날 아침에도 똑같은 과제를 했지만, 이번에는 뚜껑을 열기 전에 먼저 냄새를 떠올렸다. 오후에 조엘은 다시 조나단을 만났다. 조나단은 조엘에게 기름진 원두를 시각화한 다음 원두 향을 상상해보라고 했다. 그런 다음 상자를 열고 그 냄새를 머릿속에 각인시키는 연습을 반복했다. 워크숍이 끝날 무렵 조나단은 용기와 원두의 사진을 찍었다. 그에게는 계획이 있었다.

후각적 심상화 능력을 향상시키는 것은 점진적인 과정이다. 냄새로 시작해서 시각적 연결고리를 만들고 촉각이나 미각과 같은 감각을 더한다. 4일째 되던 날, 조나단은 조엘에게 용기를 가방에 넣으라고 했다. 조나단의 휴대전화 화면에 밀폐된 용기의 사진이 있었다.

"이 이미지를 보세요." 조나단이 말했다. "이제 당신이 용기를 흔들어 용기가 달그락거린다고 상상해봐요. 용기의 무게와 색상을 떠올립니다. 뚜껑을 열고 안에 들어 있는 원두의 향을 맡는 상상을 해보세요." 침묵이 흘렀다. "무엇이 떠오르나요?" 조엘은 눈을 감고 있었다.

"스모키한 원두 향이요." 마침내 조엘이 말했다. "부엌에 있던 생각이 나요. 오늘 아침에 커피를 마시던 장면이 생각나는 강렬한 향입니다." 그가 확신했다.

이제 당신의 차례이다. 그냥 지나칠 수 없는 강렬하고 기분 좋은 냄새를 찾아라. 커피나 꽃, 소나무, 새 책의 냄새도 괜찮다. 기억을 상기시키는 냄새를 찾았다면 조엘이 수행했던 과제를 단계적으로 실행해보자. 먼저 자신의 기분과 주변 환경이 어떤지 살펴보라. 편안하고 익숙한 환경이어야 한다. 냄새가 나면 분명하게 느낄 수 있도록 냄새를 분리하라. 용기에 냄새를 가둬도 된다. 그런 다음 새 샴푸 병을 열 때 하는 것처럼 냄새를 깊이 들이마신다. 무엇이 보이는가? 당신은 무엇을 하고 있는가? 무슨 소리가 들리는가? 우리의 목표는 머릿속에 저장한 이미지를 떠올리며 냄새(예를 들어 샴푸 또는 커피)를 재현하는 것이다.

후각적 자극에 대한 본능적인 반응은 1913년 마르셀 프루스트가 차에 마들렌을 찍어 먹다가 어린 시절로 되돌아가는 경험을 한 데서 이름 붙인 프루스트 효과와 관련이 있다. 냄새는 맛과 마찬가지로 과거의 기억을 상기시키는 닻의 역할을 하며, 장소, 시간, 경험, 감정을 떠올리는 생생한 이미지를 만들어낸다. 당신의 과제는 풍부한 감정을 불러일으키는 의미 있는 향기를 찾는 것이다. 프루스트의 마들렌처럼 지극히 개인적이고 평범하지 않은 향을 찾는 것은 다른 과제보다 어려울 수 있다.

담배를 피운 후 먹은 딸기의 맛

프루스트 효과에서 알 수 있듯이 미각도 감정과 연계된 자전적 경험을 상기하는 효과적인 방법이 될 수 있다.

서른여덟 살의 예술가인 칼은 담배를 끊으려고 다양한 시도를 했지만 실패하곤 했다. 하지만 한 가지 방법이 효과가 있었다. 그는 과거에 담배를 피우고 난 후 딸기를 먹었을 때 딸기에서 담뱃재 맛이 나고 혀에 끈적한 잔여물이 느껴지는 불쾌한 경험을 기억했고, 담배를 피우고 싶을 때마다 이 이미지를 떠올렸다. 이 글을 쓰는 현재 그는 4년째 담배를 피우지 않고 있다.

잘 익은 과일처럼 건강한 맛을 상상하는 것도 같은 효과를 얻을 수 있다. 건강에 해로운 음식을 먹고 싶을 때는 건강한 음식의 이미지를 떠올려보라. 모든 감각에 몰입하여 자세한 부분까지 세밀하게 묘사하는 시간을 가진다.

다시 한 번 프루스트 효과를 사용해 후각적 심상화 능력을 향상시킬 때와 마찬가지로 연상할 맛을 고른 후 다음 과제를 완료하라. 먼저, 건강한 음식의 맛을 보기 전에 자신의 기분과 주변 환경을 파악하라. 손에 쥐고 있는 포도와 같은 자극에 주의를 기울인다. 포도를 입에 넣기 전에 포도가 어떤 맛일지 예상해보자. 포도를 입에 넣고 천천히 맛을 인식하자 미각이 살아나고 최고조에 달했다가 서서히 사라지는 상상을 한다. 이제 포도를 손에 든다. 입에 넣지 않고도 포도 맛을 상상할 수 있는가? 포도의 사진을 보고 똑같은 미각적 경험을 할 수 있는가?

수영장 안으로 들어가는 상상

촉각적 심상화 능력의 점수는 독특하고 자신과 관련성이 높은 촉각을 상상할수록 높아진다. 예를 들어 손을 나무껍질에 대고 표면을 만지는 상상을 하는 것은 나무를 가지고 일하는 사람에게는 익숙한 감각이고 쉬운 상상이겠지만, 사무실에서 일해 자연과 접촉할 경험이 많지 않은 사람에게는 어려운 상상일 수 있다. 촉각적 심상화는 매끄럽거나 거친 표면을 만질 때처럼 단독으로 이뤄질 수도 있지만, 후각과 같은 다른 감각을 활성화하고 구축하기도 하므로 단순히 질감만을 의미하지는 않는다.

촉각적 심상화를 지도할 때는 수영장 안으로 들어가는 이미지를 자주 사용하며, 가능하면 다른 감각도 함께 활용한다. 수영장의 가장자리에 서 있던 기억을 떠올려보라. 잠시 바닥의 질감에 집중한다. 바닥이 사포처럼 거칠지도 모른다. 발을 수영장 가장자리로 옮긴다. 서서 발아래 물의 온도를 느껴본다. 바람이 지나갈 때 공기의 온도를 느껴보자. 맑은 물속을 내려다보면 수영장 바닥이 보인다. 발가락을 넣어 물의 온도를 측정해볼 수도 있다. 따뜻하다. 뛰어들까 생각한다. 그다음에는 무슨 일이 벌어질까?

특정 질감을 가진 물건을 찾은 다음 그 물건을 만지면서 어떤 감각이 자극되는지 느껴보자. 예를 들면 나무껍질을 만지면서 익숙한 감각으로 만든다. 손이 닿을 때 느껴지는 질감, 온도, 손의 움직임을 느낀다. 잠시 그 감각에 집중하다가 멈춘다. 그런 다음, 그 경험이 아직 머릿속에 생생할 때 그 경험을 실제와 같은 속도로 상상하라. 그 경험이 내일 다시 반복해서 일어날 것이라고 상상한다. 이렇게 하면 현실에서 촉각적인 환상을 만들어낼 수 있다.

테니스공을 던지고 잡을 때

수영장 가장자리로 발을 옮겨가는 상상, 레고 츄바카를 거울 위에 올려놓는 상상, 손이 나무에 닿는 상상 등 일부 과제에는 전정 심상화가 포함되어 있었다. 전정 심상화를 훈련할 때는 시각적 이미지(예를 들어 우주에서 팔다리가 움직이는 이미지)에 집중하지만, 시각적 심상화에서 낮은 점수를 받았다면 다른 방법이 필요하다.

열아홉 살의 의대생 엘리는 시각화 심상화와 전정 심상화에서 낮은 점수를 받았다. 전정 심상화에 집중하기를 원했던 엘리는 움직임을 상상하는 일반적인 과제(테니스공을 공중으로 던졌다가 잡는 상상)부터 시작했다. 처음에 이 동작을 상상하지 못했던 엘리는 밝은 노란색 테니스공을 위로 던졌다가 공의 비행을 지켜보고 다시 손바닥으로 떨어지는 공을 느끼는 연습을 했다. 그런 다음 공을 던지고, 던진 공을 잡을 때마다 심상화를 점화시키는 상상을 했다.

매우 간단한 작업이지만 전문 스포츠에서도 비슷한 훈련을 한다. 이 과제는 엘리의 눈과 손을 훈련해 자신의 몸이 물체의 위치를 경험하도록 훈련하는 것이다. 전정 훈련에 뛰어난 시선 추적 컴퓨터 프로그램도 있고, 휴대용 서핑보드 같은 플랫폼 기반 기계로 고유 수용성 감각을 훈련하는 프로그램도 있다. 이러한 훈련은 공간 속에서 신체를 인식하는 능력을 향상한다. 하지만 수천만 원에 달하는 장비에 투자하지 않고 간단히 테니스공으로 훈련해도 비슷한 효과를 얻을 수 있다.

우리는 주로 응용 성과의 영역을 다루므로 전정 심상화를 훈련할 때 지각 연습을 한다. 테니스공 과제로 눈과 몸을 점화시켜 기초를 다진다. 우리는 엘리에게 눈을 뜨고 있어도 되지만, 공은 쳐다보지 말라고 했으며, 공을 투명한 물체처럼 취급하라고 했다. 엘리는 먼 곳을 응시하면서 공을 직접적으로 쳐다보지 않은 채로 공을 던지고 잡는 연습을 했다. 공의 비행을 인지하는 훈련이다.

테니스공 과제는 물체를 추적하는 지각 능력과 눈에 보이는 것에 따라 행동하는 신체 능력을 향상하는 데 좋은 운동이다. 공을 위로 던지기 전 팔의 떨림 등 미세한 움직임부터 기술 전체를 시각화한다. 기술을 상상하면서 동작을 실제로 하면 효과가 훨씬 커지므로 가능하면 심상화를 하기 전과 후에 동작을 실제로 연습하자.

명상과 감사

기업의 CEO인 제이미 로젠버그는 감정적 심상화에서 뛰어난 능력을 보였다. 시각적 심상화와 감정적 심상화에서 평균 이상의 점수를 받고, 나머지 감각에서는 평균 점수를 받았다. 우리는 제이미에게 어떻게 하면 이렇게 높은 점수를 받을 수 있는지 물었다.

저는 정기적으로 명상을 합니다. 제 자신에 집중하고 마음을 통제하죠. 다른 사람들에 대해서도 많이 생각합니다. 저에게 주어진 기회와 저를 믿어준 사람들을 매우 감사하게 생각하죠. 그동안 신뢰가 있었기에 비즈니스를 성장시킬 수 있었습니다. 신뢰는 양방향이니까요. 정말 효과적이었던 것은 매주 팀원들과 감사 전화를 하는 것입니다. 우리는 줌으로 만나서 한 명씩 돌아가며 감사한 일에 관해 이야기를 나눕니다. 프로젝트에 유용한 리소스를 제공받은 것, 주말에 가족이나 친구를 만난 것 등 무엇이든 감사의 대상이 될 수 있습니다. 매주 하는 감사 전화는 생각을 나누고 공감하기를 원하는 직원들과 함께하는 상설 회의입니다. 저를 포함해 통화에 참여하는 직원은 누구나 감사를 나눌 수 있습니다. 번거로운 업무가 아니라 우리가 구축한 문화입니다. 직원들은 호기심을 불러일으키고 무엇을 나눌지 생각하게 하는 이 회의를 진심으로 기대합니다.

제이미와 그의 팀처럼 우리 모두 매주 감사 모임을 하면 좋을 것 같다. 지금(또는 이번 주에) 감사 모임을 한다면 누구를 초대하고 어디서 하겠는가? 무엇에 대해 감사하겠는가? 무슨 말을 하겠는가? 감사의 말을 하면 기분이 어떨 것 같은가? 감사 인사를 받은 사람은 어떻게 반응할 것인가? 누군가 당신에게 감사를 표한다면 어떤 기분이 들 것 같은가?

감정적 심상화는 대개 다른 감각을 활성화한다. 예를 들어, '설렘'을 별도로 떠올리기는 어렵지만, 공항으로 그리운 사람을 마중 나가는 생각과 함께 떠올리면 실제처럼 느껴진다. 포옹과 미소, 함께 나눌 대화를 상상해보라. 항상 그렇지만 연습할 때 사용하는 이미지는 생생할수록 좋다.

감정적 심상화에는 목적과 의미가 담겨 있기 때문에 반드시 경험하고 정교화해야 한다. 감정적 심상화는 사물을 시각화하고 커피 원두 향을 맡는 인지적 과제와 삶의 목표를 달성하기 위해 영감을 불어넣는 동기 부여 심상화 사이에 존재하는 간극을 메워주기 때문이다.

심상화 관련 문제들

프랜시스 골턴의 초기 심상화 연구 이후에 시각적 상상력이 결여된 무상상증이라는 질환이 존재한다는 증거가 나왔다. 100년이 지난 지금, 머릿속으로 '보는' 시각적 심상화 능력이 있었다가 상실된 사람들의 뇌 스캔을 통해 이 현상을 다시 연구하고 있다.[9] 극소수의 사람들에게는 시각적 심상화 훈련이 효과가 없을 수도 있다. 하지만 희망은 있다. 이런 사람들은 이미 수많은 시행착오를 겪으면서 창의력을 발휘할 방법을 찾았을 가능성이 높기 때문이다.

우리는 시각적 심상화를 하지 못하는 데이터 시각화 전문가(대규모 데이터 집합을 시각적으로 표현한 인포그래픽과 그래프를 제작하는 사람)를 코칭한 적이 있다. 그는 데이터를 어떻게 표현할지 머릿속에 이미지를 그리고 미리 계획하기보다는 주로 시행착오를 거쳤다. 그는 원하는 데이터를 찾을 때까지 다양한 색상과 그래프 유형, 글꼴을 시도했다. 저명한 과학자, 세계적인 지도자, 예술가, 음악가, 변호사, 의사, 심리학자(예를 들어 상상력에 관한 책을 쓴 올리버 색스) 중에도 무상상증을 가지고 있었거나 가지고 있는 사람들이 있다.

시각적 심상화 능력을 상실하면, 상상을 할 때 다른 감각이 이를 보완할 방법을 찾는다. 우리가 코칭했던 한 소녀는 해변을 상상해 보라고 하자 바닐라 아이스크림의 '맛'을 느꼈지만 해변을 '보지는 못했다'. 공감각이라고 하는 감각의 혼합은 레이디 가가, 카니예 웨스트, 퍼렐 윌리엄스 등의 음악가들이 음을 들을 때 색이 보이고 맛이 느껴진다고 하는 것과 관련이 있다. 이는 사람마다 다르므로 언제나 개별적으로 접근하는 것이 최선이다.

주의력 관련 장애와 같이 일반적인 심상화 능력을 제한하는 요인들이 있다. 특히 ADHD(주의력결핍 과잉행동장애) 진단을 받은 사람 중 50퍼센트는 심상화 능력에 결함이 있다.[10] 이는 '부주의'의 문제가 아니라 정보를 처리하는 방식에 기인한다.

수면의 질은 주의력이나 처리 능력과 관련이 있고, 심상화 능력에도 중요한 영향을 미친다.[11] 잠을 푹 자면 수면이 부족할 때보다 기억을 잘 인출할 수 있어 세밀한 심상을 만들어낼 수 있다.[12]

또한 뇌 손상은 머릿속에서 새로운 이미지를 생성하고 기억에서 이미지를 불러내는 능력에 영향을 미친다. 뇌 손상을 입은 후에도 심상화 능력을 개선할 수 있을까? 더딘 과정이지만 가능한 경우도 있으며 안타깝지만 불가능한 경우도 있다.

마지막으로 과도한 음주는 심상화 능력을 저하시킬 수 있다.

폭음은 전전두엽 피질 활동을 감소시켜 정보 인출과 이미지 생성을 어렵게 한다.[13] 언제나 그렇듯 절제가 중요하다.

이제 당신은 심상화에 사용되는 모든 감각을 향상시킬 수 있는 도구 상자를 갖게 되었다. 활동적이고 감정에 기반한 심상화를 다듬기 전에 자신의 심상화 점수를 바탕으로 앞에서 설명한 과제 중 한두 가지 과제를 수행하면서 인지적 심상화 훈련을 먼저 시작하는 것이 좋다.

가장 좋은 방법은 심상화 일지를 작성해 진행 상황을 기록하고 추적하는 것이다. 여러 과제를 해보고, 의도적으로 상상을 정교화하면서 자신에게 가장 효과적인 방법을 찾아보자. 인지적 심상화 기술이 향상되면 동기 부여 심상화를 깊이 파고들 때, 즉 심상화를 자신의 목적이나 의미와 연결할 때, 다감각적으로 상세하게 설명할 준비를 갖추게 된다. 이렇게 하면 선택의 순간에 올바른 선택을 하고 막연했던 꿈을 성취할 최고의 기회를 얻을 수 있다.

Chapter 5

결국 해내는
사람들의 상상법

아무것도 겨냥하지 않으면
아무것도 맞히지 못한다.

지그 지글라

장면 1 당신은 황량한 영국 황야의 어둠 속에 혼자 있다. 영하의
날씨다. 사용이 금지되어 손전등도 전조등도 없다. 12킬로미터
에 이르는 악몽 같은 오르막길 중 반 정도 온 것 같다. 배가 고
프고 온몸이 쑤신다. 발을 내딛다가 워낙 커서 현지인들이 '아기
머리'라고 부르는 독사를 밟지는 않을까 걱정이 된다. 뱀이 없더
라도 풀에 발이 걸리면 발목이 부러질 수 있다.

"넌 아무것도 될 수 없어! 인정해, 넌 패배자야. 패배자는 이제

집에 가도 된다"라고 외치는 목소리가 들린다. 당신의 머릿속에서 들리는 목소리일 수도 있고, 어둠 속 어딘가에서 들려오는 목소리일 수도 있다. "근처에 소형버스가 있어. 그만 뛰고 따뜻하고 안전한 버스에 올라타." 음성이 들려온다. 온몸이 아프다. 이건 미친 짓이야. 이러다가는 혼자 죽거나 불구자가 될 것 같다. 다리의 통증이 너무 심하다. 하지만 당신은 굳은 의지로 꿋꿋이 달린다. 12킬로미터 지점까지 왔다. 해냈다! 쓰러진다. 눈물을 참으며, 물을 마신다. 그러자 어둠 속에서 아까 그 목소리가 들려온다. "이제 돌아서서 뛴다."

'뭐? 12킬로미터를 다시 뛰라고? 아니, 아니, 24가 아니라 12킬로미터라고 했잖아!'

당신은 여기까지다. 다른 사람들이 돌아서서 다시 뛰기 시작하는 모습을 지켜보면서 소형버스를 향해 좀비처럼 걸어간다. 푹신한 버스 좌석 위로 쓰러진다. 김이 모락모락 나는 커피 한 잔을 건네받는다. 좋은 향이 난다. 머그잔에서 나오는 열기에 마음이 편안해진다. 커피를 한 모금 마시자 뜨거운 액체가 목구멍을 타고 내려가면서 속이 따뜻해진다. 그 느낌을 즐기다가 방금 자신이 한 짓을 알아차린다.

당신은 포기했다.

소형버스의 엔진 소리가 들리기 시작하자 구역질이 난다. 버스는 1.6킬로미터를 달려 희미한 조명이 켜진 작은 검문소에 도착한다. 이곳이 경마장의 진짜 끝이다. 모든 것은 시험이었고 당신은 떨어졌다. 도착한 사람들은 달려온 길을 되돌아갈 필요가 없다는 사실을 깨닫는다. 너무 힘든 나머지 눈물을 흘렸던 사람은 흐르는 눈물을 재빨리 닦아내고 친구와 주먹을 부딪치며 환하게 웃는다. 따뜻한 커피를 건네받은 그들이 한 명씩 버스에 올라타 당신의 어깨를 두드린다. 이것으로 특공대 선발 시험이 끝났다. 당신은 48시간 후에 다른 부대로 배치된다. 충격과 수치심이 당신을 덮친다. 계속 갔더라면 얼마나 좋았을까.

장면 2 당신은 황량한 영국 황야의 어둠 속에 혼자 있다. 영하의 날씨다. 손전등이나 전조등은 쓸 수 없다. 12킬로미터에 이르는 악몽 같은 오르막길 중 반 정도 온 것 같다. 배가 고프고 온몸이 쑤신다. 하지만 고통과 두려움에 집중하기보다 가족을 떠올린다. 당신의 롤모델이었던 존 삼촌의 얼굴이 보인다. 삼촌이 가장 좋아하는 노래가 생각난다. 그 노래를 흥얼거리기 시작한다. '아기 머리'로 불리는 독사의 잠을 깨우지 않도록 조심스럽게 발을 내디딘다.

"넌 아무것도 될 수 없어! 인정해, 넌 패배자야. 패배자는 이제 집에 가도 된다"라고 외치는 목소리가 들린다. 그 소리를 무시하고 더 크게 흥얼거리기 시작한다. 특공대로 발탁된 순간 얼마나 기분이 좋을지에 집중한다. "내가 해냈어!"라고 가족에게 말하는 순간을 상상한다. 사랑하는 사람들이 환호하며 웃는 모습, 당신과 당신의 성취를 자랑스러워하는 모습이 보인다.

"근처에 소형버스가 있어. 그만 뛰고 따뜻하고 안전한 버스에 올라타." 음성이 들려온다. 당신은 계속 흥얼거린다. 온몸이 아프다. 다리 주변으로 통증이 번지기 시작한다. 일시적인 통증이라고 스스로 되뇐다. 통증이 사라진다. 바로 그 순간 좋아하는 여름 해변을 떠올린다. 따사로운 햇살과 따뜻한 모래가 몸을 감싼다.

12킬로미터 지점까지 왔다. 해냈다! 쓰러진다. 눈물을 참으며 물을 마신다. 그러자 어둠 속에서 아까 그 목소리가 들려온다. "이제 돌아간다."

'뭐? 12킬로미터를 다시 뛰라고?' 웃음이 터진다. '이런 미친 짓을 시킬 줄 알았지.' 당신은 웃으면서 혼잣말을 한다. '아무나 특공대가 될 수 없는 데는 다 이유가 있는 거야.' 소형버스를 향해 좀비처럼 걸어가는 생도가 보인다.

'괜찮아. 사람들은 이보다 더한 일도 해내잖아. 잘하고 있어.' 당신은 존 삼촌이 그랬던 것처럼 마지막 순간까지 계속 싸운다. 언젠가 당신의 이야기와 존 삼촌의 이야기를 당신의 아이들에게 들려줄 것이다. 별을 올려다본다. 아름답다. 이 훈련이 중요한 이유와 미래에 대한 비전을 생각한다.

저 멀리 희미한 조명이 켜진 검문소가 보인다. 그곳에 소형버스가 있다. 이곳이 진짜 끝이라고 부사관이 말한다. 당신이 해냈다! 옆에 있던 동료가 흐르는 눈물을 닦는다. 그냥 땀일지도 모른다. 그가 당신에게 주먹을 부딪친다. 머릿속에서 수백 킬로미터 떨어진 곳에 있는 가족의 얼굴이 떠오른다. 가족들이 당신을 지탱해주었다. 피곤하다. 너무 피곤해 꼼짝할 수 없다. 따뜻한 커피 한 잔을 건네받는다. 잔을 들어 코에 대고 냄새를 맡는다. 머그잔이 손을 따뜻하게 데워준다. 커피를 한 모금 마신다. 이렇게 커피가 맛있었던 적이 없다. 따뜻함을 느끼며 버스에 오른다. 먼저 포기한 동료의 등을 다정하게 두드린다. '그도 몇 분만 더 갔더라면 얼마나 좋았을까.'

그만두고 싶은 순간을 견디는 방법

두 장면은 모두 영국 육군 특수부대 훈련 프로그램에 참여한 생도들의 실제 경험이다.[1] 그렇다. 육군 특수부대는 극단적인 사례이다. 누군가 그만두라고 소리치는 정도의 육체적 긴장과 압박을 받는 일은 거의 없다. 그렇다면 우리는 얼마나 자주 따뜻한 소형버스를 선택할까? 어려운 상황이 닥치거나 예상치 못한 일이 발생했을 때 포기하는 일이 얼마나 빈번한가? 당신은 야유하는 목소리에 귀를 기울이는가? 아니면 고통을 이기고 끝까지 해내기 위해 사랑하는 사람을 떠올려 주의를 분산시키거나 동기를 부여하는가?

우리는 기술적인 수준에서 심상화가 어떻게 작동하는지 설명했다. 당신은 스스로 심상화 능력을 평가해봤을 것이다. 미흡한 영역의 심상화 능력을 개선했기를 바란다. 이제 당신의 심상화 능력을 적용해볼 것이다. 심상화로 동기를 부여하고 원하는 목표를 향해 나아갈 수 있도록 그만두고 싶은 순간을 견디는 법을 배울 것이다.

첫 번째 장면에서 포기한 병사는 FIT 교육을 받은 적이 없었다. 조나단은 이후에 이 병사를 면담하면서 선택의 순간에 대해 물어봤다. 이 병사는 자신의 정신적 저항을 관리할 만한 기술이 없었다고 말하며, 다시 돌아갈 수 있다면 "포기하기로 한 찰나의 생각을 바꾸겠다"라고 말했다. 두 번째 장면에서 특공대원이 된 병사는 "FIT가 의식적인 사고를 체계적으로 관리해준 덕분에, '왜'라는 생각에 주의를 기울여 고통의 파도를 넘을 수 있었다"라고 말했다. 그는 현재 노르웨이에 있다.

지금쯤이면 누구나 알겠지만, 목표는 목적, 의미, 행동에 좌우된다. 인지적 심상화와 동기 부여 심상화를 결합한 총체적 심상화는 목표를 고수하는 능력을 높여준다. 영국 육군은 FIT로 병사들의 목표 달성률을 44퍼센트까지 높였다. 다른 집단에서 심상화를 사용했을 때는 약 5배나 더 많은 사람이 목표를 달성한 것으로 나타났다.

우리는 군인, 올림픽 출전 선수, 기업의 임원, 체중 감량을 원하는 사람 등 목표를 달성하려는 사람들을 상담할 때 먼저 그들의 가치관을 탐구한 다음 신념, 태도, 인지를 탐구하고 마지막으로 행동을 탐구하는 동일한 프로세스를 거친다. 순서가 중요하다. 이 책의 1부는 가치관, 신념, 태도, 목표에 주로 초점이 맞춰져 있다. 2부에서는 심상화를 통해 인지 능력을 살펴본다. 인지 능력은 기억, 현재 하는 일에 대한 즉각적인 피드백, 미래에 대한 인식과 계획을 바탕으로 주변 세계를 해석하는 방식이다.

왜 세 선수의 역량이 달라졌을까?

2011년에 조나단은 올림픽을 목표로 하는 선수들을 위한 퍼포먼스 코치로 일하고 있었고, 성인 선수들과 세션을 진행하면서 청소년들도 틈틈이 지도했다. 이때 조나단은 열두 살의 운동선수 세 명을 만났다. 이 소녀들은 모두 같은 학교와 같은 스포츠클럽에 다녔고 같은 사람의 코칭을 받았다. 또한 역량과 체격, 지능, 동기 수준이 비슷했다. 그들은 함께 배우고, 함께 훈련하고, 함께 밥을 먹고, 함께 경쟁했으며, 4년 동안 주니어 선수권 대회에서 차례로 우승했다. 그런데 갑자기 열여섯 살이 되자 한 명이 나머지 선수들을 크게 능가하기 시작했다. 조나단은 그 이유를 알아내고 싶었다.

2015년에 조나단은 세 선수의 차이점을 찾기 위해 선수들을 면담했다. 그리고 그들이 조나단에게 들려준 이야기는 그의 심상화 연구에 큰 영향을 미쳤다. 이후 그는 9개 종목에 걸쳐 329명의 선수들을 상담했고 이 중에는 올림픽 메달리스트 11명도 포함되어 있다.[2] 수백 명의 군인과 CEO도 상담했으며 이 모든 경험이 조나단이 사용하는 FIT의 형태가 되었고, 이는 앞으로 당신의 심상화 모델이 될 것이다.

심상화의 순서

우리가 사용하는 FIT 모델은 목표를 심상화에 통합하는 과정을 가르치고 설명한다. 작동 원리는 다음과 같다. 다음 도표에 있는 원들은 당신의 목적, 의미, 행동(1-3)과 연결되는 네 가지 심상화 단계(A-D)로 나뉜다. A부터 D에 이르는 심상화 단계를 처음 진행할 때는 이미지를 정교화하고 목적, 의미, 행동에 대해 생각하는 시간을 가져야 한다. 심상화 모델은 아래로 내려가지만 원 안의 화살표를 보면 심상화를 하면서 위로 올라갈 수 있다는 것을 알 수 있다. 행동에서 아래로 향하는 화살표는 단서로 이어지는데, 단서는 개인의 취향에 따라 개발할 수 있는 행동

이나 단어다. 단서의 목표는 선택의 순간을 늘이고 방해가 되는 생각이 행동에 영향을 미치기 전에 개입하는 것이다. 행동 단서는 LAP(점선)라는 새로운 순서로 이어지므로 심상화 과정을 강화한다. LAP는 단서 찾기Locate your cue, 심상화 활성화하기Activate your imagery, 인내를 발휘하여 과제 완수하기Persevere with the task의 약자이다. 이것이 바로 심상화를 통해 끈기를 발휘하고 동기를 부여해 힘든 상황에서도 계속 나아가는 방법이다. 이제 각 부분이 어떻게 작동하는지 네 단계로 나눠 살펴보자.

세 가지 차이점

조나단은 세 펜싱 선수와의 면담을 통해 세 선수의 차이점이 목표 설정 방식이 아니라는 사실을 알게 되었다. 셋은 모두 올림픽에 출전하고 싶어 했고 그것이 사람들에게 영감을 줄 수 있다는 사실을 알고 있었다. 또 그러기 위해서는 어떤 노력이 필요하고, 그 목표는 얼마나 중요한지 인식하고 있었으며, 지금 당장 필요한 작은 과제들과 목표도 알고 있었다. 그렇다면 그들은 무엇이 달랐을까? 세 선수들의 차이점은 세 가지였다.

첫째는 목표를 생각할 때 떠올리는 다감각적 심상의 정교함이다. 정교화 작업을 통해 더욱 자세하게 상상할수록 목표를 향한 초기 동기가 높아지고 루비콘 강에 빨리 도달하게 된다.

둘째, 큰 목표의 경우 이보다 작은 도전적인 목표(단순히 달성 가능한 목표보다 어려운 목표)로 세분화하고 자신의 현재 상태를 살피며 정신적 대조를 수행하는 것이다. 정신적 대조란 지금 하고 있는 노력(현재의 나)과 목표를 달성했을 때 미래에 할 노력(미래의 나)을 비교하는 방법이다. '현재 행동에 비추어 볼 때, 나의 미래 목표가 달성 가능하고 현실적인 목표인지, 노력할 만한 가치가 있는 목표인지'를 자문한다.

셋째, 목표의 목적과 중요성을 상기하는 단서를 만드는 것이다. 단서는 개인적이다. 냉장고에 붙여둔 휴가지 포스터, 사랑하는 사람들의 사진이 담긴 배경화면 등 목표와 감정적으로 연관된 것은 무엇이든 괜찮다.

가상의 사례와 함께 FIT 모델의 원을 하나씩 살펴보자. 당신의 목표는 올해 말 가족, 친구들과 함께 휴가를 떠나는 것이다. 휴가는 모두 즐겁게 놀고, 휴식을 취하고, 현재에 충실할 수 있는 방법이다. 휴가를 통해 가족, 즐거움, 균형 등의 가치를 실현할 수 있다.

첫 번째 원의 목적에서는 심상화를 통해 일반적인 질문을 탐색한다.

- 어디로 갈 것인가?
- 날씨는 어떨까?
- 누구와 함께 갈 것인가?

구체적인 질문도 있다.

- 무엇을 할 것인가?
- 청각, 미각, 촉각, 후각 등의 감각을 동원해 휴가를 즐기는 모

습을 상상할 수 있는가?

- 가족과 친구들에게 휴가가 중요한 이유는 무엇인가?
- 휴가는 가족들에게 어떤 기쁨을 주고 어떤 기분을 느끼게 하는가?
- 휴가는 가족과 친구들의 균형 잡힌 삶에 어떤 도움을 주는가?

목적을 추가하면서 여러 감각을 동원하는 첫 번째 원은 목표를 경험하기 위해 심상화를 시작하는 단계이다. 목적은 목표에 대한 감정을 불러일으켜 동기를 부여한다. 동기 부여가 되면, "있잖아! 나랑 피지로 휴가 갈래?"라고 말하며 자신의 목표를 공유하게 될 것이다. 하지만 다른 사람과 목표를 공유하기 전에 심상화를 통해 대화가 어떻게 진행될지 먼저 상상해보는 것이 좋다.

두 번째 원에서 의미는 목표가 자신에게 중요한 개인적인 이유를 말한다. 의미를 지닌 이미지를 활용해 현재의 자신과 미래의 자신을 비교하고 대조해볼 수 있다. 그렇게 하면 목표를 달성하는 데 성공했을 때와 실패했을 때의 모습을 자세히 그려볼 수 있다.

휴가 계획을 세울 때 대부분의 사람들은 여행 상품을 검색하고 일정부터 상상한다. 얼마만큼 비용이 들지, 언제 떠날지, 어느 리조트에 머물지, 어떤 활동을 할지 상상하며 항공편, 날짜, 비용, 숙박, 여행 후기 등을 검색하고 피지에 가기 위해 해야 할 일을 계획하기 시작한다. 이러한 탐색 단계는 흥미진진하고 기대감으로 가득 차 있을 뿐만 아니라 목표 설정에도 도움이 된다.

심상화를 할 때는 실망할 수도 있기 때문에 부정적인 일이 벌어질 가능성에 먼저 집중한다.

- 돈을 충분히 저축하지 못하면 어떻게 하지?
- 만약 이날 출발하지 못하면 그 리조트에 머물 수 없는데, 이 일정이 가능하지 않으면 어쩌지? 그러면 어떤 기분이 들까?
- 휴가를 가지 않으면 실망하게 될까? 이것이 삶에 어떤 영향을 미칠까?

그런 다음 부정적인 결과와 긍정적인 결과를 대조한다. 실망하고 싶어 하는 사람은 없기 때문에 부정적인 결과를 먼저 상상하면, 현재 위치와 원하는 목표 간의 격차를 줄이기 위한 일에 집중하게 되어 성공 가능성이 높아진다.

- ○○원을 모아야 하는데, ○○을 하면 모을 수 있어.
- X항공편, Y리조트, 상어 다이빙을 예약할 거야.
- 내가 원하는 날짜에 출발하고, 내가 가장 좋아하는 리조트에 머물면서 상어와 스쿠버 다이빙을 하는 모습이 머릿속에 그려져.
- 해가 질 무렵 여유롭게 해변을 거니는 모습, 모닥불을 피워놓

고 저녁을 먹으며 의미 있는 대화를 나누는 모습 등 가족, 친구들과 함께 있을 때를 상상하면 마음이 풍요로워지는 느낌이야.

이 과정에서 이런 생각이 들 때가 있을 것이다. '이 목표가 그만한 노력과 희생을 감수할 만한 가치가 있을까?' 우리는 이러한 내적 대화를 통해 목표를 다듬을 수 있고, 도전적이지만 현실적인 목표를 설정할 수 있다. 내적 대화는 타협을 하는 방법이기도 하다. 이렇게 다듬는 과정을 통해 스위치를 동기에서 헌신으로 전환할 수 있는 것이다. 목표에 충실한 사람은 작은 목표를 위해 체계적으로 노력하고 하루를 소중히 여긴다. 또한 흥미진진해 보이던 목표의 요소(동기)가 추가적인 노력(헌신)을 기울일 만한 가치가 없다고 판단되면, 이를 위한 노력을 하지 않을 수도 있다.

마지막 원의 행동은 상상력을 이용해 현재의 내(오늘의 나)가 취할 행동을 계획하는 것이다. 외식비를 절약하기 위해 도시락을 싸서 출근하거나 급여일마다 적금 계좌로 돈이 이체되도록 설정해 여행 경비를 모을 수 있다.

결정적인 것은 실제로 행동을 하기 전에 행동을 상상하는 일이다. 휴대전화를 집어 들고(색상, 무게, 질감, 온도를 느끼며), 화면 잠금을 해제하고(촉감과 소리), 알림 설정('피지 여행'이라고 쓸 때 손끝의 감각을 느끼며)을 하며, 휴대전화를 잠그는 상상을 한다. 여기에는 어떤 감정과 의미, 목적이 담겨 있는가?

하루하루를 소중하게 보내려면 단서를 설정해야 한다. 단서가 목표의 목적과 중요성을 상기하는 방아쇠 역할을 하기 때문이다. 피지에 가는 것이 목표라면, 이 목표를 상기하기 위해 사진을 인쇄해서 냉장고에 붙여두고(단서), 목표가 중요한 이유를 상기하기 위해 웃고 있는 가족의 사진을 휴대전화의 배경 화면으로 설정할 수 있다(또 다른 단서). 각 단서는 다시 원으로 주의를 집중시켜주는 연결고리 역할을 한다. 단서는 당신을 목표, 의미, 행동에 연결해주면서 심상을 활성화하고, 이 과정을 통해 당신은 헌신하겠다는 다짐을 되새기며 인내할 수 있게 된다.

당신의 차례

1단계 목표 달성

심상화가 어떻게 작동하는지 경험하려면, 먼저 장기적인 목표에 집중해야 한다.

1단계는 실증주의적 접근법이라고 알려진 방법이다. 당신이 상상한 목표를 친숙한 현실과 연결하는 것이다. 이 섹션이 끝날 즈음 당신은 방금 목표에 닿은 듯한 기분을 느끼게 되는데 이는

실제로 목표를 달성했을 때 활성화되는 뇌의 영역과 비슷한 부분이 활성화되기 때문이다. 이 작업을 매일(또는 격일로) 하면 동기를 부여하고 활기를 얻을 수 있다. 주의할 점은 1단계에서 심상화를 지나치게 자주(매일 여러 번) 하면 지칠 수 있다. 처음에는 1단계에 많은 시간을 할애해야 하지만, 순서가 진행됨에 따라 여기에 소요되는 시간은 초 단위로 단축된다.

책이나 시나리오를 쓰는 것이 목표라면 작업을 끝내는 상상을 하기 전에 목적과 의미부터 찾는다. 목표를 상상할 때 목표가 달성되는 시점과 이후 전개되는 다감각적 상황이 각각의 경우마다 다를 수 있다. 시나리오 작성의 경우 목표 달성 시점은 회사에서 당신의 시나리오를 사고 싶다고 말하는 순간일 수도 있고, 대본을 작성하는 팀에서 더 이상 수정할 부분이 없어 영화로 제작될 준비가 되었다고 말하는 순간일 수도 있다. 아니면 당신의 시나리오로 제작한 영화가 처음 상영되는 순간일 수도 있다. 어느 지점에 있는 상상을 하든 여러 감각이 동원된다.

이제 다감각적 심상화를 통해 목적(또한 목표 달성이 자신과 타인에게 미칠 영향)에 주의를 기울이고, (목표가 중요한 이유를 찾기 위해) 의미에 주의를 기울이는 두 가지 작업을 해볼 것이다. 심상화를 시작할 때는 편안한 상태여야 한다. 자리에 앉아 방해 요소가 적은 환경을 만들길 바란다. 생각을 방해할 수 있는 음악이나 오디오의 전원을 끄고, 바닥에 발을 대고 앉아 엄지발가락에 온 정신을 집중한다. 무슨 일이 일어나기를 기대하지 말고 그저 의식에 집중한다.

이제 장기적인 목표를 달성했을 때 어디에 있을지에 집중해보자. 지난 장에서는 어떤 감각(시각, 청각, 감정 등)이 자신에게 가장 효과적인지 배웠다. 그 감각을 사용하여 당신의 경험에 층을 쌓아 나가라. 우리는 이것을 심상화에 들어간다고 한다. 이 단계는 생각을 정교화하고 자기 성찰을 할 수 있는 개인적인 시간이다. 여유를 갖고 이 과정에 몰입하자. 다음 섹션을 천천히 읽어라.

- 당신은 이제 심상화에 들어간다.
- 먼저 목표와 그 목표가 당신의 삶에 목적을 주는 이유에 주의를 기울인다. 목표를 상상하라. 목표를 달성했을 때 당신은

어디에 있는가?

- 구체적인 장면을 떠올린다. 색상, 감촉, 윤곽을 상상한다.

- 온도는 어떤가?

- 무슨 소리가 들리는가?

- 호흡은 어떤가?

- 무언가를 들고 있거나 만지고 있는가?

- 움직이고 있는가?

- 냄새나 맛이 나는가? 마음 가는 대로 상상한다.

- 당신의 목표는 다른 사람에게 어떤 영향을 미치는가? 그들은 무엇을 하고 있는가? 무슨 말을 하고 있는가? 기분은 어떠한가?

- 다른 사람들과 연결되어 있는 느낌은 어떠한가?

- 이 목표가 중요한 이유는 무엇인가?

- 이 목표가 왜 중요하고 왜 지금 노력해야 하는가?

- 당신이 될 수 있는 최고의 모습은 무엇인가?

- 목표를 달성한 당신의 다음 단계는 무엇인가?

- 이 목표를 달성하는 것이 나에게 얼마나 중요한 일인지 0에서 10까지 점수를 매겨보라.

이제 심상화에서 깨어나 과정이 어땠는지 살펴보자.

일지를 적으면서, 당신이 생각한 시나리오에서 심상화가 효과적이었는지 검토하라. 심상화가 수월했는가, 어려웠는가? 어려웠다면 그 이유는 무엇인가? 잘되었던 점과 개선할 점은 무엇인가? 주의를 빼앗기지는 않았는가? 그랬다면 다음번에는 어떻게 집중력을 유지할 수 있을까? (주의를 빼앗겼다고 걱정할 필요는 없다. 처음에는 주의를 빼앗기는 것이 정상이다) 어떻게 하면 심상화를 즐거운 과정으로 만들 수 있을까? 이 과정이 내게 어떤 면에서 유익한지 알 수 있는가? 지금쯤이면 목표의 중요도가 5점 이상은 되어야 한다. 점수가 높지 않다면 당신은 지금 잘못된 목표에 집중하고 있을지도 모른다는 신호이다. 다음 단계로 넘어가기 전에 자신의 목적이 가치와 부합하는지 검토해야 한다.

2단계 정신적 대조

심상화의 2단계에서는 목표를 달성했을 때 발생할 수 있는 긍정적인 결과와 부정적인 결과를 자신의 야망과 예상되는 행동을 바탕으로 자세하게 탐구하는 것이 좋다.

1단계에서는 시나리오 작성을 예로 들어 목적을 통해 목표 달성을 상상했다. 2단계에서는 의미(시나리오 작성이 개인에게 지니는 중요성 또는 시나리오를 쓰는 이유)와 현재 위치와 목표를 달성했을 때 오를 위치의 격차를 검토한다. 이 격차는 주요 도전 과제, 잠재적 장애물, 진척을 나타내는 예상된 이정표로 채워진다. 장기 목표를 더 작은 이정표로 세분화하고 시작과 목표 달성 사이의

중간 지점인 중간 목표를 상상할 때는 진척 상황을 확인하는 것이 매우 중요하다. 중간 목표를 상상하면 달성해야 할 중간 타깃이 생기므로 목표를 시작하고 달성해야 한다는 긴박감이 높아져 이정표를 더욱 가시적으로 만들 수 있다.

격차를 충분히 탐색하기 위해 부정적인 심상화부터 하고 어려움을 극복하지 못한 이유를 조사한다. 만약 내 문체에 문제가 있었다면? 자녀나 가족을 돌보느라 시나리오 작업 시간을 확보하지 못했다면? 경험이 풍부한 에이전트를 찾을 수 없었다면? 이정표를 계속 놓쳤다면? 이러한 '만약'의 순간은 현실이 될 수도 있기 때문에 상상하는 것이다. '만약'의 순간을 탐색하면 장애물에 직면하기 전에 미리 해결책을 상상하고 계획할 수 있다. 예를 들면 강의를 듣거나 코치를 고용해 문제를 개선할 수 있다. 컴퓨터 앞에 앉아 헤드폰을 끼고 핫초코를 마시며 천천히 배우고, 개선하기 위해 노력하는 모습을 상상하면 된다. 부정적인 심상화와 해결책에 기반한 긍정적인 심상화를 대조하면, 2단계에서 크게 동기 부여를 받아 3단계인 행동에 나설 준비가 된 상태로 2단계를 종료할 확률이 높아진다.

첫 번째 부분인 부정적 심상화부터 시도해보자. 4초간 숨을 들이마시고 1초간 유지하다가 다시 4초간 내쉬는 방식으로 호흡에 주의를 기울이면서 심호흡을 한다. 전과 마찬가지로 다음을 천천히 읽는다.

- 당신의 목표에 집중한다.
- 중간 목표를 달성하지 못했다는 사실을 깨달을 때 당신은 어디에 있는가? 색상, 온도, 소리에 집중하라.
- 누구와 함께 있고, 누구에게 말하고 있는가?
- 가슴과 어깨는 어떤 느낌인가?
- 어떤 장애물에 가로막혔는가?
- 장애물을 극복하지 못한 이유는 무엇인가?
- 앞으로 무엇을 할 것인가? 새로운 목표를 세울 것인가, 이대로 끝인가?

- 이것이 장기 목표에 어떤 영향을 미칠까?
- 자신에 대해 무엇을 배웠는가?
- 할 수 있었다면 무엇을 바꾸었을까?
- 잠시 심상화를 지속하면서 실패의 감정을 느껴본다.

'실패'에는 부정적인 의미가 함축되어 있지만, 우리는 실패가 나쁜 것이라고 생각하지 않는다. 불쾌한 느낌은 들지만 본질적으로 실패가 나쁜 것은 아니다. 우리는 모두 실패하며 살아간다. 그렇다고 누군가와 함께 일을 하려고 하거나 친구를 사귈 때 스스로를 실패자라고 소개하는 일은 거의 없다. 하지만 실패에 대응하는 방식은 우리의 인격을 드러내는데, 실패하고 고군분투하는 모습은 최선을 다하고 있다는 사실을 증명한다. 목표를 달성하려면 고군분투해야 한다. 피할 수 없는 힘든 상황에서 몸부림치는 자신의 모습을 상상하면 그만두고 싶은 생각이 드는 중요한 선택의 순간에 대비할 수 있다.

이제 트랙을 바꿔서 두 번째 부분을 살펴보자. 여기에서는 중간 지점이 어떤 느낌인지 생각하면서 목표를 탐색해 본다. 장기 목표로 가는 중간 지점에서 중간 목표를 달성하는 것이 어떤 느낌인지 집중한다. 4초간 공기가 폐로 들어오는 느낌에 집중하면서 숨을 깊이 들이마시고 1초 동안 참았다가 4초간 내쉰다.

이제 심상화에 들어간다. 중간 목표를 성공적으로 달성했다는 사실을 깨달은 지금 당신은 어디에 있는지 집중한다.

- 지금 집 안에 있는가? 아니면 집 밖에 있는가?
- 무슨 소리가 들리는가? 무슨 냄새가 나는가?
- 가슴과 어깨는 어떤 느낌인가?
- 어떤 장애물을 극복했고, 그 해결책은 무엇이었는가?
- 이러한 장애물을 극복하는 데 도움이 된 개인적인 강점은 무엇인가?
- 다음에는 무엇을 할 것인가? 다음 목표는 무엇인가?
- 중간 지점에 도달한 것이 장기 목표에 어떤 영향을 미쳤는가?
- 자신에 대해 무엇을 배웠는가? 노력에 대한 결실을 거두는 것이 당신에게 어떤 의미인가?
- 앞으로 좌절과 어려움을 어떻게 극복할 계획인가? 다음 단계는 무엇인가?

0점에서 10점까지의 자신감 척도에서 중간 지점에 도달한 지금 자신의 자신감 수준을 평가한다.

심상화를 잠시 유지하라.

이제 심상화를 종료하고 다음 단계로 넘어가기 전에 다음 질문에 답하며 성찰의 시간을 가져보자.

- 심상화 능력이 얼마나 향상되었는가?
- 심상화 과정에서 잘된 점과 개선할 점은 무엇인가?
- 질문에서 다루지 않은 생각이 떠올랐는가?
- 어떤 생각이었는가?
- 자신감 점수를 그렇게 평가한 이유는 무엇인가?

긍정적 결과와 부정적 결과를 정신적으로 대조하는 작업은 현재와 미래의 자아 사이의 간극을 좁혀준다.[3] 2단계에서는 실패와 성공이라는 두 가지 결과를 상상하면서 불균형을 느끼게 된다. 이러한 불균형은 우리를 실패가 아닌 원하는 목표를 향해 나아가고 싶게 만든다. 우리는 균형을 추구하도록 설계되어 있기 때문에 불균형의 느낌은 더 나은 자신을 만드는 데 도움이 되는 것이다.

부정적인 결과를 상상했을 때와 긍정적인 결과를 상상했을 때의 경험은 어떠했는가? 내담자에게 이 질문을 하면 대부분 실패와 실망을 경험하지 않기 위해 열심히 노력해야겠다는 다짐을 하게 되었다고 말한다. 자신감 점수는 현실 점검의 역할을 하는데, 자신감 점수가 6점 미만이면 중간 목표가 너무 어려울 수 있어 재검토해야 한다는 의미다.

부정적인 결과와 긍정적인 결과를 대조하는 행위는 동기를 증폭시켜 헌신으로 이어지게 한다. 더 열심히 할 수 있었는데 하고 후회하거나 실패의 책임은 온전히 자기 자신에게 있다고 느끼고 싶어 하는 사람은 아무도 없다. 따라서 이러한 기분을 느끼게 될 수도 있다는 점을 강조하여 동기 부여와 헌신을 강화할 수 있다. 이 지점에서 내담자는 "모든 것이 나에게 달렸다. 내가 희생하고 열심히 노력해야 한다"라고 말하며, 계획대로 꾸준히 노력하면 상상 속에서 이미 경험했던 달콤한 성취감을 보상받을 수 있다는 사실을 알게 된다.

3단계 행동 상상하기

지금까지 목표를 세우고, 결과를 인지하며, 계획을 구상했지만 아직 행동을 바꾸지는 않았다. 행동 변화는 현재의 능력과 자원을 바탕으로 처음으로 계획을 세우는 단계이다. 새 직장에 지원할 계획인데 컴퓨터가 없다거나, 건강한 식습관을 고수하려는데 장을 봐야 한다면 계획에서 실행으로 넘어가야 하는 단계이다.

3단계에서는 심상화를 통해 현재 자신의 모습을 바탕으로 현실적인 단기(2주 이내) 목표를 계획한다. 단기 목표는 과정 목표라고도 하는데, 400미터 달리기 선수의 경우 경주를 기술(발의 지면 접촉), 전술(페이싱), 심리(자신감), 생리적(젖산 내성 훈련) 요소로 세분화할 수 있다. 이 예시는 운동선수에게 쉽게 적용 가능하며, 아이디어는 광범위하게 적용될 수 있다.

다시 시나리오 작성이라는 목표를 예로 들면, 기술적(시나리오

구성하기 또는 연구 분야 정하기), 전술적(언제, 얼마나 오래 쓸 것인지), 심리적(스트레스 관리는 어떻게 할 것인지), 생리적(건강, 수분, 체력 유지를 위해 무엇을 할 것인지) 요소는 어느 정도 동일하지만 세부적인 내용은 달라진다. 모든 구성 요소가 시나리오를 작성하는 과정에 매우 중요하며, 이 단계에서는 경험에 몰입할 수 있도록 자세하게 상상해야 한다. 작은 것을 상상하는 것은 운동선수나 작가가 출발선에 설 때뿐만 아니라 중요한 순간에 일관된 성과를 내는 데도 도움이 된다.

세 번째 단계에서는 두 가지 주요 질문에 답해야 한다.

1. 이번 주 목표는 무엇인가?
2. 오늘 목표를 향해 어떻게 노력하고 있는가?

이번 주 목표가 새로운 직장에 지원하는 것이라면, 커피와 햄 샌드위치를 들고 책상에 앉아 온라인 양식을 작성하는 자신의 모습을 상상하면 된다. 이 작업을 하려면 먼저 인증서와 같은 서류를 찾고, 사람들에게 추천서 작성을 부탁하며, 커피와 점심거리를 사러 가는 상상을 할 수 있다. 하지만 상상과 실제 경험이 완벽히 일치할 필요는 없다. 상황이 바뀌는 것에 약간의 융통성은 허용하는 것이 좋다.

이제 곧 심상화에 들어갈 것이다. 하지만 그 전에 먼저 단기 목

3. 행동
D. 단기(프로세스) 목표

표를 떠올려보자. 심상화로 단기 목표를 달성하는 과정을 세분화한 다음 실행 계획을 세울 것이다. 실행 계획은 정상 궤도에 오르기 위한 첫 단계이다. 건강을 위해 꾸준히 운동하려는 사람들은 첫 단계로 현관 문 옆에 운동화를 두거나 장보기 목록을 작성하거나 수분을 보충하기 위해 물병을 채우는 경우가 많다. 이처럼 첫 단계는 개인적이고 목표에 맞는 구체적인 것이어야 한다.

다시 심상화를 시작해보자. 발을 바닥에 대고 숨을 천천히 깊이 들이마시고 내쉬면서 어깨가 이완되는 것을 느껴보자. 준비가 되면 단기 목표에 집중한다. 단기 목표에 도달했을 때 자신이 어디에 있을지 생각해보자. 들리는 소리 또 내면의 목소리에 주목하라. 온도, 냄새, 맛은 어떠한가? 주변 환경, 나를 둘러싸고 있는 색들과 질감을 인지해보자.

- 이번 주에 여기까지 오기 위해 극복한 장애물은 무엇인가?
- 거쳐 온 작은 단계들은 무엇인가?
- 출발점은 어디였는가?
- 이제 목표를 실행하는 것에 관해 생각해보자. 즉시 실행할 수 있는 한 가지는 무엇인가?
- 지금 그 일을 하는 모습을 구체적으로 상상할 수 있는가?
- 감각을 동원해 천천히 첫 단계에 몰입한다. 준비가 되면 심상화에서 깨어난다.

첫 단계는 의도를 행동으로 옮기는 단계로 세 단계에서 가장 중요한 부분이다. 아무리 사소한 행동이라도 실행하기로 결정하는 것은 중요하다. 할 일 목록을 작성하거나 식단을 짜는 것일지라도 첫 단계에서 의도가 드러나는데, 여기서 당신은 유연하면서도 집중적인 태도를 취하면서 의도를 통해 자신의 정체성을 재구성하기 시작한다.

하지만 아직은 목표를 향해 행동하기에 적절한 시기가 아닐 수도 있다. 이를 테면, 유튜브 영상을 보는 시간을 줄이고 싶지만, 장시간 근무로 바쁜 하루를 보낸 뒤에 긴장을 푸는 수단으로 유튜브 영상을 보고 있다면 아직 적절한 시기가 아닐 수 있다. 당장 시작하는 것이 옳다고 주장하는 사람도 있지만, 현실적으로 다른 변화가 선행되어야 하는 경우도 있다. 매우 바쁜 사람에게는 작은 한 걸음이 놀라운 시작이 될 수 있지만, 덜 바쁜 사람은 한 걸음이 아닌 도약을 할 준비가 되어 있을 수도 있다.

첫걸음을 계획하는 것은 목표를 정하고 여정을 시작하는 루비콘 강을 건너는 지점이다. 당신은 0점에서 10점까지의 척도에서 즉시 시작할 준비가 얼마나 되었는가? 내일이 아니라 지금 당장을 말하는 것이다. 점수가 7점 미만이라면 우선순위를 바꾸거나 육아, 업무, 마감일과 같은 장애물을 극복할 방법을 계획해야 하며, 중요한 목표일수록 더욱 그렇게 해야 한다.

누구나 자신만의 속도로 여행하는 여정에서 자신의 의미와 목적, 미래를 만드는 도전과 선택에 직면할 수밖에 없다. 오늘 내가 무엇을 하기로 결정하면 의식은 또렷해지고 진정으로 중요한 목표를 달성하도록 자기 자신을 밀어붙일 것이다. 다음 단계는 목표에 매진하기 위한 일관된 루틴을 만드는 것이다.

4단계 단서를 만들어라!

열심히 하는 것과 스마트하게 하는 것이 동의어라면 좋겠지만, 올바른 의도를 가지고 열심히 한다고 항상 원하는 결과가 나오는 것은 아니다. 행동에 옮기고 이를 지속해야 한다. 따라서 특정 방식으로 생각하거나 행동할 것을 상기하는 방아쇠 역할을 하는 단서를 만드는 것이 준비 작업의 마지막 단계이다. 단서는 계속 진정한 목표를 추구할 수 있게 도와주며, 바쁜 일정이나 단순한 망각 같은 외부 요인에 의해 방향을 잃을 가능성을 최소화한다.

이 시점의 목표는 매일 다감각적 심상화를 할 것을 상기하는 단서를 찾는 것이다. 이는 그만두고 싶은 순간을 극복할 기본 뼈대를 마련해주는 필수 작업이다.

교사이자 조정의 대가인 재클린은 노를 저을 때 어깨에 힘을 주는 습관을 고치려고 노력했다. 이러한 행동은 코어 근육이 아닌 어깨를 사용하여 에너지를 낭비한다는 신호였다. 코치는 너무 열심히 하거나 오랜 훈련으로 마음이 산만해진 상태에서 스트로크 강도를 높이려 할 때 그런 행동이 나온다고 지적하며, "힘을 빼, 재키!"라고 외치곤 했다. 그녀는 스트로크를 하면서 머릿속으로 '어깨에 힘을 빼자'라고 반복하며 긴장을 풀려고 애썼다. 그러면 잠시 효과가 있다가 금세 다시 어깨가 올라왔다. 심상화 코칭을 받은 재클린은 계획을 세웠다. 그녀는 그 계획을 자신이 중시하는 가치, 즉 팀원들과 연결된 느낌과 결부시켰고 마침내 단서를 찾았다.

그녀의 단서는 배에 타기 직전에 노를 조이는 것이었다. 그는 노를 조일 때 어깨 근육의 긴장을 푸는 상상을 했다. 보트 바닥에 닿는 다리의 힘이 느껴지고, 물을 가르며 보트가 미끄러지는 소리가 들리고, 오르락내리락하는 숨소리가 들리며, 어깨 위에 팀원의 든든한 손길이 느껴졌다. 이 단서와 심상화를 통해 그녀는 미리 마음의 준비를 하고 자신의 핵심 가치와 강점을 활용했다. 훈련 도중 단순히 '긴장하지 말자'고 생각하기보다 의도를 가지고 원하는 것을 실현했다.

누구나 알다시피 무언가를 보고 자극을 받으면 생각이 떠오른다. 이때 단서를 이용하면 원하는 생각을 떠오르게 하고 이를 눈덩이처럼 불려 생각의 속도를 올리고 비중을 늘릴 수 있다.

생각의 크기를 키우고 속도를 높이기 위해서는 정교화가 중요하고, 비중을 늘리기 위해서는 단서를 관찰하는 빈도가 중요하다. 단서를 통해 목표 중심적인 생각을 자주 활성화하면 실제로 뇌의 신경세포 접합부들이 연결되는 방식을 바꿀 수 있다. 이를 헤비안 가소성Hebbian plasticity이라고 하는데, 비슷한 시기에 자극을 받은 접합부들이 서로 연결되는 과정이다.[4] 이러한 연결이 꾸준히 일어나면 오래된 습관이 깨지고 새로운 습관이 형성된다.

가치관, 사고방식, 목적, 의미, 태도, 인식과 같은 단서는 개인적이다. 단서는 동기를 부여하거나 당황하게 하거나 감정을 유발하는 특정 생각을 상기시킨다.

시나리오를 쓴다는 가상의 상황으로 돌아가 보자. 당신과 당신이 목표를 세운 이유를 연결해주는 것은 무엇이든 목표를 상기하는 단서가 될 수 있다. 우리는 작가들과 상담을 할 때, 그들의 단서가 주로 커피 내리기와 같은 아침 루틴과 관련 있음을 발견했는데, 작가들은 커피를 마시기 전에 자신의 목표가 삶의 목적과 의미에 어떻게 연결되는지를 상기했다. 그런 다음 가정과 집필 사이에서 균형을 잡는 것 등의 도전적인 과제에 대해 생각한다. 그러고는 모든 감각을 동원해 오늘의 계획을 세운다. 이 과정은 목표 중심적인 생각을 유발하는 동시에 긴박감을 조성한다. 원하는 생각을 활성화하기 위해 사랑하는 사람과 함께 찍은 사진을 집안 곳곳에 배치하는 전략을 쓰기도 한다. 여기서 사진은 개인적인 이유와 연계된 감정을 활성화하는 단서로 작용해 목표에 목적과 의미를 더하고, 심상화를 일으킨다.

1장에서 절벽 꼭대기에 서 있는 자신의 사진을 볼 때마다 트라우마가 떠올랐던 하이다이빙 선수 아이리스는 단서였던 사진을 중립적인 이미지로 바꿨다가 다시 자신에게 의미를 지닌 가족사진으로 변경했다. 손가락을 튕기는 등의 새로운 행동을 단서로 만들기보다는 기존의 행동(휴대전화를 집어 들기)을 조정하고, 의미 있는 사진을 배경화면으로 설정하는 등의 새로운 단서와 병합하는 것이 가장 좋다. 동기가 부여된 상태를 지속시키는 의도적인 혼잣말도 단서가 될 수 있다. 타이슨 퓨리 같은 신예 복서와 무하마드 알리 같은 원로 복서들은 모두 항상 "나는 최고다"라는 똑같은 말로 동기를 부여하고 행동을 준비한다.

단서는 빠르게 호출할 수 있으며, 짧은 시간 또는 샤워처럼 오랜 시간 지속될 수 있다. 단서는 개인적이고 의도적이며 자신에게 의미 있는 것이어야 한다. 예를 들어 모닝커피나 차를 즐기는 사람이라면 컵에 커피를 따르는 행동을 심상화의 단서로 활용할 수 있다. 커피의 향과 커피를 컵에 따르는 소리는 매일 2시간씩 앉아 글을 쓰는 당신의 모습을 상기시키고 작은 진전이 있을 때의 기분 좋은 감정을 불러일으킨다. 단서는 한 가지 이상일 수도 있다. 아침에 샤워를 하면서 입을 옷을 고르고, 그날의 할 일과 보내야 할 이메일을 생각하는 것처럼 말이다. 각각의 단서는 상상을 불러일으키는 방아쇠이자 기회이다. 준비가 끝나면, LAP를 통해 심상화를 행동으로 옮기면 된다.

해내는 사람들의 비밀

세계적인 운동선수, CEO, 군인들을 상담하고 연구한 결과 최고의 성과를 내는 사람들과 그렇지 않은 사람들 사이에 중요한 심리적 차이가 존재한다는 사실이 밝혀졌다. 먼저 뛰어난 성과를 내는 사람들은 생생한 이미지를 생성하고 생각을 통제하는 뛰어난 다감각적 상상력으로 효과적인 계획을 세우며 구체적인 자기 성찰을 통해 학습 능력을 향상한다.

둘째, 그들은 역경에 직면했을 때 작은 발전들이 모여 장기적인 가치로 이어진다는 사실을 알고 선택의 순간에 장기적인 관점에서 보다 나은 결정을 내린다. 특히 LAP를 사용하는 사람들은 대개 회복탄력성이 뛰어나며, 자기 성찰을 하고 계획을 철저하게 세우므로 더 성실하며 자기 인식과 통제력도 뛰어나다.

스페인의 테니스 선수 라파엘 나달은 "가장 치열한 전투는 머릿속에서 들리는 목소리와의 싸움이다"라고 말했다. 단서는 심상화를 촉발해 인지적 수다의 볼륨을 낮추고 당면한 작업에 집중하게 한다. 나달과 다른 훌륭한 선수들을 보면 그들만의 단서를 관찰할 수 있다. 뒤꿈치로 바닥을 두드리거나 옷매무새를 정리하는 것, 서브하기 전 일정 횟수만큼 공을 튕기는 것이 모두 단서이다. 리드미컬한 동작은 선수의 긴장을 풀어주고 경기력을 일관적으로 유지하게 해준다.

선수들은 단서를 활용해 다감각적 심상화를 활성화하고 과제를 어떻게 수행할지 계획을 세운다. 우리는 이 심상화 과정을 LAP(단서 찾기, 심상화 활성화, 계획 지속)라고 부르며, 세계 정상급 선수들뿐만 아니라 처음으로 5,000미터 달리기에 도전하는 사람들 등 모든 레벨에서 LAP를 적용하고 있다.[5]

루틴에 단서를 심어두면 특정한 생각을 불러올 수 있다. 먼저 행동을 잠시 멈추게 하는 단서를 찾는다. 행동을 멈추면, '즉각적인 반응'을 지연시켜 선택의 순간을 2초에서 5초로 연장할 수 있다. 단서를 활용하면 포기하고 싶은 생각에서 벗어날 수 있다. 단서로 인해 떠오르는 새로운 생각과 포기하고 싶은 생각이 충돌하기 때문이다. 이를테면, 경쟁하는 상황에서 부정적인 생각이

들 때 단서를 활용하면 부정적인 생각의 고리를 끊을 수 있다.

조와 상담했던 한 승마 선수의 단서는 손가락 사이에 있는 고삐를 느끼는 것이었다. 펜스와의 거리를 추측할 때 고삐에 집중하면 까다로운 코스에서 뛰어난 판단력을 발휘했던 기억이 떠오른다.

조나단은 프로 축구 선수들과 함께 생각과 단서를 연결하는 작업을 한다.[6] 축구 선수들은 양말을 올려 신는 행동이나 축구화에서 진흙을 제거하는 행동을 단서로 활용하는 경우가 많고 드물지만 헤어스타일을 바꾸는 사람도 있다. 단서는 상대방이 득점을 하거나 경기가 계획대로 진행되지 않을 때 심상화를 활성화해 집중력을 되찾거나 유지할 수 있게 해준다. 선수 대형을 유지하거나 공을 패스하기 전에 퍼스트터치를 하는 등 기술이나 전술을 펼칠 때 갑자기 떠오르는 부정적인 감정과 생각을 환기해 주기도 한다. 부정적인 생각이 경기력 저하로 이어지지 않도록 막아주는 것이다.

단서를 찾은 후에는 긍정적인 다감각적 심상화를 활성화하여 즉각적 또는 장기적 목표를 달성했을 때 느끼게 될 기분을 모든 감각을 동원해 상상한다. 심상화 후에는 즉시 다음 단계를 계획하고 행동에 돌입한다.

테니스 선수인 앤디는 경기 전 루틴으로 LAP를 한다. 그는 단서를 찾아(라켓 돌리기) 심상화를 활성화하고, 자신의 목적(사람들에게 영감 주기)을 떠올린 후 주변을 둘러본다. 참여하고 있는 대회의 의미를 생각하고 머릿속으로 긍정적인 결과에 대한 상상을 정교화한다. 그런 다음 상대방의 백핸드 서브를 받는 와이드 서브, 이동 속도, 바닥에서 느껴지는 충격, 라켓에 닿을 때 공을 바라보는 것 등의 프로세스 목표를 떠올린다. 그리고 드롭샷을 날리고 점수를 냈을 때의 기쁨을 상상한다. 서브를 넣기 약 5초 전까지 이 과정을 머릿속으로 시연한다. 마지막 5초 동안은 계획에 전념한다. 무릎을 구부려 몸을 이완시키는 즉각적인 행동에 주의를 집중한 다음 행동(프로세스)과 서브에 전념한다. 이러한 순차적인 사건들은 집중 상태를 유지할 수 있게 하고, 심상화 단계에서 선택한 행동에 집중함으로써 계획을 고수하게 한다.

앤디는 단서에서 다감각적 심상화를 거쳐 계획을 실행하는 LAP를 통해 경기력의 일관성을 극대화하고 생각을 통제한다. 물론 경기 도중 상대 선수의 반응에 따라 계획을 수정할 수도 있다. 경기 전 루틴은 자신감, 본능, 상대 선수의 반응 등 많은 변수를 통제해주므로 여전히 중요하다. 루틴에서부터 이미 경기는 시작되는 것이다.

하루에도 여러 번 LAP를 통해 생각을 통제할 수 있다. 개인의 단서나 심상화, 계획을 특정 상황에 맞게 끊임없이 다듬는 것과 마찬가지로 LAP도 개인과 과제에 따라 달라진다.

기업 임원들과 LAP를 할 때는 업무를 마무리하기 위해 주의를 집중해야 하는 구체적인 상황을 파악하라고 요청한다. 다가오는 회의를 위해 프레젠테이션 슬라이드를 완성해야 하는 경우가 많다. 그러면 펜을 잡는 행동이나 음료를 마시는 행동 등을 단서로 정하고, 잠재적인 어려움과 기회에 어떻게 대처할지 계획하면서 심상화를 통해 머릿속으로 회의를 시연하고, 좋은 회의를 하는 다감각적 경험에 집중하라고 한다. 마지막으로 그래프를 완성하거나 잠시 휴식을 취하는 등 과제를 지속하는 데 도움이 되는 활동을 하라고 권한다. 임원들은 긴장을 풀고 임무를 마치는 데 집중하는 운동선수처럼 LAP를 사용한다. 이렇게 LAP를 한 경영진은 자신감과 집중력이 향상되었고 팀으로부터 긍정적인 피드백을 받았다.

여유를 가지고 자신의 선택을 되돌아보고 어떻게 개인적으로 심상화를 활용할 수 있을지 생각해보라. 계획적인 단서와 심상화 활성화에 집중하면서 성찰한 바를 일지에 적는다. 어떻게 LAP를 적용할 수 있을지, 어떻게 심상화 훈련에 의미를 더할 수 있을지 충분히 생각해본다. 새로운 아이디어를 발전시키고, 심상화 능력을 높이고, 자신에게 가장 적합한 방법을 개발하는 것이 좋다.

내담자와 함께 아이디어를 발전시키는 단계는 보통 일주일 정도이지만, 이보다 오래 걸리는 사람도 있다. 계속 진행하고 싶겠지만 잠시 숨을 고르고 가치, 믿음, 태도, 인지, 행동을 지속할 방법을 고민해보는 것이 장기적으로 유익하다. 심상화를 하고 단서를 활용해 심상화를 발전시켜 보라. 그만한 가치가 충분히 있을 것이다.

Chapter 6

방해되는 생각
다스리기

진짜 챔피언은 넘어졌을 때
어떻게 회복하느냐로 정의된다고 생각한다.
세레나 윌리엄스

우리는 생존 모드로 살아서는 안 된다. 교감신경계의 지배를 받는 '투쟁 또는 도피' 모드를 그대로 방치하면, 투쟁이나 도피 상태로 뛰어드는 것이 습관이 되어 만성 스트레스와 과민 반응을 일으킨다. 이는 업무 성과를 저해하고 인간관계에 부정적인 영향을 주며, 수면의 질을 떨어뜨리고, 건강하게 장수하는 데 방해가 된다.

그러한 이유로 생각을 리셋하는 도구를 갖추는 것은 매우 중요하다. 해변에서 산책하는 것, 자연 속 어딘가에서 신선한 공기를 마시고 새소리를 듣고 하늘을 보며 휴식을 취하는 것 등이 모두 리셋이다. 아인슈타인이 그랬던 것처럼 자전거를 타는 것도 리셋이다. 친구에게 전화하기, 시 읽기, 노래 부르기, 춤추기, 아름다운 길에서 운전하기, 요가하기, 일기 쓰기, 명상하기 등 다양한 방법으로 리셋을 할 수 있다.

하지만 안타깝게도 많은 사람이 평상시에 리셋을 잘 하지 않는다. 주변을 보면 한계점에 도달할 때까지 일을 하다가 휴가를 떠나는데 정작 휴가가 시작되면 긴장이 풀려 몸이 아파오는 경우가 많다. 휴가는 우리의 행복을 위해 중요하지만, 매일 마음을 리셋하고 유연한 태도(할 수 있다는 정신과 새로운 가능성에 마음을 여는 긍정적인 태도)를 재정비하는 것은 더욱 중요하다. 리셋을 할수록 부정적인 생각을 떨치고 번아웃을 예방하는 능력을 향상시킬 수 있다.

5장에서 다룬 LAP와 같은 심상화를 매일 하면 궤도를 이탈하지 않고 압박을 받는 상황에 대비할 수 있다. 하루 중 쉬는 시간을 마련해 휴식을 취하고 리셋을 하는 것도 도움이 된다. 하지만 압박과 피로에 시달리고 부정적인 생각이 쌓이기 시작하면 이것만으로 충분하지 않게 된다. 심상을 찾지 못하거나 자기 의심과 부정적인 혼잣말을 막는 단서를 활성화하지 못하게 되는데 이 경우에는 보다 강력한 리셋이 필요하다.

멈추고 보류

부정적인 생각의 고리에 빠지거나 좌절감과 피로감에 휩싸이면 LAP만으로는 부족하다. 이때 우리는 중요한 두 단계를 거쳐야만 파괴적인 생각에서 건설적인 행동으로 리셋할 수 있다. SLAPP는 우리를 깨우거나 부정적인 생각에서 벗어나게 하는 따귀slap와 비슷하다. 하지만 문자 그대로 따귀를 때리는 것이 아니라 LAP에 두 단계를 추가한 것이다. SLAPP를 할 때는 단서를 찾기 전에 하던 일을 멈추고 호흡을 한다. 마라톤을 뛰고 있거나 촉박한 마감일을 맞추느라 서두를 때처럼 멈출 수 없는 상황이라면 '속도를 늦추면' 된다.

하던 일을 멈췄거나(Stop) 작업 속도를 늦췄다면(Slow down), 단서를 찾아(Locate a cue) 심상화를 활성화한다(Activate your imagery). 이때 계획을 지속하는(Persevere with the plan) 단계로 넘어가기 전에 '나는 할 수 없어', '그럴 만한 가치가 없어', '지금 당장 그만두는 게 좋겠어' 등의 원치 않는 생각을 보류하는(Park) 단계를 추가한다. 성공을 위협하는 생각들은 뇌의 변연계 깊숙한 곳에서 곪아 터진 부정적인 감정이 만들어내는 것이다. 논리적으로 사고하는 뇌(전전두엽 피질)로 돌아가려면, 일시적인 억압 전략으로 원치 않는 생각을 보류해야 한다. 원치 않는 생각을 멈추라고 하지는 않았다. 이에 대해서는 곧 자세히 설명하겠다.

SLAPP는 감정을 관리하고 순간의 정신 상태를 리셋해준다. 또한 논리에 근거한 의사 결정을 내리고 부정적인 생각을 긍정적인 생각으로 전환하는 능력을 향상시킨다. 결과적으로 압박 속에서도 일관된 성과를 낼 수 있게 된다.

SLAPP을 하기 위해서는 먼저 원치 않는 생각이 떠오를 때 그것이 원치 않는 생각임을 알아차려야 한다. 예를 들어, 어려운 과제에 대한 의욕이 떨어지면 그만두고 싶다는 생각이 들고 이 생각에 주의를 기울이게 된다. 이 생각이 의식으로 들어오는 순간, 당신은 그 생각을 멈출지 계속할지 결정해야 하는 선택의 순간에 직면한다. 계속하기로 결정하면 SLAPP를 통해 모든 경로를 순환하고, 그렇지 않다면 다시 선택의 순간으로 돌아오게 된다.

멈춰서 호흡을 하고(아니면 속도를 늦추고 자신의 숨소리를 들어보자), 원하지 않는 생각은 잠시 보류하는 두 단계에 대해서 더 자세히 살펴보자.

호흡하기

멈추고(또는 속도를 늦추고) 호흡하는 단계에서는 폐를 채우고 몸을 떠나는 공기의 흐름을 따라가며 의식적으로 생각에 개입한다. 종종 어느 정도의 속도로 호흡을 해야 하는지 질문하는데 의식적으로 호흡하는 것은 경험적으로 검증된 기술이라기보다 개인적인 취향에 가깝다. 하지만 4초 동안 숨을 들이마시고 1초간 유지하다가 4초 동안 내쉬는 것이 좋다. 연구에서는 이 방법이 성과를 높이는 데 도움이 된다고 한다. 하지만 호흡의 주된 목적은 주의를 외부 사건에서 내부 통제로 돌려 생각을 리셋하는 것이다.

숨을 들이마신 뒤에는 LAP 루틴이 된 행동 단서를 찾고(예를 들어 테니스 라켓 돌리기), 그다음 심상화를 한다. 리셋의 심상화 단계를 숙달할 때는 동기를 부여하는 심상과 원하는 행동 결과, 즉 노력을 지속하게 하는 감정의 닻을 만드는 것이 필수적이다. 심상화 방법을 개선하고 조정하면 활성화가 빨라지고, 선택의 순간을 탐색하는 동안 쉽게 궤도에 머무를 수 있게 된다.

원하지 않는 생각 보류하기

심상화 코칭에서는 생각을 '하지 않는 것'이 아니라 '보류'하라고 말한다. 이것은 왜 중요할까? 간단한 실험을 통해 그 이유를 알아보자.

분홍색 코끼리를 생각해보자. 이제 분홍색 코끼리에 대한 생각을 그만두자. 농담이 아니다. 절대 분홍색 코끼리를 생각해서는 안 된다. 생각하지 말라.

분홍색 코끼리에 대한 생각을 멈추라고 했을 때 당신은 그만두었는가? 아니면 그 반대였는가?

우리의 마음은 반항적이고 도전적이다. 무언가에 대해 생각하지 말자고 하면 마음은 오히려 그것에 대해 생각하려 한다. '하지 말라'는 말이 반항심을 불러일으키는 것이다. 어느 날 조의 친구가 자신은 "더 이상 필요하지 않은 곳에는 돈을 쓰지 않겠다"고 말했다. 그러나 조는 그녀의 말을 믿지 않았다. 그다음 주 월요일에 조는 친구를 다시 만났다. 그녀는 조와 대화를 나눈 다음 날 쇼핑몰에 갔다가 필요 없는 물건들을 샀다고 했다. 하지 않겠다고 한 것을 그대로 실천한 셈이다.

"안 돼", "하지 마", "그만 해" 등의 말은 우리를 정반대의 행동으로 이끈다. 어떤 말을 들었을 때 나오는 자연스러운 반응을 막는 것은 어려운 일이다. 많은 사람들이 다이어트에 대해 생각만 했는데도 '결핍'에 대한 두려움이 촉발되어 전보다 많은 음식을 섭취한 것처럼 말이다.

이와 같이 생각의 고리를 끊으려면 전략이 필요한데, 생각을 보류하는 것이 우리가 권하는 전략이다. 책처럼 나중에 다시 열어볼 수 있게 선반에 잠시 올려놓는 것이다. 아예 읽지 못하게 하는 것이 아니라, 하고 있는 과제에 방해가 되지 않을 때 읽는 것이다. 명확하게 말하면, 생각하면 안 된다는 것이 아니라 나중에 생각하기 편할 때 생각하라고 생각을 보류하라는 것이다. 중요한 도전의 순간에 생각을 보류하면, 그 즉시 통제할 수 있는 행동에 집중할 수 있다.

키 186센티미터에, 항해에 재능이 있었던 월은 오랜 시간 그라인딩(배에서 윈치를 감아 돛을 조정하는 작업으로 천천히 굳는 콘크리트를 휘젓는 느낌)을 할 때 통증을 느꼈다. 통증은 윌의 팔에 축적된 젖산이 어깨, 몸통, 엉덩이, 다리로 이동하면서 발생했다. 그의 목표는 고통을 견디고 '지옥 같은 삶을 즐기는 법을 배우는 것'이었다. 전문적으로 항해하고 싶었던 윌은 속도를 늦추거나 그만두고 싶은 생각을 통제해야 했다. 대회 중에 윌은 자신이 원하는 것과는 정반대로 그라인딩을 멈출 수 없었기 때문에 대신 그라인딩의 속도를 늦췄다. 호흡을 늦추고 자세를 바로잡은 다음(이것은 그의 단서였다), 심상화를 활성화하고 원치 않는 생각을 보류하고, 계획을 끝까지 밀고 나갔다. 결국 그는 고통을 극복하고 배를 제 방향으로 나아가게 했다.

여기서 중요한 점은 보류했던 생각을 나중에 재고해야 한다는 것이다. 부정적인 생각은 반드시 다시 떠올려봐야 한다. 그렇지 않으면 운전을 하거나 요리를 하는 중에 갑자기 떠오를 수 있고 똑같은 과제를 하기 전에 떠올라 건설적인 사고를 방해할 수 있다. 탈의실, 개인물품 보관함, 사무실 등 어디에서든 방해가 되는 생각이 떠오른 이유와 다시 떠오를 때 극복할 방법을 찾는 것은 그런 생각을 미연에 방지하는 데 도움이 된다.

리셋의 힘

비트업 훈련

조나단은 팀과 함께 사용하는 FIT 리셋의 효과를 확인하기 위해 영국 육군 병사들을 대상으로 연구를 진행했다. 신병들은 첫 4주 동안 '비트업beat-up'이라고 불리는 강도 높은 체력 훈련에 참가했다. 이 훈련은 사격, 9미터 로프 클라임, 시간제한이 있는 장애물 코스, 수일간의 탐색과 생존 훈련으로 구성되어 있다.

이 과정을 수료한 신병들은 11주간의 영국 왕립해병대 특공대 코스에 도전할 수 있는데, 이는 유사한 활동으로 구성되어 있으며, 최종적으로는 8시간 이내에 25킬로그램의 짐을 지고 48킬로미터를 행군해야 한다. 이 과정은 전 세계적으로 가장 힘든 군사 훈련 프로그램 중 하나로 알려져 있다. 이 과정을 수료하면 군 안팎에서 다양한 진로를 모색할 수 있고, 세계적으로 우수성을 인정받는 녹색 베레모를 수여받는 등 지원자에게 주어지는 보상이 매우 특별하다. 신병은 누구나 자발적으로 이 과정을 이수할 수 있으며, 언제든 중도에 포기할 수 있다.

SLAPP 훈련을 받은 신병 제임스는 기억을 되돌아보며 이 기법을 적용했던 순간을 떠올렸다.

처음에는 심리학에 대해 회의적이었습니다. 훈련 프로그램은 신체적인 코스니까요. 달리기를 할 때 처음으로 SLAPP를 시도했던 기억이 납니다. 중간 지점까지 왔을 때 완전히 지쳐 있었어요. 동료들과 조교들이 한 번의 중심잡기 호흡으로 리셋을 하는 방법에 대해 말하기에 4초 동안 숨을 들이마시고 부드럽게 내쉬는 호흡으로 전환한 다음 4초 동안 내쉬었습니다. 호흡을 한 뒤 물을 한 모금 마시면서 제가 왜 이 자리에 있는지, 녹색 베레모를 받는 것이 제 삶과 가족에게 어떤 의미가 있을지 상상했습니다. 잠시 이 생각에 집중했죠.

5년 후의 제 모습을 상상하며 제가 어디에 있는지, 어떤 소리와 냄새가 나는지, 어떤 기분이 드는지 떠올렸습니다. 그런 다음 그만두고 싶다는 생각, 멈추고 싶다는 생각이 들게 하는 정강이의 작은 통증과 같은 원치 않는 생각은 보류하고 지금을 계획했습니다. 똑바로 서서 보폭에 집중했어요. 그날 저녁 저는 부정적인 생각을 되돌아보고 제게 특공대원이 되는 데 필요한 열정과 능력이 있다는 것을 스스로에게 설명했습니다.

FIT 훈련을 받은 병사들은 스스로를 채찍질하고 인지적 잡음을 관리하였으며, 결과적으로 지난 2년간 FIT 훈련을 받지 않은 병사들에 비해 훈련 성공률이 44퍼센트 증가했다. 하지만 리셋에는 부정적인 측면도 있기 때문에, 항상 전략적으로 사용하도록 안내하고 있다. 훈련을 중도에 포기한 병사들 중 일부는

SLAPP를 사용하다가 스스로를 지나치게 밀어붙였다고 한다. 자신의 신체 능력을 뛰어넘기 위해 무리하다가 부상을 입어 결과적으로는 앞으로 나아가는 데 방해가 된 경우도 있었다.

특공대원이 된 사람들은 코스를 시작할 무렵 하루에 약 10회 정도의 높은 빈도로 SLAPP를 사용한 것으로 보고되었다. 한 중대장의 말에 따르면 병사들이 어려운 과제를 수행할 때마다 "SLAPP"라고 큰 소리로 외쳤고 이는 '리셋, 재점검, 복습, 재시작'을 하기 위한 단서가 되었다고 한다. 그러나 교육이 끝날 무렵에는 SLAPP를 사용하는 횟수가 하루에 한 번 정도로 급격히 감소했는데, 이는 방해가 되는 생각이 그전만큼 떠오르지 않았거나 리셋이 필요하지 않았다는 사실을 보여준다.

마찬가지로 체중 감량, 비즈니스, 스포츠, 교육에 사용할 수 있는 멘탈 관리 도구인 SLAPP는 과제를 수행하다가 선택의 순간에 도달했을 때 생각을 관리할 수 있도록 도와준다. SLAPP는 주의를 집중시키는 빠른 리셋부터 목적, 의미, 행동을 세밀하게 상상하는 정교한 리셋까지 개인의 필요와 시간적 여유에 맞게 조정할 수 있다.

비즈니스에서

기업의 임원들도 회의 전이나 회의 중에 긴장을 관리하는 방법으로 SLAPP를 사용하여 효과를 보고 있다. 그들은 SLAPP

를 어디에나 적용할 수 있다는 사실을 깨닫고 운전 중이나 어려운 대화 도중 또는 골프 코스에서 경기가 계획대로 진행되지 않을 때에도 적용했다. 임원들은 어떤 상황에서든 SLAPP를 적용해 올바른 단서를 사용하고, 미래를 정교화하며, 부정적인 생각을 보류하여 합리적인 운전, 공감적 소통, 퍼팅 중 감정 조절 등 사전에 계획한 행동을 실천했다. 이러한 리셋 과정은 감정적인 반응과 비건설적인 행동 대신 논리적 사고와 능동적인 행동을 촉진했다.

기업에서 임원 비서로 근무하는 마리아는 이메일을 하루에 약 80건 정도 받는데, 그중에는 무례한 이메일도 더러 있다.

> 저는 비서이기 때문에 많은 이메일을 받아요. 이것도 제 일의 일부죠. 제가 답을 알고 있는 경우에는 바로 답장을 보냅니다. 하지만 다른 사람의 답변을 기다려야 하는 경우에는 보통 "알아보고 최대한 빨리 연락드리겠다"라는 이메일을 보내죠. 즉각적인 응답을 원하는 사람과 급할 것이 없는 사람 사이에 껴서 골치 아플 때가 많습니다. 말하자면, 일부 사람들이 응답 시간이 늦는다면 내는 짜증을 감수해야 합니다.

마리아는 '불쾌한 이메일'을 받았을 때 리셋을 했다. 그녀는 일단 멈춘 다음 중심을 잡는 호흡을 하고 탁자 위에 조용히 손을 올려놓고는 손에 주의를 집중해 단서를 찾았다. 해변에서 부드러운 하얀 비치타월 위에 누워 책을 읽는 자신의 모습을 떠올리며 긍정적인 심상화를 활성화했다. 또 부정적인 생각은 '이메일이 유발한 원치 않는 감정'이라는 표를 붙여놓고 보류했다. 그런다음 친절한 서비스를 제공하기로 재차 다짐하며 인내심을 갖고할 말을 계획하고 전문적인 태도로 응대했다.

전무이사와 부사장과 같은 임원들은 SLAPP를 하면서 자기인식과 자기 통제가 향상되었으며, 결과적으로 자신감과 성과의일관성이 향상되었다고 보고했다. 수백만 달러 규모의 조직을이끄는 한 전무이사는 "SLAPP를 하면서 저와 팀의 역할이 더욱 명확해졌고, 통제 가능한 변수들을 통제하게 되었어요"라고말했다. 심상화를 습관화하자 흥미로운 이점이 또 생겼다. 내담자들은 수면의 질이 개선되고 스트레스가 감소하며 개인적, 직업적 관계가 강화되었다고 보고했다.

학생들에게

우리는 시험을 앞둔 15세에서 18세 사이의 학생들을 상담했다. 구체적인 목표가 없는 청소년에게 심상화 훈련을 적용하기는 어렵기 때문에, 학생들의 목표와 가치관, 사고방식, 태도부터조사했다. 그 결과 자신의 진로 목표를 도달할 수 없는 목표라고인식한 학생들은 동기 부여 수준이 낮았다. 한 학생은 변호사가 되고 싶어 했지만 최근에 본 모의고사 성적이 낮게 나오자 꿈을 접었다. 우리는 '성급하게 그만두는' 학생들을 종종 본다. 그들은 시험에서 한두 차례 낮은 성적을 받고 동기를 상실해 집중력을 완전히 잃곤 했다. 시험을 망치고 부정적인 믿음을 갖게 된 학생들을 돕는 교사도 있었지만, 그렇지 않은 교사들도 많았다. 그래서 우리는 학생들을 상대로 FIT를 할 때, 모든 학생이 목표와 목표에 대한 명확한 의미, 목적의식을 가질 수 있도록 동기부터 탐구했다. 학생들은 일주일 동안 LAP를 한 후 SLAPP로 심상화 기술을 다듬었다. 단, 시험을 치르는 상황에 맞춰 마지막 P를 '계획 지속'에서 '수행'으로 수정했다.

우리는 학생들에게 시험 도중 SLAPP를 사용하여 리셋을 하는 방법을 가르쳐주었다. 방법은 다음과 같았다.

- **멈추고 호흡한다.** 공기가 몸으로 들어오고 나가는 것을 느껴본다.

- **단서를 찾는다.** 잠시 펜을 내려놓는다.

- **심상화를 활성화한다.** 비슷한 질문에 답했을 때를 떠올려본다. 어디에 있었는가? 소리나 촉감을 기억할 수 있는가? 무엇이 보이는가? 무슨 일이 일어났는지, 어떤 느낌을 받았었는지 재현해 본다. 기억나는 장면을 머릿속으로 그려보고 질문에 답

하기 위해 지금 할 수 있는 것을 상상해본다.

- **원하지 않는 생각은 보류한다.** 원하지 않는 생각은 시험이 끝난 후 다시 확인할 때까지 선반 위에 올려둔다.

- **수행한다.** 펜을 들고 시험을 시작한다.

우리는 학생들에게서 많은 것을 배웠다. 영어 모의고사에서 긴 에세이 문제를 풀기 위해 고군분투하던 애니는 기존의 SLAPP 를 개선하여 자신만의 버전을 개발했다. 문제를 읽으면 머릿속 이 하얘지고 심장 박동 수가 빨라지며 손바닥에 땀이 나기 시작 하고 순식간에 통제 불능 상태가 되었던 애니는 자신의 트리거 가 무엇인지 알아차렸다.

그녀는 자신의 발에 주의를 기울였다가 발을 바닥에 내려놓았 다. 허리를 꼿꼿이 세우고 의자에 앉는 것은 심상화를 촉진시키는 그녀의 단서였다. 그녀는 시험 내용을 배웠던 교실에 앉아 있는 자신의 모습을 상상했다. 벽에 걸려 있는 포스터와 문학 거장들의 명언 등 교실 내부를 머릿속에 그렸으며, 비슷한 문제에 답을 썼 을 때를 상상했다. 이 회상 과정을 통해 애니는 효과적으로 계획 을 세우고 스트레스나 두려움 같은 감정을 제거할 수 있었다.

시험도 결국 교실에서 보내는 하루일 뿐이었다. 애니는 원치 않는 생각은 당분간 접어두고 현재에 집중해야 한다는 사실을 스스로 상기했다. 그런 다음 어떻게 대답할지 적어보면서 답을 계획했다. 당신도 애니처럼 자신에게 적합한 방법을 다듬고 개발해 자신만의 프로세스를 만들 수 있다.

사실, 자신의 필요에 맞게 SLAPP를 수정한 것은 애니뿐만이 아니었다. 학생들은 저마다 SLAPP를 다르게 활용했다. 애니처럼 교실을 머릿속에서 재현하는 학생이 있었는가 하면, 침대에서 질문에 답하는 자신의 모습을 영화처럼 떠올리거나 시험을 친 뒤에 가족이나 친구들과 시험에 대해 이야기하는 모습을 상상하는 학생도 있었다. 대부분의 학생에게 심상화를 활성화하는 것은 몇 초 걸리지 않는 간단한 방법이었지만, 이를 통해 마음을 재정비하고, 부정적인 생각을 예방하고, 시험에 대한 불안감을 줄여 성적을 향상시켰다.

세 학교에서 참가한 122명 표본을 대상으로 연구를 실시한 결과, 심상화 훈련을 받은 학생들은 그렇지 않은 학생들보다 평균 성적이 0.4점 높았다.[1] 겉보기에는 작아 보이지만, 학생들에게는 큰 의미가 있는 점수 차이였다. C의 경계선에 있던 학생들이 이제 B를 받을 수 있게 된 것이다.

SLAPP는 LAP를 보충한 과정이다. 리셋의 이점을 누리려면 먼저 LAP를 매일 사용해야 한다. 보통 LAP을 가르친 후 최소 2주 후에 SLAPP 과정을 가르치는데, 그때쯤이면 심상화가 내담자의 일상적인 습관이 된다. LAP은 공식적인 방식으로 계획을 세우는 것이고, SLAPP는 자신만의 방식으로 계획을 세우고 자신에게 맞게 리셋 방법을 조정하는 것이다.

스포츠, 비즈니스, 군대 관련 데이터에 따르면 SLAPP를 사용하는 사람들은 회복탄력성과 근성이 향상되고 목표를 달성한 뒤에 새로운 목표를 세우는 것으로 나타났다. 하지만 SLAPP가 모든 상황에서 항상 최선의 선택인 것은 아니다.

투지, 인내심, 노력은 훌륭한 자질이지만 어두운 면도 있다. 지나친 회복력, 지나친 근성, 지나친 목표 집중은 해로울 수 있으므로 언제 그만둬야 하는지를 아는 것이 중요하다. 예를 들어, 장거리 달리기를 할 때 불편함이 파도처럼 왔다가 사라지는 것은 정상이지만, 통증이 지속될 때 통증에서 단서로 초점을 바꾸고, 심상화를 활성화하고, 생각을 보류한 다음 계속 달리는 것은 부상 직전이거나 이미 부상을 입은 경우에는 올바른 선택이 아니다. 이럴 때일수록 자신의 몸에 귀를 기울이고 한계를 인식해야 한다.

절박한 상황에서만 SLAPP를 사용해 생각을 리셋할 것을 권장한다. 울트라 마라톤 선수들을 대상으로 실시한 연구에 따르면, 처음 몇 시간까지는 리셋이 필요하지 않다가 결승점에 도달하기 직전 마지막 힘을 내야 할 때 SLAPP를 사용하여 큰 성공을 거둔 것으로 나타났다.

재정비의 시간

짜증, 스트레스, 불안, 좌절감으로 인해 균형이 깨졌다고 느꼈다면 숨을 돌릴 필요가 있다는 신호이다. 이는 그만둬야 한다는 신호일 수도 있는데, 그 차이를 이해하는 것이 중요하다. 나아갈 방향을 결정하기 위해 잠시 재정비하는 시간을 가져라. 재정비는 목표가 목적과 가치에 부합하는지 재평가하는 것을 의미한다. 목표가 자신의 정체성과 맞지 않는다고 판단되면 스스로 목표를 달성하는 노력을 그만둘 수 있다. 재조정을 하겠다는 결정은 선택의 순간에 내리는 것이 아니다. 재조정은 천천히 자신을 돌아보고 논리적으로 주장하는 지점인 목적 지점에서 하는 과정이다. 더 이상 어떤 일을 추구할 가치가 없다고 판단되어 그만두는 경우도 있다. 처음에는 전적으로 헌신했지만 시간이 지나면서 우선순위가 바뀌고 가치관과 목적의식 또한 바뀔 수 있다.

지나간 목표를 달성하려 애쓰다가 번아웃에 빠지지 않으려면 정기적으로 재정비하는 시간을 갖고 자신의 가치와 목적을 재평가하는 것이 좋다. 원래의 목표가 아직도 나와 관련이 있는 목표인지 확인하자. 목표를 검토하는 일정을 따로 계획할 필요는 없지만, 스스로 답해보기 전에 자신의 반응을 알고 있어야 한다. 끊임없는 불안, 지속되는 질병, 헌신과 의욕의 저하는 재정비를 위한 시간이 되었다는 신호일 수 있다. 이 시점에서는 자신의 가치와 목적, 목표의 의미를 되돌아보고 목표를 향해 얼마나 헌신하고 있는지 재확인해야 한다.

서른여섯 살의 린다는 주립학교의 수학과장이라는 지금의 위치에 오르기 위해 평생 노력해왔다. 그녀는 안정된 직업과 수입, 행복한 가족, 적극적인 직원들, 자신이 원했던 자율성을 누리고 있었다. 그녀는 열여섯 살에 자신의 목표를 이루기 위한 여정을 시작했다. 진로 상담사가 추천한 학과를 선택했고, 꿈을 실현하기 위해 열심히 노력했다. 대학에서는 자신이 선택한 길을 즐겼고 지금까지도 연락을 주고받는 평생의 친구들을 사귀었다. 그러나 꿈을 이루고 나자 더 이상 교직 생활을 계속하고 싶지 않았다.

하루아침에 내린 결정은 아니었습니다. 감정이 끓어오르는 데 시간이 좀 걸렸죠. 제 안의 무언가가 다른 나, 다른 삶을 사는 모습을 떠올렸습니다. 지금의 저는 십 대 시절의 저와 다르다는 생각이 들었습니다. 요즘은 평생 동안 한 가지 일만 하던 시절과는 다릅니다. 어머니는 금융업에 종사하셨어요. 금융업에서 커리어를 시작해서 금융업에서 은퇴하셨죠. 하지만 시대가 바뀌었습니다. 여러 직업을 가질 수 있고, 현재의 목표에 맞게 자기 자신을 재창조할 수 있죠.

그녀는 중요한 결정을 내려야 한다는 사실을 알고 있었다. 그녀는 포기 지점이라는 루비콘 강을 건넜을까? 그녀는 노련한 교사답게 칠판에 장단점을 적었다. 그런 다음 가족들에게 자신의 계획을 이야기하고 실행했다. 그녀는 새로운 분야의 경험을 쌓기 위해 강의 시간부터 줄여나갔다. 그녀의 새로운 목표는 운동 강사가 되는 것이었다. 그녀는 친구 데비를 따라 1년 뒤에 강사 자격증을 취득했고, 2년이 지난 지금은 운동 강사로 일하고 있다.

옳은 결정이었습니다. 논리적으로 생각하고 장단점을 파악하고 나서 내린 결정이었어요. 상황이 더 좋아지는 경우는 드물다는 사실을 알고 있었기 때문에 자영업에 뛰어들기 전에 다른 사람 밑에서 일을 해보는 계획을 세웠습니다. 브랜드와 웹사이트를 만들고, 활동할 지역을 찾고, 채용을 하는 과정에서 정말 많은 것을 배우고 있습니다. 사람의 건강에 대해 관심이 많은 저에게 이것은 그만한 가치가 있는 일입니다. 제가 열정을 가지고 있는 분야이기도 하고요. 누군가 그만 멈추고 방향을 바꿔야겠다는 감정을 느꼈다면 현재 자신과 미래에 되고 싶은 모습을 위해 올바른 결정을 하라고 말씀드리고 싶네요.

이제 선택의 순간을 탐색해봤고 혼자서 리셋도 해봤으니, 이 기술들을 사용해 다른 사람들과 협업하고 공동의 목표를 달성하는 방법을 알아보자.

우리는 두 명 이상이 함께 상상하고, 목표를 달성하기 위해 함께 노력하며, LAP와 SLAPP를 사용하면, 의미 있고 목적에 부합하는 변화를 일으킬 수 있다는 사실을 알고 있다. 따라서 개인뿐만 아니라 집단에도 적용할 수 있는 심상화 훈련과 심상화를 통해 구현할 수 있는 모든 것을 담은 모델을 개발했다.

앞서 우리는 마음의 소리에 집중했다. 이제 마음 밖의 소리, 당신의 팀과 공동체의 목소리에 집중할 때다. 이제 당신의 세계를 넘어 세상에 미치는 당신의 영향력을 확장할 차례다.

PART 3

함께 상상하고,
함께 이루다

Chapter 7

최고의 팀은
무엇을 하는가

서로를 신뢰하고
우리를 위해 나를 내려놓을 때
좋은 팀은 위대한 팀이 된다.

필 잭슨

디지털 시대에 접어들면서 우리는 그 어느 때보다 연결된 세상에 살고 있지만, 그 어느 때보다 단절된 상태로 살고 있다. 현대 사회에서 서로 간의 연결을 강화하는 일은 반드시 필요한 일일 뿐만 아니라 우리가 직면하고 있는 전 지구적인 과제를 해결하기 위해서라도 시급한 일이다. FIT는 개인의 성과 외에도 집단 내 유대감이나 협업, 혁신을 촉진하는 데 사용할 수 있다.

집단 심상화를 하려는 그룹은 공동의 목표를 위해 노력할 때 팀을 특별하게 만드는 요소가 무엇인지 정의하고, 계획과 의도를 실행에 옮길 수 있는 심상화 프로세스를 개발하면서 이 정의를 다듬어나가야 한다. 또한 개인의 심상화 여정과 마찬가지로, 팀의 심상화 역시 마음의 기본 설정인 '현상 유지'를 뛰어넘어야한다. 그렇게 하기 위해서는 기존의 업무 방식에서 벗어나 공동의 목표와 가치, 목적을 확립하고, 그것이 조직 문화 내 개인의 활동에 어떤 영향을 미치는지 조사해야 한다.

FIT는 원래 한 명의 전문가와 한 명의 고객을 위해 설계된 것이다. 개인 고객과 함께 일하는 코치나 치료사라면, 한 명의 고객과 작업하는 것과 그룹 작업이 얼마나 다른지 잘 알고 있을 것이다. 처음 FIT를 팀에 적용할 때, 조나단은 일반적인 학술 연구처럼 대학생이나 대학원생을 상대로 하지 않았다. 그는 연패를 거듭하고 있는 영국 축구팀과 데이터를 중시하는 완강한 성격의 브라이언 코치와 함께 작업했다.

7연패를 하던 팀의 변화

조나단이 브라이언의 전화를 받았을 때, 브라이언의 팀은 7연패를 한 상황이었다. 팀의 사기는 바닥을 치고 있었고 브라이언은 선수들이 패배에 대한 정신적 장벽을 넘고 연패의 늪에서 헤어날 수 있도록 모든 전술을 동원했다. 문제의 뿌리는 정신적 영역과 정서적 영역에 있는 것 같았다. 팀은 뛰어난 기술과 전술을 보유하고 있었고 이길 수 있는 기량도 갖추고 있었지만 서로 조화를 이루지 못했다.

조나단은 브라이언을 한 커피숍에서 만나기로 했다. 올드한 분위기에 토스트 굽는 냄새와 진한 커피 향이 나는 곳이었다. 조나단은 그날 아침 구글에서 검색한 브라이언을 한참 찾다가 마침내 카페 뒤쪽 구석에 앉아 있는 그를 발견했다. 폴로셔츠와 청바지 차림의 브라이언은 위장한 특수 요원처럼 얼굴을 가리기 위해 모자를 눌러 쓰고 있었다. 대화가 시작되었을 때 브라이언은 직설적으로 말했다. 그의 메시지는 명확하고 간결했다.

"성과가 없으면 아무것도 드릴 수 없습니다. 시즌이 끝나기 전에 이 리그에서 승격하게 도와주시면, 그에 상응하는 보상을 하겠습니다."

논문의 압박감에 짓눌려 사는 보통의 젊은 대학원생이라면, "고맙지만 사양하겠습니다"라고 했을 것이다. 하지만 조나단은 도전을 좋아하는 사람이었다.

조나단은 커피를 한 모금 마신 뒤 잠시 뜸을 들이며 마음을 진정시켰다. "네, 좋습니다. 논문 한 장 정도 쓸 재료는 되겠네요. 언제 시작할 수 있을까요?"

조나단은 다음 날 바로 작업에 착수했다.

그 시즌에 조나단은 브라이언의 팀을 위해 특별히 19개의 세션을 만들었다. 그는 팀의 가치와 비전, 스트레스와 각성을 관리하는 데 집중했고 팀원들이 각자의 정체성을 확립하고 소속감을 키우는 것을 도왔다. 세션들은 선수들의 의사소통을 개선하고 선수들이 자랑스러워할 만한 유산을 구축하기 위한 광범위한 프로그램의 한 부분이었다. 그는 선수들에게 개별적으로 또는 네 명 이하의 작은 그룹 단위로 심상화를 교육하고 선수들 간 소통을 촉진하고 어려운 시기에 노력을 강화시키는 공동 단서를 개발하기 위해 총 82시간을 추가로 작업했다.

브라이언의 팀은 약 두 시간 동안 지속되었던 첫 번째 팀 세션을 마치고 나서 14연승을 거두었고 기존 리그에서 3위를 기록했다. 결국 팀은 승격되었고 조나단은 축구 클럽의 연구 책임자가 되었다.

조나단은 팀의 성공을 자신의 공이라고 생각하지 않았다. 그는 팀을 선발한 것도 아니었고, 경기 계획을 세운 것도 아니었으며, 경기장에는 들어간 적도 없다. 선수와 코치들은 최선을 다했고, 브라이언은 리더로서 역할과 소통, 전술, 팀워크를 재구상하는 새로운 방법을 열린 마음으로 받아들였다.

브라이언의 팀은 팀 문화를 바꿨다. 불편을 감수하고 승리의 태도를 만들었으며, 기존의 신념에 이의를 제기했고, 배운 것을 행동으로 옮겼다. 장애물에 직면하면 그들은 상대 팀이 어떻게 나올지, 어떻게 팀의 강점을 활용하여 경기 계획을 세울지, 그리고 압박을 받는 상황에서 어떻게 전열을 가다듬고 리셋을 할지 상상하며 함께 해결책을 찾았다. 그들은 자신들에게 권한이 부여되었으며, 서로가 연결되어 있다는 느낌을 받았다. 심상화를 통해 공동의 목표를 가지고 함께 노력하는 것이 팀의 경쟁 우위가 된 것이다.

팀을 위한 다섯 프로세스

우리는 브라이언의 축구팀과 작업한 이후 다른 스포츠 팀과 군인, 학생, 교사, 기업에도 FIT를 적용했다. 항해가 늘 순조로운 것은 아니었다. 개인 고객과 FIT를 할 때는 고객과 관계를 구축하는 것이 어렵지 않았다. 고객과 마주 보고 앉아 가치관, 사고방식, 태도에 대해 충분히 대화를 나눈 다음, 심상화 훈련의 전제조건인 특정 개인의 목표에 집중하게 했다. 하지만 5명 또는 100명 이상의 고객과 동시에 작업을 하게 되면 이 과정이 어려워진다. 일대일로 상담할 시간이 줄어 시간적 제약이 생기고 참가자 개개인의 성격과 심상화 능력이 다르고 심상화 기술을 다듬는 데에도 각기 다른 수준의 노력을 기울인다. 그래서 팀 FIT와 개인 FIT의 기본 구조는 동일하지만, 리셋에 도달하는 과정과 선택의

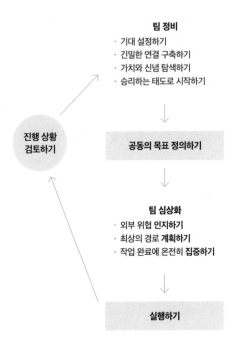

순간을 극복하는 과정은 다르다.

우리는 핵심 가치를 조정하고 이를 바탕으로 구체적인 목표를 세우는 개인 FIT의 접근 방식을 팀에 맞게 바꾸고 여기에 동기 부여를 위한 응용 심상화AIM, Applied Imagery for Motivation라는 이름을 붙였다.[1]

LAP와 SLAPP는 목표 달성에 방해가 되는 생각을 도움이 되는 생각으로 바꾸는 개인을 위한 기법이지만, AIM의 일반적인 목표는 작업을 시작하기에 앞서 선택의 순간에 옳은 선택을 하는 것이다. 이 목표를 달성하기 위해 우리는 팀 심상화를 통해 세부적인 계획을 세운다.

우리는 팀에 AIM을 사용했을 때 개인에게 FIT를 사용했을 때와 동일한 수준의 성공을 거두었다. 동기 부여 면담을 단독으로 사용할 때와 비교하면, AIM이 성과를 내거나 꾸준한 운동 등 건강을 위한 지속적인 행동 변화를 촉진하는 데 4~5배 더 효과적인 것으로 나타났다.[2] AIM은 우리 고유의 방법으로, 군대에서 교육에 이르기까지 다양한 분야의 팀과 작업하기 위해 기존의 접근방식을 개선한 것이다. AIM을 어떻게 적용하든 그 기본 원칙과 프로세스는 동일하다. 핵심은 언제나 공동의 목표이고 심상화는 동기 부여와 헌신을 불러일으키는 수단이다. AIM은 팀 정비, 공동의 목표 정의하기, 팀 심상화, 실행하기, 진행상황 검토하기 등의 다섯 단계로 구성된다.

위 도표는 이 다섯 단계를 나타낸다. 일반적으로 전체 주기를 완료하고 나면, 사람이 바뀌거나 목표가 바뀌어 주기를 다시 수행하게 된다. 이 주기는 팀이 초기 목표를 달성할 수 없다는 사실을 인식하고 공동 목표를 재정의하거나 목표를 달성하는 두 가지 결과 중 하나에 도달할 때까지 반복된다.

팀 정비

우리는 공동의 목표를 세우는 것을 결코 서두르지 않는다. 그 전에 먼저 공동의 목표를 달성하기 위한 강력한 토대를 마련하고 동기를 탐색해야 한다. 이 단계를 팀 정비라고 한다. 팀 정비는 강도 높은 과정이지만 규모가 크고 장기적인 목표를 추구하는 조직일수록 이 과정을 건너뛰면 기초 공사 단계도 없이 초고층 빌딩을 짓는 셈이 된다.

공동의 목표를 세우는 작업을 하기 전에 우리는 팀원들과 함께 네 가지 기본 요소에 관한 워크숍을 각각 네 차례 진행한다.

1. 기대 설정하기

인간은 자신을 둘러싼 세상을 이해하고 어울리려고 노력하는 사회적 동물이다. 명확한 기대는 집단의 주요 구성 요소인 사회적 규범을 형성하고, 사회적 규범은 안전감을 준다. 조가 수학했던 뉴욕대학교 사회복지학 교수들은 첫날부터 학생들에게 집단과 함께 작업을 할 때는 규칙을 먼저 전달하라고 가르친다. 규칙은 향후 발생할 일을 위해 무대를 설치하는 것과 같다. 다음은 어느 집단이나 적용할 수 있는 5가지 기본 규칙의 예이다.

- 정시에 시작한다.

- 집단 내에서 나온 말을 외부로 발설하지 않는다.
- 한 번에 한 사람만 발언한다.
- 서로 다른 의견을 존중한다.
- 책임을 분담하여 그룹이 잘 운영될 수 있도록 한다.

결혼이든 새로운 벤처 비즈니스이든 시작할 때는 명확한 기대치를 설정하지 않으면 의사소통과 갈등으로 어려움을 겪기 쉽다. 팀원들과 같은 회의에 참석하면서 팀원들보다 높은 혹은 낮은 기대치를 가지고 있다면 좌절감을 느끼게 된다. 절대로 모든 사람이 나와 같은 생각을 하고 있을 것이라고 가정하지 말라.

다른 사람들에게 당신이 어떻게 보여지느냐가 다른 사람들이 당신에게 기대하는 바를 결정한다는 사실을 인식하라. 사소한 것도 중요하다. 당신이 입는 옷에서부터 당신이 하는 농담까지 당신이 하는 모든 것이 당신에 대한 기대를 형성한다. 첫인상에는 특별히 신경을 써라. 첫인상이 오래가는 이유는 이미지 저장소에 가장 먼저 저장되기 때문이다. 회의가 어떻게 진행될지 예측하는 밑바탕이 첫인상인 셈이다.

2. 긴밀한 연결 구축하기

팀 빌딩에 참여해본 적이 있는가? 사회자의 주도 하에 아이스 브레이킹을 하고 소그룹으로 나누어 자신이 속한 그룹과 유대감을 형성하는 활동을 해본 적이 있는가? 처음 FIT 모델을 그룹에 적용할 때, 우리는 가치 관련 과제, 팀 빌딩 연습, 관계를 형성하는 게임을 진행하는 사회자 역할을 했다. 하지만 이 전략은 원래의 FIT 모델을 바탕으로 개인과 의미 있는 대화를 할 때만큼 효과적이지는 않았다. 특히 회사나 학교에서 실시한 팀 빌딩에서는 전혀 친밀감을 형성하지 못했다.

우리는 특정 물건을 들고 가상의 강을 건너고, 스파게티 면으로 쌓은 탑에 마시멜로를 얹고, 팀이 함께 눈을 가린 채 미로를 통과하는 활동 등을 했다. 이러한 활동들은 과제를 수행할 당시 팀원 간 소통을 향상시켰지만, 친밀감을 높이지는 못했다. 흔히 얕은 관계라고 하는 정도의 관계를 형성하는 데 그쳤다.

이후 우리는 얕은 관계를 의미 있는 관계로 만든다는 목표를 가지고 참가자들이 짝을 지어 수행해야 하는 활동으로 넘어갔다. 우리는 짝을 지은 참가자들에게 공통점(예를 들어, 개를 키운다)에 관해 이야기를 나누라고 요청했는데, 이상하게도 이 과제를 함께 수행한 사람들이 서로의 신념을 공유할 가능성은 낮았다. 공동 심상화 프로세스는 의미 있는 관계가 이미 형성되어 있는 경우에만 효과적이었다. 그래서 우리는 접근 방식을 전환했다.

작가이자 스포츠 및 비즈니스 조직의 성과 컨설턴트인 대니얼 코일은 의미 있는 관계를 구축하는 과정을 '취약성 고리vulnerability loop'라고 명명했다. 관계를 구축하고자 하는 사람(진행자 포함)

은 자신의 취약점을 어느 정도 드러내는 정보를 공유해야 한다는 것이다. 취약점을 드러내면 솔직해지고, 솔직함은 깊은 관계를 구축하게 해준다.

최악의 고등학교에서

조는 마이애미의 센트럴 고등학교에서 강연을 하면서 집단 내 신뢰를 형성하는 취약성의 힘을 새롭게 이해하게 되었다. 원래 일회성 행사일 것으로 예상했던 강연은 4년에 걸쳐 이어졌다.

2008년 센트럴 고등학교는 마이애미 최악의 고등학교로 플로리다 주정부로부터 지속적으로 낙제점을 받아 문을 닫을 위기에 처해 있었다. 학생들은 소외된 기분을 느꼈고 프로 풋볼 선수가 되는 것만이 가난에서 벗어날 수 있는 유일한 길이라고 믿었다.

조는 학교에 도착하자마자 긴장했다. 섬뜩한 철조망 울타리가 쳐진 학교는 고등학교보다는 교도소에 가까워 보였다. 위험에 처한 청소년에게 상담과 기타 서비스를 제공하는 비영리 단체 스위치보드Switchboard에서 자원 봉사자로 일하다가 요청을 받아 방문한 학교였다. 그녀는 성소수자 학생들을 위한 연사로 초청되었다. 스위치보드 프로젝트의 코디네이터인 조디 뎀시가 경비실에 마중 나와 그녀를 파란색 공업용 페인트가 칠해진 황량한 복도로 안내했다. 종이 울리자 학생들은 소리를 지르며 복도로 쏟아져 나왔고, 경비원들은 학생들에게 조용히 하라고 소리쳤다.

조가 다녔던 가톨릭계 사립학교와는 전혀 다른 풍경이었다. 그녀는 자신이 동성애자라는 사실을 제외하고는 학생들과 공통점이 없으며, 그것만으로는 인종과 계급이라는 벽을 넘어설 수 없을 것이라고 생각했다.

소란스러운 복도를 벗어나고 싶었던 조는 교실에 도착하자 마침내 안도감을 느꼈다. 하지만 교실 문을 열자마자 안도감은 사라졌다. 교실은 학생들이 개인적인 이야기를 나누며 친밀감을 쌓기에는 춥고 어둡고 너무 컸다. 교실에서는 곰팡이 냄새가 났고 수년간 수리한 적 없는 천장은 언제 무너져도 이상할 게 없어 보였다.

조디가 출석 체크 용지를 나눠주는 동안 조는 호흡에 정신을 집중하면서 차로 달려가고 싶은 욕구를 억눌렀다. 조디는 조를 새로운 리더로 소개했다. 조는 가슴이 덜컥 내려앉았다. 조디에게 아이들과 작업을 하는 것을 고려해보겠다고 했지만, 사실 헌신할 자신은 없었다. 강연만 할 줄 알았지 실제로 워크숍을 진행할 줄은 몰랐던 조는 두려움에 휩싸였다.

조는 억지로 입을 열었다. 그녀는 자신이 동성애자이며, 파트너와 두 아들과 함께 살고 있다고 말했다. 스스로 동성애자임을 밝히고 그 사실을 친구와 가족들에게 털어놓는 데 어려움을 겪었다고도 했다. 조가 학생들 앞에서 자신을 솔직하게 드러내자, 학생들은 그녀의 말을 경청하고 공감했다. 조디가 학생들에게 질문이 있는지 물었다. 뒷줄에 앉아 있던 여학생이 첫 번째 질문을 던졌다.

"스트레이트 게이straight gay인가요? 아니면 바이 레지bi-lezzy인가요?"

조는 그 말이 무슨 뜻인지 전혀 알 수 없었다. "스트레이트 게이는 100퍼센트 순수한 동성애자를 말하고, 바이 레지는 양성애자를 말해요." 학생이 설명했다.

"모르겠습니다. 혈액 검사는 해보지 않았거든요." 조의 대답에 학생들이 웃음을 터뜨렸다. 조는 즉시 긴장이 풀렸다. 그녀는 학생의 질문을 계기로 사람들이 꼬리표를 붙이고 싶어 하는 이유에 관해 이야기했다. 이후 몇 주 동안, 조는 계속해서 센트럴 고등학교를 방문해 자신에게 영감을 주는 회복력이 강한 학생들과 이야기를 나눴다. 아이들은 함께 고정관념을 깨고 자신감을 키웠다.

일관성과 구조는 깊은 관계와 신뢰를 구축하기 위한 필수 요소이다. 초반에 조는 공을 잡은 학생만 말할 수 있다는 기대를 설정했다. 비치 볼을 들고 캠퍼스를 돌아다니는 조의 모습을 본 경비원과 교사들은 그녀가 체육교사일 것이라고 생각했다. 조는 별다른 해명을 하지 않았다. 그렇게 하는 편이 그녀와 학생들에게 더 안전했다. 상담은 익명으로 진행되었지만 모임이 있는 교실을 오가는 도중에 구타를 당한 학생도 있었다.

모임의 규모는 2년 만에 20명에서 50명 선으로 두 배 이상 증가했다. 명칭은 성 소수자 모임Sexual Minority Group에서 강한 십 대들Strong Teens(학생들이 선택한 이름)로 변경되었다. 이곳은 학생들에게 안전한 보살핌의 공간이었다.

에스트렐라는 매우 소극적이고 말이 없는 학생이었다. 선글라스와 야구 모자를 거꾸로 쓰고 다니는 그녀는 일주일 동안 문 쪽을 보고 다른 학생들과 떨어져 앉았다. 조는 언젠가 그녀가 자신의 이야기를 하리라 믿으며 침묵하도록 내버려 두었다. 그리고 그녀가 입을 열었을 때, 교실은 울음바다가 되었다. 그녀는 점차 익살스러운 유머 감각을 드러내며 모임 전체에 활기를 불어넣었다. 그녀가 취약점을 드러내자 다른 학생들도 자신의 취약점을 드러냈다. 활동은 다양하지만, 활동 대상이 고등학생이든, 군인이든, 스포츠 팀이든, 회사원이든 최종 목표는 동일하다. 깊은 유대감을 형성하는 것이다. 취약성은 어떤 상황에서나 깊은 유대감을 형성한다.

취약성의 힘

조의 경우 학생들과 깊은 유대감을 형성하기까지 수개월이 걸렸다. 군대나 스포츠 팀, 회사 조직과 작업을 할 때는 시간적 여유가 없다. 이러한 그룹에서는 가장 좋아하는 노래를 말하고 사람들 앞에서 그 곡의 한 소절을 불러달라고 요청한다(한 소절 이상을 열정적으로 부르는 사람도 있다). 물론 처음에는 자신이 좋아하는 노래를 떠올리지 못하는 사람도 있었지만, 끝날 무렵에는 누구든지 한 곡 정도는 떠올릴 수 있었다. 좋아하는 노래를 한 소절 부르는 것은 가장 개인적인 경험이나 충격적인 경험을 묘사하는 것과는 다르지만, 모두 취약해지는 경험에 해당한다. 중요한 것은 취약성이다.

취약성 과제는 깊은 관계를 형성하며, 깊은 관계를 형성한 사람들은 서로에게 도움을 요청할 가능성이 크다. 군대에서 노래 활동을 수행했을 때 훈련 담당자들이 보고한 바로는 어려운 임무에 대해 소통하지 않던 장병들이 동료들에게 전보다 질문을 많이 한다고 했다. 장병들은 어둠 속에서 길을 찾고, 무거운 장비를 든 채로 수영하고, 강도 높은 운동을 한 뒤에 회복하며, 스트레스를 관리하는 등의 어려운 임무를 수행할 때 도움을 요청하기 시작했다. 이러한 대화는 취약성 고리(상대방이 나누면 나도 나눈다)를 강화하며 소통을 증진시키고 성과 달성을 촉진한다.

취약성은 열린 마음으로 솔직하게 대화하며 자기 자신을 드러낼 때 느끼는 감정이며, 안전지대 밖에 있는 자신에 대한 뭔가를 주변 사람들과 나눌 때 촉진된다. 지원한 직책에 떨어진 것 등 의미 있는 목표를 달성하지 못한 경험도 그 뭔가가 될 수 있다. 초기 단계는 일반적인 대화를 나누는 단계이며, 구성원들이 현실적이면서도 높은 목표를 공유하고, 장애물과 어려움에 대해 논의하며 우정을 쌓을만큼 안전하다고 느끼는 분위기를 조성하는 것이 중요하다. 안전한 환경은 회복력이 강하고 높은 성과를 창출하는 문화를 구축하는 토대가 되어준다.

3. 가치와 신념 탐색하기

그룹 내 유대감을 형성하고 기대를 설정하는 기초 작업을 마친 후에는 가치와 신념을 탐구하고 이에 이의를 제기할 수 있다. 우리는 5~10명으로 구성된 각 그룹에 이 책의 2장에 나오는 83개의 가치 목록을 나눠준다. 각 그룹은 모든 가치를 선호도에 따라 매우 중요, 다소 중요, 중요하지 않음 등 세 개의 열로 분류한다.

이 작업을 그룹으로 진행하는 경우 각각의 가치를 어느 열에 넣을 것인지 결정될 때까지 그룹 전체가 각 가치의 중요성에 대해 토론한다. 각 구성원은 토론을 통해 자신이 노력하는 가치에 대해 어떤 신념을 가지고 있는지 깨닫게 된다. 어떤 가치를 중요하게 생각한다면 그 가치를 위해 싸울 것이고, 그렇지 않다면 싸우지 않을 것이다. 83개의 가치를 모두 분류하고 나면, 상위 가치 10개와 하위 가치 10개를 뽑아 다른 그룹과 공유한다.

한 번은 47명의 기업 임원들에게 5명씩 10개의 그룹으로 나누어 가치 과제를 수행하라고 했다. 그런 다음 각 그룹의 상위 가치 10개를 공개해달라고 했다. 가족이나 건강 등의 가치는 어느 그룹이나 상위 가치로 꼽았지만, 우리가 관심을 둔 가치는 팀이 함께 실천할 수 있는 가치였다. 예를 들어 건강을 상위 가치로 꼽은 그룹에게는 팀으로 일할 때 영양가 있는 점심을 먹거나 퇴근 전 운동을 하는 등의 건강한 생활 방식을 어떻게 유지하는지 질문했다. 그룹 내에서 가치를 행동으로 옮기는 것의 중요성과 그룹의 명시된 가치에 따라 행동하지 않을 때의 결과에 대해 논의하면서 일상에서 가치를 실천하지 않을 때 어떤 갈등이 발생할지 파악할 수 있다.

이러한 불일치를 인식한 그룹의 구성원들은 가치와 일치하는 행동을 하기 위해 서로를 지원할 방법을 찾기 시작한다. 그룹은 가치와 행동 사이의 간극을 찾아내고 함께 변화할 수 있는 부분을 논의하면서 유대감을 형성한다. 이 시점에서 팀원들은 가치와 행동의 일치를 장려하는 인센티브를 개발한다.

조직 내 하위 그룹(마케팅, 운영, 영업 등)과 함께 가치 과제를 수행할 때는 공통 가치(하위 그룹 사이에서 공유되는 가치)와 고유 가치(하위 그룹 내 구성원들이 공유하는 특정한 가치) 등 두 가지 영역에 중점을 준다. 먼저 공통 가치와 고유 가치를 인식하게 한 다음, 그 가치를 행동과 통합하는 데 집중하여 조직 전체의 고유한 성격(직원들이 가치를 행동으로 옮기는 방식)을 형성할 수 있게 돕는다. 하위 그룹의 구성원들 간에 유사점을 파악하는 것이 첫 번째 단계이며, 고유한 성격, 다시 말해 구성원들의 특별한 점을 파악하는 것이 두 번째 단계이다. 팀 세션이 모두 끝나면 모든 하위 그룹의 가치를 하나의 목록으로 작성한다. 글자의 크기가 클수록 많은 하위 그룹에서 중요하게 생각하는 단어이다.

위의 사례에서 건강은 팀의 공통 가치이며 조직 전체를 연결한다. 작은 글씨로 표현된 균형과 모험이라는 고유 가치는 특정 팀원들이 서로 어떻게 특별하게 연결되어 있는지 보여준다.

각 팀마다 고유한 개성이 있고, 매일 가치를 실천하는 방식이 다르다는 점이 중요하다. 각 팀의 고유한 개성은 구성원 개개인의 것이지만, 회사의 사명에 부합하는 조직적 가치에 반영되어야 한다.

기업의 사명은 대부분 서비스나 제품의 판매로 동일하지만, 미묘한 차이가 있을 수 있다. 레스토랑 체인인 스위트그린Sweet-green은 모든 지점에 직원과 고객이 볼 수 있도록 핵심 가치를 게시한다. 게시판에는 "윈윈윈. 우리는 고객도 승리하고, 지역사회도 승리하고, 회사도 승리하는 솔루션을 만들고, 지속 가능한 방식으로 사고하며, 보다 더 오래 지속되는 결정을 내리고, 진실된 행동을 하며, 진정한 음식을 만듭니다"라는 문구가 적혀 있다. 스위트그린은 이러한 가치들을 제공하는 음식과 매장 분위기에 반영하고 있다.

조직 내 개인과 팀은 조직 문화와 연결되는 동시에 조직의 고유한 개성을 찾으려고 노력한다. 가치는 개인이 현실을 인식하고 미래를 상상하는 방식에 영향을 미치며, 행동 방식에 영향을 준다. 따라서 가치는 믿음을 형성한다. 가치와 믿음은 토대를 형성하므로 비즈니스에 참여하는 사람은 이미 그 회사의 문화를 인지하고 있다. 예를 들어 회사가 지속 가능성을 추구하는 모습을 보이지 않는다면, 믿음(상상한 기대치)과 현실(첫날에 벌어지는 일) 사이에 불일치가 발생하게 된다.

기업 내 대부분의 팀은 가치에 기반한 고유한 개성을 발전시키고 이를 조직의 사명 및 목표와 일치시켜야 한다는 사실을 알고 있다. 어려운 부분은 매년 가치 과제를 수행하는 데 시간을 할애해야 한다는 것이다. 팀원이나 목표가 바뀔 수도 있고 추구해오던 가치가 시대에 뒤처지는 가치가 될 수도 있다. 진화하는 가치에 유연하고 개방적인 태도를 유지하며, 현재의 가치에 지속적으로 시간을 투자하는 것이 좋은 회사를 만드는 일이다.

미국 전역의 초중고 학교를 위한 혁신적인 지출 관리 플랫폼인 클래스월렛ClassWallet의 CEO 제이미 로젠버그도 우리의 고객이다. 클래스월렛의 사명은 지속 가능성을 촉진하기 위한 혁신적인 기술과 종이 없는 솔루션을 개발하는 것이다. 이들의 고유 가치는 감사이다. 4장에서 설명했듯이, 클래스월렛은 감사를 표현하는 것을 회사 고유의 개성으로 발전시키기 위해 모든 직원에게 매주 한 가지 승리한 일(일반적으로 개인이 어려움을 극복한 경험)과 한 가지 감사한 일에 대해 이야기하는 감사 회의를 열기를 원하는지 물었고, 직원들은 그렇다고 대답했다.

매주 금요일에 진행되는 주간 감사 회의는 회사 설립 초기부터 사내 문화의 핵심으로 자리 잡았다. 클래스윌렛의 주간 감사 회의는 조직의 가치와 팀의 가치가 일치하는 사례이며, 회사가 감사를 표현하는 데 관심을 갖는 이유와 실천 방법에 대해 기대와 믿음이 형성된 사례이다. 이렇듯 개인과 팀과 비즈니스의 가치가 결합되면 조직 문화가 형성되고, 기대와 신념은 행동으로 이어진다.

4. 승리하는 태도로 시작하기

팀원들과 함께 있을 때 모든 일이 잘 풀리고 진정으로 자신의 가치를 인정받고 있다고 느낀 적이 있는가? 어렸을 때 소속되었던 스포츠 팀이나 어려운 문제를 해결하기 위해 몸담았던 조직, 휴가 때 가족들과 게임을 할 때 그런 기분을 느꼈을지도 모른다. 그 팀에 있을 때 기분이 어땠는지 생각해보라. 팀 문화는 어떠했는가? 아마 팀원들과 테이블에 둘러앉아 가치를 찾는 과제를 하거나 역할을 뚜렷하게 논의한 적은 없었을 것이다. 서로를 그냥 이해하고 퍼즐처럼 합이 잘 맞았을 것이다. 또 목표와 서로에 대한 태도(긍정성과 에너지)는 어땠는지 생각해보자. 긍정적인 태도는 개인이나 팀에게 동기를 부여하므로 매우 중요하다.

이번에는 팀원으로 있는 것이 즐겁지 않고, 일이 잘 풀리지 않았으며, 구성원(또는 구성원들)의 태도가 노골적으로 나빴던 팀을 떠올려보자. 그 팀원은 기분이 좋지 않아 작업에 참여하고 싶지 않았거나 모든 솔루션에서 항상 문제점을 발견했을지도 모른다. 그 구성원의 태도는 팀과 당신에게 어떤 영향을 미쳤는가? 업무는 어떻게 진행되었는가? 다시 말하지만, 태도는 전염될 수 있으며 좋든 나쁘든 동기 부여와 성과에 영향을 미칠 수 있다.

누구나 인생에서 계획대로 일이 진행되지 않는 때가 있다. 전망이 부정적이거나 기분이 처질 때도 있다. 누구에게나 그런 시기가 있고 (가끔은) 그런 태도가 수긍이 갈 때도 있다. 따라서 이런 때에 대비하려면 누구나 이해할 수 있는 보편적인 언어를 개발해야 한다.

보편적 언어는 언어적 또는 비언어적일 수 있으며, 어려운 과제에 대한 현재 자신의 태도를 전달할 수 있는 방법이다. 태도를 나타내는 단어, 기분을 설명하는 무드 차트, 긍정이나 부정을 암시하는 몸짓 등도 보편적 언어가 될 수 있다. 보편적인 언어는 팀의 태도가 나빠지는 것을 막고, 팀 내 이해와 유대감을 높이며, 팀원들이 동기를 찾을 수 있도록 지원한다.

스포츠 팀은 경기에서 지기 시작할 때 태도가 바뀌는 경우가 많아 코치가 선수들에게 "긴장 풀고 위치 바꿔", "감정 조절하고 경기장, 필드, 코트에서 자기 위치 점검해" 등의 보편적 언어를 사용한다. 사람들은 기분이 가라앉았다는 뜻으로 색을 사용해 자신의 마음 상태를 설명하기도 한다(I'm feeling blue). 체중 감량을 원하는 내담자는 무드 차트나 이모티콘을 사용하기도 한다. 어려운 과제를 앞두고 팀원들과 태도에 대해 간단히 논의하는 것도 집단적 기대를 설정하는 방법이다.

우리는 고등학교 3학년 리더십 팀에게 회의 등의 과제에 임하는 태도를 1점(최악의 태도)에서 10점(최고의 태도)으로 평가하라고 했다. 그런 다음 과제가 끝나면 과제 수행에 들인 노력을 1점(전혀 노력하지 않음)에서 10점(최선을 다함)까지 점수로 매겨보라고 했다. 연구팀은 태도에 집중하는 단순한 행위가 참가자들을 낙관적으로 과제에 임하게 하고, 태도 점수 역시 높게 평가하게 한다는 사실을 발견했다. 과제 수행에 들인 노력도 더 높았다. 태도 과제의 가치를 알게 된 리더십 팀은 '태도는 중요하다'라는 프로그램을 개발했는데, 교사들이 수업을 시작하기 전에 보편적인 언어를 사용해 학생들에게 '태도 점검'을 요청하는 프로그램이었다.

올바른 태도는 에너지와 열정을 가지고 출발선에 서게 해준다. 출발선을 넘을 때 무엇을 하느냐는 공동의 목표와 목적이 지니는 의미에 달려 있다. 이러한 토대가 마련되면 팀 목표를 설정하는 프로세스를 시작할 수 있다.

공동의 목표 정의하기

다음으로, 팀은 함께 협력하여 공동의 목표를 광범위하게 정의하고 팀의 가치와 일치하는 목표의 목적과 의미에 대해 논의한다. 이 단계에서는 심상화를 하지 않고 목표에 대해 논의하며 목표가 중요한 이유를 찾는다. 팀의 공동 목표는 대개 1년 이상의 장기적인 목표이며, 목표의 범위는 기술 역량 향상부터 탄소 중립 달성, 우승, 조직 성장, 홍보를 위한 스폰서나 투자자 발굴에 이르기까지 다양하다.

많은 조직이 수익 창출이라는 동일한 목표를 가지고 있다. 다만 조직마다 직원들이 회사의 목표를 달성하기 위해 헌신하고 노력하도록 동기를 부여하는 방식이 다를 뿐이다. 글로벌 상업용 부동산 회사인 에비슨영Avison Young은 2030년까지 탄소 중립을 달성하겠다는 분명한 목표를 가지고 있었다. 탄소 중립을 달성하는 방법은 직원들이 기울일 수 있는 노력의 정도에 달려 있다. 에비슨영의 영국 지사는 모든 직원이 여러 차례 수강할 수 있는 탄소 소양 과정을 개발했다. 강의에 참석한 직원들은 광범위한 목표부터 집중적인 목표에 이르기까지 공동 목표를 자유롭게 선택할 수 있다. 첫 번째 공동 목표는 개인적으로 지속 가능성을 실천하는 것이었다. 여기에는 재활용, 음식물 쓰레기 줄이기, 기기를 사용하지 않을 때 전기 스위치 끄기와 같은 행동도 포함되어 있었다. 2주 후, 팀은 새로운 공동 목표와 목적을 찾았다. 각자 조직 내에서 교육을 이수하지 않은 사람을 한 명씩 찾아서 한 가지 지속 가능한 행동을 하는 데 동참하도록 격려하는 것이었다.

자발적으로 실천하는 공동 목표는 조직 내 구성원들이 문화적으로 연결되어 있을 때 전염성이 강해진다. 공동의 목적은 대개 조직을 넘어 개인의 삶에도 스며든다.

팀 심상화

공동의 목표를 달성하는 방법을 탐구하기 위해 우리는 팀 심상화를 교육한다. 이를 위해 외부 위협을 인지하고perceive, 최선의 진행 경로를 계획하며plan, 작업 완료에 온전히 집중하는present 3P 방법을 개발했다. 3P 프로세스는 5장에서 설명한 FIT를 개인적으로 활용하는 LAP(단서를 찾고, 심상화를 활성화하고, 과제를 지속하는 것)와 유사하다. 팀 작업을 할 때의 차이점은 집단적인 접근 방식이 필요하다는 점이다.

선택의 순간에 생산성을 유지하기 위해 반드시 개인적인 단서가 필요한 것은 아니다. 그보다는 팀원들이 각기 다른 방향으로 가지 않도록 심상화를 통해 다양한 시나리오를 살펴보고 최선의 행동 방침을 선택하게 한다. 여기에는 팀 리셋도 포함된다. 팀 심상화를 통해 팀원 모두가 구체적인 이정표를 설정하는 데 합의하고 명확한 역할을 정한다. 그다음에는 반드시 실행에 착수해야 한다. AIM 프로세스는 선택의 순간을 어려움을 논의하고 지원을 받는 기회로 활용하여 팀 내 소통을 개선한다. 이는 팀이 인내하고 성공할 가능성을 높인다.

AIM 프로세스를 코칭할 때는 올바른 학습 환경을 조성하기 위해 팀 심상화의 세 가지 기본 규칙부터 살펴본다.

- **협업**: 모든 팀원이 토론에 참여하고 함께 공동의 목표를 정의한다.

- **자율성**: 팀이 함께 계획을 세우고 실행 계획에 합의한다. 모두가 자유 의지로 자신의 역할을 수용한다.

- **숙달**: 모든 팀원이 자신의 성과에 책임을 진다. 모르는 것이 있으면 물어본다. 질문을 하는 것이 배우는 방법이다.

기본 규칙이 확립되면 3P로 넘어간다.

이 단계에서는 경쟁자나 경제 상황 등의 환경적 요인이 가하는 위협을 식별한다. 일반적으로는 해당 분야의 전문가가 나서서 상황을 설정하고 위협을 식별한다. 각자 경쟁자의 입장에서 상상하고 경쟁자의 관점으로 세상을 바라보려고 노력해본다. 사용 가능한 데이터와 지식을 바탕으로 다감각적 심상화를 통해 경쟁자가 할 만한 행동을 탐색할 수 있다. 그런 다음 각자 자신이 인식한 외부 위협에 대해 설명한다.

비즈니스 세계에서 이와 유사한 SWOT 분석, 즉 자신의 강점과 약점, 성장 기회, 위협을 분석하는 작업을 수행해본 적이 있을 것이다. 이 분석과의 가장 큰 차이점은 핵심 초점이 외부 위협에 있으며 심상화를 사용한다는 점이다. 우리는 천천히 경쟁사의 강점, 약점, 기회, 위협을 떠올리고, 각 요소를 평가하는 과정에서 경쟁업체가 가하는 기존의 위협과 잠재적 위협을 상상한다. 또 심상화를 통해 세부 사항에 집중한다.

팀은 먼저 위협의 목록을 작성하고 각 위협이 어떻게 전개될지 상상한다. 상대방의 입장에서 생각해 보자. 위협을 인식하는 능력은 관점을 바꾸는 능력, 즉 다른 팀이나 조직의 관점에서 발생 가능한 상황을 생각하는 능력에 달려 있다.

잠시 경쟁사를 떠올려보고 그들의 입장이 되어 보라. 구글에서 일하고 있다면 야후에서 일하는 상상을 해보자. 최고의 스포츠 팀이 되고 싶다면 경쟁 팀에서 뛰는 자신의 모습을 상상해보라. 민주당원이라면 공화당원이 된 자신의 모습을 상상한다. 그 반대의 경우도 마찬가지다. 어떤 상대를 선택하든 잠시 편견을 내려놓고 관점을 바꿔보자.

- 그들의 가치와 신념은 무엇인가?
- 그들의 강점과 약점은 무엇인가?
- 그들의 주요 장애물은 무엇이며, 어떻게 극복할 것인가?
- 그들에게 동기를 부여하는 것은 무엇이며, 야망은 무엇인가?

인지적, 정서적 반응을 포함한 타인의 행동 방식과 관점을 이해하는 과정을 조망 수용이라고 부른다. 조망 수용은 상대방의 입장을 상상하는 인식 심상화의 첫 번째 단계이다. 그다음에는 상황이 전개될 때 상대방의 입장이 되어보는 상상을 한다. 이제 당신 차례이다.

경쟁사의 입장에서 다음을 상상해보라.

- 선두기업이 되려면 어떻게 해야 할까? 아니면 선두 기업이 된 이유는 무엇인가?
- 경쟁사는 다른 조직의 발전과 성공을 어떻게 바라보고, 이에 어떻게 대응하는가?

- 그들의 입장에서 최상의 시나리오와 최악의 시나리오는 무엇일까? 그들이 보기에, 듣기에, 느끼기에 어떤 시나리오가 최상이고, 최악인가?
- 이 그룹, 팀, 비즈니스는 상황이 바뀔 때 연중 또는 계절에 따라 어떻게 적응하는가?

물론 경쟁사의 입장을 상상할 때 당신의 인식은 경쟁사에 대한 기존의 인상과 가정에 달려 있다. 그렇다 하더라도 경쟁사의 관점을 상상해봄으로써 각각의 시나리오에서 일어날 가능성이 있는 가설을 세워볼 수 있다. 그렇게 하면 다양한 상황에 따라 어떻게 계획을 진행할지 조정할 수 있다. 하지만 이 전략에는 위험도 존재한다.

인식 편향에 주의하라

우리는 누구나 우리 인생에서 신뢰할 수 없는 화자이다. 인식이란 각자가 가진 정보를 바탕으로 개인이나 조직의 행동에 대해 갖고 있는 믿음을 말한다. 개인의 정보는 부정확할 수 있으며, 정확한 정보라도 해석이 부정확하면 목표 달성에 해가 될 수 있다.

인식 편향이나 정보 과부하와 관련된 사례는 군대에서 많이 찾아볼 수 있다. 군대는 수집한 정보를 바탕으로 적이 무엇을 할 것이라는 생각을 가지고 전투에 임한다. 하지만 이 전략은 역효과를 가져올 수 있다. 미국의 남북전쟁이 바로 대표적인 사례이다. 1863년 챈슬러스빌 전투 당시 연합군의 조셉 후커 장군은 더 뛰어난 정보력을 가지고 있었다. 그는 많은 스파이, 정찰병, 신호소를 보유하고 있었고, 새로 개발된 정찰용 기구氣球 기술까지 확보하고 있었다.

하지만 후커 장군은 지나치게 많은 정보로 인해 적의 행동에 대한 편향된 가정을 세우게 되었고, 내부보다 외부에 관심을 집중했다. 그는 규모 면에서 연합군의 반도 되지 않는 남부군이 여러 지점을 동시에 공격할 수 없을 것이라는 판단을 내렸다. 그러나 남부군의 로버트 리 장군은 두 차례나 병력을 분할하여 여러 지점을 공격했고, 후커의 군대는 래퍼해녹 강을 건너 후퇴해야 했다. 챈슬러스빌 전투는 어떻게 외부에 대한 집중과 인식 편향이 결합되어 실패를 초래할 수 있는지 보여준 사례이다.

팀이 함께 인식 편향에 대응하고 최적의 성과를 달성하려면 팀원들에게 다양한 의견을 구해야 한다. 이때 다양한 관점을 받아들이면 편향에 이의를 제기하고 객관성을 높일 수 있다. 하지만 다양성은 편향에 대응하는 한 방법일 뿐이다. 신뢰할 수 있는 최신 정보도 필요하며, 성장형 사고방식을 가지고 새로운 정보에 접근해야 한다. 선택적으로 정보를 소비하면 편향이 강화된다. 따라서 승리하는 태도를 가지고 "만일 ~라면?"이라는 질문을 던져 자신의 인식에 끊임없이 이의를 제기해야 한다.

또한 초기 인식(또는 가설)이 잘못되었을 가능성과 업데이트의 필요성을 인정하는 능력은 팀의 목표 달성과 유지 여부에 큰 영향을 미친다. 자신의 인식을 고수하는 것은 회복탄력성을 의미하기도 하지만, 자신의 신념이 항상 옳다는 고정형 사고방식을 나타내기도 한다.

타인의 관점을 쉽게 받아들이지 못하는 것은 개선이 가능한 부분이니 걱정하지 말라. 타인의 관점을 수용하는 근육을 발달시키면 감성 지능도 키울 수 있다.

상대방의 입장에서 당신이 제기하는 위협을 상상해보면 상대방이 어떤 지식을 가지고 있는지 대략적으로 파악할 수 있다. 그렇게 하면 당신이 지닌 강점이나 약점이 현실이 되는 '만일의 경우' 벌어질 상황을 보다 깊이 이해할 수 있다.

여기서부터는 내부로 눈을 돌려야 한다. 이 세션에서는 대개 상급자인 팀원이 위협에 관해 알려진 정보(예를 들어 사람, 다른 조직 또는 팀, 경제, 기술 등)를 자세히 설명한다. 팀원들은 "X가 발생하면 우리는 Y대응을 어떻게 할 것인가?" 등의 질문을 던지며 개인의 관점을 검토한다. 각 팀원은 위협이 왜, 어떻게 발생할 수 있다고 생각하는지 자신의 의견을 팀에 제시한다. 이때 팀은 발생 가능한 위협의 목록과 그 근거를 작성한다. 우리는 팀원들에게 위협은 인식일뿐 상상한 대로 발생하지 않을 수도 있다는 점을 상기시킨다.

경쟁사의 외부 위협(X)을 이해하면 팀 내부에서 기회(Y)가 발생한다. 이러한 기회는 체스 게임을 할 때 경우의 수를 생각하는 것처럼 잠재적인 결과를 이해할 때 발견할 수 있다. 팀이 내리는 의사결정이나 감수하는 위험으로 인해 발생할 수 있는 최상의 결과와 최악의 결과를 분석해야 한다. 그다음에는 실행 계획을 세운다.

2단계 최상의 경로 계획하기

실행 계획에 상관없이 자신이 원하는 최종결과와 그 최종결과에 이르는 경로를 고민하기 전에 바람직한 결과(계획 A), 차선책(계획 B), 최악의 시나리오(계획 Z) 등 세 가지 시나리오를 먼저 상상해봐야 한다. 각 시나리오에 대해 팀원 한 명이 심상화를 주도하고(시나리오 설명하기) 심도 있게 예행 연습을 해본다. 새로운 이어폰을 개발한다고 가정해보자. 시장 상황을 인식하고 주요 경쟁업체를 파악한다. 그다음 경쟁자가 잘하는 것과 그렇지 않은 것을 파악한다. 사운드 품질로는 경쟁할 수 없지만, 심장 박동수와 체온, 피로도를 정확히 측정하는 기능을 개발할 수 있는 인적 자원이 있으니 혁신적인 의료 기술로 경쟁하면 된다. 이 제품으로 질병에 걸릴 확률이 높은 시기도 예측할 수 있다.

건강, 웰니스 기능이 있는 이어폰을 판매한다(달리면서 가쁜 숨을 몰아쉬는 사람들에게 음질은 그다지 중요하지 않다). 미국에서 대규모로 출시하는 것을 검토한다. 9월 5일 출시하고 대상 고객으로부터 대규모 피드백을 받고, 판매의 결과 등을 상상한다.

특정 고객이 아닌 광범위한 고객을 대상으로 판매한다. 미국에서도 비슷한 규모로 제품을 출시했지만, 피드백이 좋지 않았다. 출시, 제품 피드백, 판매에 관해 상상한다.

판매량이 많지 않다. 출시 전에 더 나은 제품이 시장에 나오는 바람에 사람들이 우리 제품을 구매하지 않는다. 출시(연기될 수도 있음), 피드백(부정적), 판매가 부진한 상황을 상상한다.

세 가지 결과를 상상하면서 필요한 정보를 얻었다면, 실행 계획을 세우면 된다. 이 과정을 촉진하는 가장 좋은 방법은 한 사람이 기본 시나리오를 설명하고 나머지 팀원들이 제품을 어디에서 출시할지, 어떤 이벤트를 할지, 콘퍼런스는 어떤 식으로 진행할지, 기대하는 사람들이 있을지, CEO의 연설은 어떤 내용일지 등의 세부 사항을 추가하는 것이다.

그룹 정교화를 하면 원대하고 장기적인 목표뿐만 아니라 그 목표를 추구하는 과정에서 달성해야 하는 구체적인 단기 목표까지 상상하게 되므로 이정표를 도출할 수 있다. 그룹 정교화는 목표와 관련된 아이디어를 '누가 출시 장소를 예약할지', '헤드폰에 필요한 실리콘을 추가로 확보할 수 있을지' 등의 가시적인 결과물로 전환해준다. 비즈니스에서는 이러한 결과물을 핵심 성과 지표KPI라고 부르며, 팀은 각 단기 목표를 달성할 때마다 최종 목표에 대한 잠재적인 성공 수준을 가늠할 수 있다. KPI라는 용어가 듣기 거북한 사람들을 위해 이 지표를 이정표라고 부르겠다.

각 이정표마다 마감일이 있다. 일반적으로 명확한 실행 계획에는 최소 4개의 이정표가 있고 이정표들 사이에 각 팀원이 완수해야 하는 여러 개의 결과물(작업)이 존재한다. 이정표는 그룹 전체에 대략적인 가이드를 제공하며, 팀 심상화 섹션을 마친 뒤에 개인 목표를 설정할 때는 보다 구체적인 내용이 필요하다.

팀은 AIM을 통해 진행 상황을 검토하며 모두가 동의하는 현실적인 계획을 수립하고 문서화하는 능력을 키울 수 있다. 이런 방식으로 팀이 함께 상상한 계획을 실현하기 위해 노력하면서 개인적인 작업을 수행할 수 있다.

팀이 함께 계획을 세우고 공동의 행동을 하기로 했다면, 다음 단계는 이를 실행에 옮기고 발생할 가능성이 있는 어려움의 순간에 대비하는 것이다. 바로 이 단계에서 그만둘지, 계속 할지를 결정하는 선택의 순간에 직면할 때 어떻게 대응할지 계획한다. 팀이 그만두는 선택을 할 만한 상황은 자금 부족, 시장의 변화, 핵심 팀원의 병환 등이 있다.

리셋을 하거나 현재에 온전히 집중하는 방법으로는 원탁 회의와 일시 정지가 있다.

원탁 회의는 선제적인 방법이다. 팀이 사전에 정의한 공동의 목표를 신중히 검토하면서 새로운 방향 설정이 필요한지 확인하고 다음 단계에 합의하는 방식으로 보통 매주 실시한다. 원탁 회의는 감정에 좌우되는 선택의 순간을 신중한 평가와 목표에 부합하는 의사결정이 이루어지는 과정으로 전환해준다.

원탁 회의는 1분 동안 함께 호흡을 맞추면서 시작하는 것이 좋다. 이렇게 하면 구성원 모두가 내적 대화를 멈추고(적어도 내적 대화의 속도를 늦추고) 호흡에 집중할 수 있다. 우리는 이 방법으로 온라인에서든 오프라인에서든 정신없이 돌아가는 세상에서 살고 있는 사람들이 동시에 안정을 찾을 수 있게 한다.

바디스캔도 유용한 방법으로 다음과 같은 과정을 따른다.

먼저 편안하게 심호흡을 한다. 내쉬는 숨에 눈을 감거나 부드럽게 눈의 긴장을 푼다. 숨을 천천히 내쉬며 머리부터 발까지 모든 신체 부위가 숨을 쉰다고 상상한다. 온몸으로 숨을 쉰다. 이때 긴장되거나 당기는 신체 부위가 있는지 살핀다. 긴장의 강도나 느낌을 판단하지 말고 그저 관찰한다. 색깔이 보이는가? 위아래로 움직이는가? 온도는 어느 정도인가? 숨을 들이마시고 여유를 갖는다. 해당 신체 부위에 손을 얹고 필요한 게 있는지 살핀다. 귀를 기울이고 의식을 집중한다.

바디스캔과 같은 활동은 마음을 내려놓고 감각을 되찾으며 현재에 집중할 수 있게 해준다. 바디스캔은 동료 코치이자 친구인 데이비드 드레이크의 말처럼 "우리의 몸이 머리를 직장에 데려다놓기 위해 존재한다고 생각하게 되는 세상"에서 주의를 머리에서 몸으로 환기해주는 활동이다.

활동 후에는 함께 세운 계획을 검토한다. 팀이 함께 성취한 일과 어려움, 감사한 일을 서로 공유한다. 마지막 부분은 팀 계획과 전혀 상관없는 내용이 될 수도 있다. 이러한 대화는 팀원 간의 친밀도를 높이고 유대감을 형성하는 데 도움이 된다. 대화에는 모두가 참여해야 하고 취약점은 상호 교환되어야 한다. 대부분의 원탁 회의는 성공을 공유하는 자리이지만, 진전이 없는 시기도 있을 것이다.

목표가 변경되었거나 고객에게 제공할 새로운 결과물을 만들어야 하는 등 변수가 발생하여 합의했던 계획을 재검토해야 하는 경우, 새로운 정보에 대해 논의하고 피드백을 하는 시간을 갖는다. 이러한 방식으로 상황을 공유하면 서로를 판단하지 않고 팀 전체가 함께 상황을 개선할 수 있다. 팀원들이 어느 부분에서 어려움을 느끼고 어느 부분에서 지원이 필요한지 알 수 없을 때가 있는데, 원탁 회의는 이러한 격차를 감지하고 사전에 해소할 수 있는 좋은 방법이다.

일시 정지

NCAA 챔피언십 결승전의 4쿼터 후반이라고 상상해보자. 경기 내내 막상막하였다가 한 팀이 흐트러지기 시작한다. 코치가 타임아웃을 선언하고 선수들을 불러 모은다. 이때가 바로 일시 정지의 순간이다.

일반적으로 원탁 회의는 계획할 수 있는 반면, 일시 정지는 계획할 수 없다. 일시 정지는 재앙을 피하기 위해 잡아당기는 비상용 줄이다. 보통 한두 팀원의 주의가 산만해지거나 의욕이 떨어진 것처럼 보일 때 동기 부여, 업무 준비도, 자신감을 점검하기 위해 일시 정지를 사용한다. 자신의 작업이 최종 목표와 관련이 있는지 의문을 제기하거나 가치가 없다고 인식하는 팀원이 있을 때도 일시 정지를 사용할 수 있다. 일시 정지를 해야 하는 시기는 분위기, 개인의 진행 상황, 팀의 이해 수준 등에 따라 다르다.

팀원들은 일시 정지를 통해 공동 작업에 주의를 재집중하고, 조정할 사항이 변경되었는지 확인하며, 소통을 강화하고, 선택의 순간과 같은 상황에서 중요한 결정을 내리기 전에 온전히 집중할 수 있다. 뿐만 아니라 어려운 상황에서 행동을 통제할 수 있게 해준다.

실행하기와 진행 상황 검토하기

지금까지 살펴본 계획을 충실히 지키며 과제를 수행한다. 자신의 가치에 부합하는 삶을 살고, 승리하는 태도로 임하며, 공동의 목표를 달성하기 위해 노력하라. 개인이나 그룹이 맞이하게 될 힘든 시기를 예상할 수 있다. 좌절과 승리를 예상하고 발전을 위해 목소리를 내는 것을 두려워하지 말라.

팀의 이정표를 점검하는 것으로 진행 상황을 검토한다. 진행 상황을 검토한 뒤에는 팀 심상화를 통해 추가적인 계획을 세우고 새로운 이정표를 설정하는 경우가 많다. 새로운 공동 목표를 세울 수도 있고, AIM을 다시 할 수도 있다. 목표를 달성하고 나서 더욱 도전적인 새로운 목표를 설정할 때도 검토가 필요할 수 있다.

최초 목표를 달성하는 데 실패하면 보다 현실적인 새로운 목표를 정한다. 실패한 경험을 바탕으로 새로운 목표를 설정하면, 같은 실수를 반복하는 것을 막을 수 있다. 목표를 달성한 팀은 거기서 멈추지 않고 목표를 추구하는 과정에서 발생했던 문제들을 해결한 다음, 실패한 팀과 마찬가지로 새로운 공동의 목표를 정한다.

이 장에서 반드시 배워야 하는 가장 중요한 교훈이 있다면, 조직에서 자신의 목표와 의도를 당당하게 드러내야 한다는 점이다. 이정표를 달성한 성공 사례를 공개적으로 소개하고 실패한 경우 호기심과 협업을 불러일으킬 만한 도전적인 질문을 공개적으로 제기하라.

특히 (이정표로 세분화하더라도) 큰 목표는 스트레스를 유발할 수 있다. 스트레스와 불안은 누구도 피할 수 없으며, 불화로 이어지기도 한다. 다음 장에서는 흔히 발생하는 팀 문제를 간략히 살펴보고, 팀원들이 함께 해결할 방법을 알아본다.

Chapter 8

변화를
이끌어내는 힘

중요하게 생각하는 것을 위해 싸우되,
다른 사람들도 그 싸움에 동참하게 하라.

루스 베이더 긴즈버그

서로 다른 개성을 가진 사람들이 팀으로 모여 함께 일하면 어려움이 생기기 마련이다. 문제가 생길 때 해결하지 않고 방치하면 생산성이 저하되고 관계에도 좋지 않은 영향을 미친다. 직장 내 갈등은 불안, 우울증, 수면 부족, 요통, 편두통, 만성 질환을 야기할 수 있다. 하버드 경영대학원에 따르면, 업무 관련 스트레스로 인한 질병이 초래하는 경제적 부담은 2015년 미국에서만 1,250억 달러에서 1,900억 달러에 이른다고 한다.[1] 물론 모든 업무 스트레스가 업무상 갈등으로 인한 것은 아니며, 지원 부족, 요구 사항 증가, 수면 부족이 원인인 경우도 있다.

포춘지 선정 100대 기업의 고위 임원인 캐서린은 우리에게 도움을 요청했을 때, 몇주 동안 잠도 제대로 못 자고 지쳐 있는 상태였다. 팀에 새로 합류한 팀원은 그녀의 친구였는데, 다른 팀원들이 합류를 반대했던 사람이었다. 소규모의 그룹으로 시작한 그녀의 팀은 수년 동안 점진적으로 성장해왔고, 우리와 작업을 시작한 해에는 규모가 두 배로 불어나 있었다. 기존의 팀원들은 급격한 성장에 혼란을 느꼈는데, 이메일을 확인하는 일이 전쟁터에 나가는 것처럼 느껴진다고 했다. 팀원들은 캐서린에게 불만을 토로하기 시작했고, 캐서린도 끝없는 불만 사항을 처리하느라 자신의 업무에 집중하지 못하고 있었다. 그녀의 개인 시간과 수면 시간은 팀 내 갈등으로 고갈된 상황이었다. 그녀의 장점이었던 깊은 사고력도 저하되고 있었다. "도와주세요! 미칠 것만 같아요!" 그녀와 처음 통화했을 때 그녀가 처음 한 말이었다.

이 팀은 흔히 볼 수 있는 '또 시작이군' 증후군과 일관성 없는 목표, 번아웃, 거인들의 충돌이라는 네 가지 문제를 모두 안고 있었다. 우리는 이 문제들의 발전 양상에 대한 구체적인 패턴은 찾지 못했지만, 목표가 체계적으로 정리되지 않으면(특히 팀 고유의 경쟁 우위가 정의되지 않은 경우) 역할이 모호해지고 팀원들이 불만족과 스트레스에 시달리게 된다는 사실을 발견했다.

AIM은 팀원들이 개인적 또는 집단적 심상화를 통해 이러한 문제를 해결할 수 있게 돕는데, 최종 목표는 모든 팀원에게 문제가 발생하기 전에 팀 전체의 이익을 위해 독립적으로 이슈를 해결하는 계획된 책임을 부여하는 것이다. 계획된 책임을 가진 팀은 현재의 결과물을 위해 함께 작업하는 동시에 마감일을 앞두고 추가 시간을 확보하거나 업무량 급증에 대비하는 등 잠재적인 문제들을 미리 예측하고 극복한다. 팀은 하나의 생태계이다. 심상화로 계획을 함께 수립하는 팀은 인재의 성장을 지원하고 모든 구성원이 소속감을 느끼는 공생의 생태계를 조성할 수 있다. 각각의 문제들을 살펴보고 어떻게 AIM을 활용해 책임을 공유할 수 있을지 알아보자.

'또 시작이군' 증후군

우리는 캐서린의 팀원들을 개별적으로 만났다. 노련한 임원인 헤일리는 상황이 달라질 수 있을지에 대해 회의적인 반응을 보였다. 그녀는 용감하게 입을 열었다.

"이전에도 이런 작업을 했습니다. 친절하고 일도 아주 잘하는 분이었는데 우리에게는 전혀 도움이 되지 않았죠. 워크플로와 역할에 대한 아이디어는 좋지만 아무것도 바뀌지 않았습니다.

사람들의 기분을 상하게 하고 싶지 않아서 그런 건지도 모르지만, 말뿐이고 행동은 없었습니다."

헤일리는 '또 시작이군' 증후군을 앓고 있었는데, 헤일리만 그런 게 아니었다. 일부 팀원들은 지난번 코칭도 효과가 없었으니 우리가 개입해도 달라지는 게 없을 것이라고 믿었다.

'또 시작이군' 증후군은 팀 작업을 할 때 가장 먼저 만나게 되는 문제이다. 경영진이 컨설턴트를 초빙해 영감이나 사고방식에 관한 세미나를 여는 등 변화를 일으키기 위한 노력을 해도 팀원들은 아무것도 변하지 않을 것이라고 생각한다.

경영진에 의해 고용된 전문가들은 워크숍에서 성공을 촉진하는 데 적합한 전술을 사용하지 않는 경우가 많다. 워크숍을 해도 행동으로 이어지지 않는다는 의미이다. 워크숍을 통해 변화를 촉진하려면 워크숍이 목적과 의미에 뿌리를 두고 있어야 하며, 모든 사람의 참여를 이끌어내는 것이 무엇보다 중요하다.

여기서 모든 사람이란 정말로 모든 사람을 의미한다. 주요 의사 결정권자나 팀 리더가 워크숍에 참석하지 않으면 팀은 참석자와 불참자로 나뉘게 된다. 이러한 경험은 팀원들에게 하나로 연결된 팀이 아닌 소규모 그룹으로 일하고 있다는 느낌을 준다. 팀원들은 자신이 속한 소규모 그룹에는 책임감을 느끼지만, 이보다 큰 집단의 비전과 자신이 어떻게 연결되어 있는지 알 수 없고 팀에 대한 책임감도 느끼지 못한다.

팀으로서 미래를 함께 계획하는 것은 모두를 위해 반드시 필요한 일이다. 전략 계획에서 소외된 사람은 그룹이 추구하는 변화와 자신이 연결되어 있음을 느끼지 못하며, 이는 궁극적으로 팀의 성공을 방해한다. 사람들은 자신이 그룹의 의사 결정에 참여하고 있다고 느낄 때, 자신의 노력을 투입한다.

AIM은 내부에서부터 '또 시작이군' 증후군을 해결한다. 우리는 팀 작업을 할 때 처음부터 끝까지 동기 부여 면담의 정신에 따라 모든 팀원의 말을 경청하고 심상화를 통해 모든 팀원이 팀의 비전과 연결되어 있음을 느낄 수 있도록 한다. 우리는 사람들이 자유롭게 의견을 제시하고 함께 상상하는 환경을 조성할 수 있도록 팀을 지원한다. 기밀을 중시하고, 헤일리처럼 우리의 프로세스에 대해 회의적인 사람이 있으면 그 사람이 느끼는 감정을 인정하고 시간 낭비를 막을 방법에 대한 우리의 계획을 공유한다.

팀의 심상화 능력과 목표도 구체적으로 평가한다. 심상화는 이론이 아니라 실천이다. 우리는 안주하지 않고 변화를 설계한다. 하지만 변화가 실현되려면 말단 사원부터 CEO까지 모든 구성원이 그 변화를 자신을 비전으로 받아들이고 프로세스에 동참해야 한다. 공동의 비전을 위해 헌신하고, 자신의 역할을 수용하며, 비전을 추구하는 과정에서 주기적인 진전을 나타내는 이정표들을 향해 나아가야 한다.

존 F. 케네디의 달 착륙은 심상화의 작동 원리를 잘 보여주는 사례이다. 달에 사람을 보내고 지구로 무사히 귀환시키는 일은 독특하고 도전적인 목표였다. 이 목표를 달성하기 위해 약 40만 명의 미 항공우주국NASA 직원이 이정표들을 수립하고 실행에 옮겼다. 달 탐사는 쉽지 않은 일이었지만(실제로 NASA 직원 말고 대부분의 사람들은 달 탐사가 실패할 것이라고 생각했다), 팀원 모두가 자신의 역할을 받아들였다. 모든 직원이 사람을 달에 보낸다는 추상적인 아이디어를 수용하고 임무를 수행하기 위한 구체적인 계획을 세웠다. 1962년에 NASA를 둘러보던 케네디가 청소부에게 "뭘 하고 계시냐?"라고 묻자, "사람을 달에 보내는 일을 돕고 있다"라고 대답했다는 일화는 유명하다.

도전적이고 추상적인 목표를 달성하려면 심상화가 필요하고 그 목표가 팀의 목적과 의미에 뿌리를 두고 있는 경우에는 더욱 그렇다. 도전적인 목표를 이루려면 창의적으로 생각해야 하기 때문이다. 그렇기 때문에 '또 시작이군' 증후군을 극복하려면 팀 내 모든 구성원이 '비전'을 공유하고 어벤저스처럼 의미(어벤저스 멤버들에게도 개인적인 의미가 있다)와 목적(우주를 구하는 것!)을 중심으로 뭉쳐야 한다. 같은 목표를 가진 사람들과 연결되면 열정이 일치하는 경험을 하게 되는데, 이는 어려운 목표를 향해 나아가는 동안 동기를 강화해준다. 공동의 열정을 찾고 목적이 있는 목표를 성취하는 순간을 함께 상상하면, '또 시작이군' 증후군이 '다시 해보자!'라는 긍정적인 증후군으로 바뀔 수 있다.

일관성 없는 목표

캐서린의 팀은 목표가 일관성이 없다는 것도 문제였다. 이는 팀의 목표와 팀원들의 목표가 일치하지 않을 때 발생하는 문제이다. 영업, 마케팅, 운영 등 각 부서의 목표와 대상 고객은 다를 수 있지만, 조직 내 모든 팀원의 중심 목표는 일치해야 조직이 성공할 수 있다.

규모가 작았던 캐서린의 팀은 급격히 성장하면서 불확실성이 생겼고 팀원들 간 경쟁이 치열해졌으며, 일부 팀원은 생존 모드가 발동해 있는 상태였다. 특정 과제에 지나치게 집착하는 팀원도 있었고, 잘 모르는 작업을 수행하는 팀원도 있었다. 캐서린의 지시가 부족한 탓이 아니라 팀이 성장하면서 경쟁 우위, 즉 공동의 목표를 달성하는 팀만의 고유한 방식을 찾지 못해서 발생한 상황이었다. 결과적으로 팀원들은 공동의 목표와 비전을 구현하는 데 필요한 특정한 목표보다 주변적인 업무에 지나치게 많은 시간과 주의를 빼앗기고 있었다.

임원인 잭이 한숨을 쉬며 말했다. "'예'라고 할 때가 너무 많습니다. 중요한 투자자에게 전달할 결과물을 만들어 달라는 요청이 들어오면 당연히 해주는 게 좋겠지요. 하지만 업무가 지나치게 많은데, 팀과 회사에 밉보일까 봐 거절하지 못합니다."

"우리 팀원들은 ESG(환경, 사회, 지배구조) 전문가인데 왜 다른 분야의 일까지 해야 하는지 모르겠습니다. 공동 목표의 범위를 좁힌다면 생산성을 60퍼센트 정도 끌어올릴 수 있을 겁니다."

스포츠에서도 이런 문제가 발생할 수 있다. 조나단은 시즌 초에 세계적인 수준의 요트팀과 함께 작업하면서 선수와 코치뿐 아니라 엔지니어, 돛 제작자, 소프트웨어 개발자 등 성과 관련 직원을 한자리에 모아놓고 현실적인 팀 목표를 설정해달라고 요청했다. 월드컵 우승이라는 목표는 하나였지만, 목표를 언제 달성할 수 있을지에 대해서는 의견이 달랐다. 그 시즌에 우승할 수 있을 것이라고 생각한 사람도 있었지만 그렇지 않은 사람도 있었다. 운영 매니저인 클레어는 "우승에는 시간이 걸리며 궁극적인 목표까지는 4년이라는 시간이 남아 있다"라고 말했다. 퍼포먼스 코치인 제임스는 이에 동의하지 않으면서 "우리가 가진 재능을 고려하면 지금이 우승하기 더할 나위 없이 좋은 시기"라고 반박했다.

이러한 문제를 해결하려면 협업과 소통이 필요하다. 먼저 각자 자신의 역할을 정의하고, 강점과 장애물을 파악하며, 어떻게 협업할지 상상해봐야 한다. 그런 다음 팀이 함께 각자 생각한 내용을 논의하고 실행 계획을 수립한다. 세계적인 수준의 팀들은 다음 질문에 대한 답을 알고 있다.

- 팀에서 자신의 역할은 무엇인가? 모든 팀원이 다른 팀원의

역할을 정의할 수 있는가?

- 자신의 강점은 무엇인가? 모든 팀원이 각 팀원의 강점을 명확하게 정의할 수 있는가?

- 자신의 장애물은 무엇인가? 향후 1년, 월, 주, 일 동안 팀이 함께 직면할 가능성이 있는 장애물은 무엇인가?

- 우리 팀을 특별하게 만드는 요소는 무엇인가? 이에 모두가 동의하는가? 그렇지 않다면 그 이유는 무엇인가?

- 성과가 높은 팀은 어떤 모습인가? 어떻게 높은 성과를 달성할 수 있으며, 다감각적 심상화를 통해 높은 성과를 달성한 모습을 상상할 수 있는가?

- 팀의 공동 목표는 무엇이며, 모든 팀원이 목표에 도달하기 위한 과정과 이정표들에 대해 알고 있는가? 그 목표를 달성하기 위해 각 팀원이 하고 있는 일이 무엇인지 알고 있는가(팀이 투명하게 운영되고 있는가)?

조나단은 위 질문을 바탕으로 요트팀과 목표 연결에 관한 워크숍을 진행했다. 그는 자리를 바꾸며 모든 사람과 이야기를 나누는 스피드 데이트와 같은 형식으로 질문들에 대한 토론을 진행했다. 요트팀은 성과에 대해 논의했다. 낭만적인 식사는 없었지만 팀원들은 활력을 되찾았고, 의사소통 능력과 집중력, 성과도 개선되었다. 돛 제작자는 엔지니어와 재료에 대해 논의하고,

엔지니어는 선수들과 역학에 대해 이야기하며, 코치는 소프트웨어 엔지니어와 협력하여 데이터 수집을 개선하는 등 팀이 함께 '만약의 상황'을 상상하고 문제를 극복하기 위한 전략을 세우면서 장애물을 극복해 나갔다. 그 결과 요트팀은 세계 4위라는 우수한 성적을 거둘 수 있었다.

목표의 일관성이 부족한 것이 나쁘기만 한 것은 아니다. 목표가 불일치하는 경우 논의를 통해 다양한 관점을 파악할 수 있고, 이를 통해 더 나은 방향을 모색해볼 수 있다. AIM은 역할, 구체적인 타깃, 이정표에 대해 논의하며 타인의 관점으로 볼 수 있는 기회와 자신의 의견에 관해 말할 기회를 제공함으로써 건설적인 방식으로 문제를 해결할 수 있게 한다. 우리는 세션 말미에 구성원들이 함께 세운 계획을 실행할 것을 요청하고 실행 항목에 담당 구성원의 이름을 적는다. 이렇게 하면 팀원 간 유대감과 책임감이 강화되고 목표가 충돌하는 것을 최소화할 수 있다.

요트팀은 그 시즌 세계 선수권 대회에 진출했지만, 우승은 하지 못했다. 5년이 지난 지금도 아직 결승에는 진출하지 못했지만, 세계 요트 선수권 대회에서 가장 경쟁력 있는 팀이 되겠다는 목표로 뭉쳐 있다. 팀은 최상의 결과(우승)와 최악의 상황(요트 전복과 꼴찌를 하는 것)에 대비해 다양한 시나리오를 만들고 상세한 내용까지 상상했다. 최고의 비전(모든 경기에서 좋은 성적을 거두고 팀이 다음 세대에도 지속될 수 있는 기반을 마련하는 것)을 세우면 경쟁력 있는 팀이 될 수 있고, 챔피언 타이틀을 차지하기 위한 싸움에서 지속 가능한 경쟁력을 갖출 수 있다.

번아웃

번아웃은 직장에서 발생하는 만성적인 스트레스를 잘 관리하지 못할 때 발생한다. 번아웃의 세 가지 특징은 정신적 탈진과 업무에 대한 정신적 거리감, 업무에 대한 부정적 감정이나 냉소적인 태도, 업무 효율성의 감소이다.

캐서린의 팀원들은 번아웃을 경험해 왔는데 '감정적으로 상처받았고', '끊임없이 긴장하고', '몸이 아프고', '불안하고' '평가받는 기분이고', '피곤함'을 느꼈다고 했다.

번아웃은 개인에게만 영향을 미치는 게 아니다. 팀원 중 누군가 번아웃을 겪으면 팀 전체가 취약해진다. 번아웃은 행동이나 감정, 상태를 집단 혹은 네트워크를 통해 확산시키는 사회적 전염병이다. 에이미는 캐서린의 팀 내에서 특정한 역할을 맡은 선임 관리자였다. 그녀는 회사와 시장 관련 데이터를 검토하고 그 결과를 캐서린과 상부에 보고하는 최고 분석 책임자였다. 그녀는 2년 동안 해당 직책을 맡았지만, 이후 팀이 성장하면서 역할이 모호해졌고 다른 구성원과 역할이 겹치기 시작했다.

팀에 새롭게 합류한 데이터 분석 책임자인 크리시는 데이터를 해석하고 시장 동향을 예측하여 캐서린과 상부에 보고하는 일을 했다. 비슷한 방식으로 일을 진행하는 에이미와 크리시는 쉬지 않고 싸웠다. 다툼은 에이미가 크리시의 차트에서 발견한 사소한 철자 오류를 이메일로 지적하면서 시작되었다. 에이미는 "우리는 기준이 높은 팀이다. 교정조차 하지 않는다면 당신은 우리 팀에 적합한 사람이 아니다"라고 썼다. 그 후 크리시는 에이미의 비평가가 되어 에이미의 모든 실수를 이메일로 지적했다. 최근에 열린 팀 회의에서 에이미와 크리시는 같은 팀에서 일하기를 거부했다.

새로운 직원이 팀에 합류하면서 마찰이 발생하고 이 마찰이 광범위한 번아웃으로 이어지는 경우는 흔하다. 마찰은 흔히 그룹 내 역학 관계가 바뀌고 역할이 불분명해질 때 발생한다. 새로운 팀원이 합류할 때는 마찰이 번아웃에 이르는 격렬한 싸움으로 커지기 전에 방지할 수 있는 중요한 시점이다. 그러기 위해서는 직무 설명서 작성, 채용, 신입 사원이 팀에 합류해 프로젝트를 함께 진행하는 전 과정이 명확하고 체계적이며 계획적이어야 한다.

온보딩onboarding이 제대로 이루어지지 않거나 소중한 팀원을 잃는 등의 불균형이 발생하면 번아웃은 흔히 찾아온다. 불균형은 업무량이 과도할 때, 기대치가 비현실적일 때, 일과 삶의 경계가 불분명할 때, 아무것도 개선되지 않을 것이라는 사고방식이 만연할 때 발생한다. 개인의 경계를 설정하지 않거나, 자신의 경계가 침범당하거나 타인의 경계를 침범할 때 번아웃이 찾아올 수 있다. 가끔 긴급한 건으로 저녁 늦은 시간에 이메일이 오는 경우 대부분의 사람들은 크게 신경 쓰지 않는다. 하지만 이러한 상황이 자주 발생하면 마찰이 생길 수밖에 없다. 기대치와 경계를 설정하는 일은 번아웃을 예방하기 위해 매우 중요하다. 다음 네 가지 질문(괄호 안의 질문을 포함)에 답하는 것은 개인 생활과 직장 생활 간 균형을 유지하기 위한 시작점이다.

- 어떻게 균형을 유지하고 있는가? (바쁜 시기에는 어떻게 균형을 유지할 것인가?)
- 자신의 역할에 대해 어떤 기대를 가지고 있는가? (예상되는 어려움은 무엇인가?)
- 당신의 개인적인 경계를 침범한다는 것은 어떤 것인가? (자신의 경계가 침범당하는 것을 최소화하기 위해 어떤 조치를 할 수 있는가?)
- 스트레스는 어떻게 파악하고 관리할 계획인가? (어떤 지원을 받을 수 있는가?)

경계 설정은 팀 단위로 이루어지지만 조직 단위로 이루어지기도 한다. 장시간 근무하는 직원에게 보상을 제공하는 것은 특정한 성과에는 좋을지 모르지만 균형에는 좋지 않다. 예를 들어, 주 37.5시간을 준수하는 직원보다 초과 근무를 하는 직원을 승진시키는 것은 직원들의 동기를 지속적으로 부여하는 건설적인 조치가 아니다. 사람들이 주당 정해진 시간을 근무하는 이유는 대부분 가족들과 시간을 갖거나 운동을 하거나 사교 활동을 하는 등 업무 외적인 활동을 하기 위해서이며, 이러한 활동은 번아웃을 예방하고 생산성을 향상시킨다.

우리는 팀 작업을 하면서 2020년 2월부터 2022년 2월까지 코로나19 팬데믹 기간에 사람들의 평균 업무량이 약 20퍼센트 증가했다는 사실을 발견했다. 사람들은 아침에 일어났을 때와 잠자리에 들기 전에 이메일을 확인했다. 업무가 가정까지 침투해 침실과 가족의 공동 공간까지 침범한 것은 정말 심각한 일이었다. 팀 리더들의 경우 코로나19 초기 이전과 이후에도 계속 번아웃을 겪고 있었는데, 그 이유는 자율성이나 일체감, 경계 설정으로 기대치 간 균형을 맞추는 것과 관련이 있을 것으로 보인다.

자율성은 기대와 경계에 대한 개인의 통제를 강화하기 위한 핵심 요소이다. 우리는 의사 결정과 업무 흐름을 통제할 때 자율성을 상실해 번아웃을 겪는 사람들을 많이 봤는데, 여기에는 교직원, 기업 임원, 코치, 심지어 군 장교도 포함되어 있었다. 자율성이란 업무에 관해 '아니요' 또는 '예'라고 할 수 있는 결정권을 의미하지만, 자율성과 상관없이 빠르게 업무가 마무리되어야 하는 상황도 있다. 팀 리더는 자신의 업무 할당 방식으로 팀원들이 자율성을 잃은 기분을 느낄 것이라고 생각하기 쉬운데 꼭 그렇지는 않다. 업무를 할당하는 사람과 팀원들이 함께 토론하는 것만으로도 팀원들에게 자율성을 부여할 수 있다. 주간 원탁 회의나 점검 회의(진행 상황 점검)는 투명성과 자율성을 개선하는 좋은 방법이다.

두 가지 가상 시나리오를 살펴보자.

시나리오 1 과제가 주어졌다. 당신의 전문 분야는 아니지만, 관리자가 당신에게 와서 3일 내로 결과물을 제출하라고 말한다. 당신은 다른 업무가 있다고 답한다. 관리자는 긴급하고 필요한 프로젝트이므로 당신이 시간을 내서 해야 한다고 말한다.

시나리오 2 팀원 모두가 새 결과물에 관한 회의에 참석하라는 초대를 받았다. 당신도 초대를 수락하고 회의에 참석한다. 관리자가 결과물에 대해 설명한다. 관리자는 이 작업이 팀의 전문 분야는 아니지만 시급하고 필요한 일이라고 설명하며, "누가 작업을 주도할 수 있나요?"라고 묻는다. 침묵이 흐른다. 팀원 모두 할 일이 많고 당신도 할 일이 많지만, 당신이 이 작업에 가장 적합한 사람인 것 같다. 당신은 해당 업무를 맡는 데 동의한다.

두 시나리오 모두 이상적이지는 않지만, 당신이라면 어떤 시나리오를 선호하겠는가? 업무 지시를 받는 것과 스스로 선택하는 것 중 어느 쪽이 나은가? 우리는 팀 작업을 할 때 자율성을 갖고 스스로 일을 선택하는 사람들이 스트레스도 덜 받는다는 사실을 발견했다.

서로 연결되어 있고 회복력이 강한 팀이라면 시나리오 1처럼 일을 진행하지는 않을 것이다. 실제로 시나리오 2와 같은 상황에서 한 사람이 모든 업무를 떠맡는 경우는 거의 없다. 서로 잘 연결되어 있는 팀이라면 제3의 시나리오를 통해 번아웃이 발생하는 것을 방지한다. 조직을 운영하고 새로운 결과물을 관리할 담당자를 지정한 다음 팀 전체가 함께 작업을 수행하는 식이다. 이렇게 하면 업무량이 분산되어 스트레스도 희석된다.

AIM의 시작은 각 팀원이 개인 역할을 정하고 개인 목표를 달성하는 방법을 결정할 수 있게 안내하는 것이다. 그다음 외부로 눈을 돌려 다른 팀원들이 개인 목표를 달성할 수 있게 돕는다. "지원이 필요하신 것 같은데 도와드릴까요?"라거나 "지원이 필요한데 도와주실 수 있나요?"라는 말을 자주 듣게 된다. 이렇게 하면 팀원들이 서로의 취약점을 공유하고 소통하며 공감대를 형성할 수 있고 서로를 지원하며 스트레스를 줄일 수 있다.

번아웃을 극복하는 또 다른 방법은 사람들에게 배우고 성장할 수 있는 공간을 제공하는 것이다. 새 학교에 부임한 화학 교사

사라는 과학 부장 등 7명으로 구성된 팀에서 일했다. 그녀가 채용된 데에는 여러 이유가 있었다. 첫째, 그녀는 훌륭한 교사였고 학생들 사이에서 인기가 높았다. 둘째, 그녀는 면접에서 두드러졌고 추천서 또한 훌륭했다. 마지막으로, 그녀의 수업 계획은 세심했고 팀에 실질적으로 도움이 되었다.

사라를 눈여겨본 부서장은 그녀에게 매주 팀과 함께 수업 계획을 개발하라는 임무를 부여했다. 수업 계획 개발은 학생들을 공부에 집중시키는 방법을 찾기 위한 전체 회의로 시작했다. 팀원들은 사라의 지원을 좋아했지만 몇주 후 사라는 더 이상 그 일이 즐겁지 않았다. 그녀는 불안했고 자신의 능력에 의구심을 품게 되었다.

사라와 함께 작업을 하기 시작했을 때 우리는 그녀에게 스트레스의 원인이 무엇인지 물었다. 그녀는 부서장이 원인이라고 대답했다. "의도는 좋으세요. 하지만 제가 팀과 뭔가를 하려고 하면 그 전에 꼭 확인을 합니다. 저를 믿지 못하는 것 같아요. 조언을 하고, 제가 팀에 그 조언을 전달하기를 원하는데, 그게 꼭 최선의 조언은 아닙니다. 더 이상 팀을 이끌고 싶지 않아요. 가르치는 일에만 집중하고 싶습니다."

우리는 학교의 운영진과 협력해 직원들과 한 번만 더 계획을 세워보라고 제안했다. 부서장에게는 간섭하거나 사소한 것을 관리하지 말고 직원들이 각자 책임을 다할 수 있도록 내버려두라고 조언했다. 변화가 일어나자 직원들은 운영진에 대한 신뢰가 높아지고 스트레스는 전반적으로 낮아졌다고 보고했다. 명확한 지시 덕분에 직원들은 자신들이 지원을 받고 있다는 느낌을 받았고 언제 무엇을 해야 하는지 역할과 목표가 분명해졌다. 덕분에 직원들은 단순히 업무를 완수해야 한다는 의무감보다 업무 자체에 대한 책임감을 크게 느끼게 되었다.

사라나 에이미의 사례에서 우리는 팀원들을 만나 잠시 멈추는 시간을 가졌다. 우리는 팀원들에게 원하는 것이 무엇인지, 팀에게 가장 효과적인 업무 방식이 무엇인지 물었다. 직원들은 매우 값진 피드백을 주었는데, 모든 직원이 독립성, 균형감, 일체감, 역할의 명확성을 확보할 때 가장 효과적으로 일할 수 있다고 대답했다. 우리는 팀을 지원했고, 에이미를 포함한 일부 팀원은 팀을 떠났지만(그녀는 현재 다른 조직에서 최고책임자로 일하고 있다) 대다수가 심상화를 통해 팀의 단기 목표, 목표 설정, 자기 자신과 팀을 진정시키는 전략에 사람 중심 접근 방식을 활용하며 잘 해나가고 있다.

번아웃은 일과 삶의 균형이 맞지 않을 때 발생하기에 팀원들을 진정시키는 마음챙김이나 생각과 스트레스를 관리하는 FIT를 하지 않는다면 계속 발생할 것이다. 번아웃은 어떤 조직에서도 발생해서는 안 된다. 번아웃이 생겼다면, 기대치를 제대로 설정하지 않았거나 경계를 자주 침범했거나 동료의 지원이 적절하지 않았다는 뜻이다. 우리가 모든 팀을 위해 번아웃 유행을 해결할 수 있으면 좋겠지만 그럴 수는 없다. 특정 과제에 필요한 지원을 인식하는 문화를 구축하는 일은 팀의 몫이다. 쉬운 과제에는 지원이 필요하지 않다. 하지만 어려운 과제에는 더 많은 팀의 지원이 제공되어야 한다.

인정받고 싶은 마음

인정받고 싶은 욕구와 감정적 반응이 만나면, 격렬한 충돌이 발생한다. 이러한 욕구는 이성을 앞지르고 사람들을 자기 파괴의 길로 이끈다. 평소에는 동료들을 잘 돕는 팀원이 과로하고, 무시당하고, 과소평가를 받으면 억울함과 복수심으로 가득 차 자기 자신과 팀에 해로운 존재로 변할 수 있다.

스타트업 유센딧YouSendIt의 창업자의 이야기는 경각심을 일깨우는 사례이다.[2] 캐나다로 이민 온 파키스탄인인 칼리드 샤이크는 형과 함께 창업한 회사에 모든 것을 쏟아 부었다. 회사는 그의 자식이나 다름없었다. 그는 개인 생활을 포기한 채 코드를 작성하고 서버를 구축하며 회사를 운영했다. 그런데 수익을 내기 위해 고군분투하던 그와 공동 창업자들은 1,100만 달러 규모의 투자를 받았다가 소유권을 포기하기에 이르렀다.

그 후 경영진을 포함한 모든 것이 바뀌었다. 칼리드는 환영받지 못하고 인정받지 못했다. 그는 기술 콘퍼런스의 문화에 적응하려 노력했다. 새 옷을 구입하고 골프를 쳤다. 그러나 그는 시도하는 모든 것이 가짜인 듯 어색하게 느껴졌고 다른 사람들이 보기에도 마찬가지였다. 그는 점점 스트레스를 화풀이로 해결했는데, 어느 날은 친한 팀원에게 "멍청한 놈, 네가 이런 짓을 하다니 믿을 수가 없어!"와 같은 내용의 이메일을 보냈다.

결국 칼리드는 해고당했다. 그는 애플에서 쫓겨났다가 되돌아갔던 스티브 잡스처럼 회사로 돌아갈 길을 찾지 않고 분노만 삭이다가 최악의 결과를 맞이했다. 자신의 인생을 바친 회사에 사이버 공격을 감행한 것이다. 결국 그는 감당할 수 없는 벌금을 낸 뒤 감옥에 갇혔고, 자신이 꿈꿔왔던 세상에서 쫓겨나 아웃사이더로 살고 있다. 열심히 노력하던 인재가 친구, 동료들과 멀어지고 결국 범죄자가 되었다는 이야기를 듣는 것은 쉬운 일이 아니다. 그의 이야기에는 살펴봐야 할 부분이 많지만 앞에서 강조했던 것과 같이 감정에는 논리를 뒤엎는 힘이 숨겨져 있다는 사실에 초점을 맞추려 한다. 인정받고 싶은 욕망에 사로잡히면 자기 자신과 목표를 잊어버릴 수 있다.

일을 하다 보면 좋은 의도와 노력, 헌신으로 시작한 협업이 거인들의 충돌로 끝나는 경우를 보게 된다. 이는 누가 방의 온도를 조절하느냐와 같은 사소한 힘겨루기의 형태로 나타나기도 하고,

리더의 일정에서 서로 우선순위를 차지하려는 권력 다툼으로 이어지기도 한다. 이 문제에 대한 해결책은 단순히 더 나은 업무 환경을 상상하거나 가치를 논의하는 것보다 더 복잡하다. 해결책은 일과 삶의 균형을 찾는 자기 관리에서부터 시작되어야 한다. 그다음 타인을 이해하고 서로 다른 역할을 맡은 다양한 성격의 사람들과 소통하는 법을 배워야 한다.

심상화와 솔루션

팀을 이끈다는 것은 큰 도전이다. 팀원이 안전감과 소속감을 느끼는 환경이 조성되면, 팀원들은 상상력을 발휘해 혁신과 솔루션을 탄생시킨다. 그렇게 되면 리더가 모든 것을 해결해야 한다는 부담감은 줄어들고 최종 목표인 공동의 책임 의식이 고취된다. 안전감과 소속감을 느낄 수 있는 환경을 구축하는 데 필요한 두 가지 요소는 자율성과 공감이며, 이 두 요소 모두 동기 부여 면담 정신의 핵심 요소이다.

자율성

우리는 신경과학의 도움으로 다양한 상황에 처할 때 우리의 뇌에서 어떤 일이 벌어지는지 파악할 수 있다. 스스로 결정한 행동에 대한 보상과 처벌을 비교 분석한 이우걸 교수와 동료들의 연구에 따르면, 뇌는 보상과 처벌에 의해 강요받는 느낌을 받을 때 주체성을 상실했다는 신호를 보낸다.[3] 이는 자신이 중시하는 가치와 자기 자신을 신뢰하는 힘을 잃었다는 뜻이다. 개인은 자신이 결정한 행동(자율성, 숙달, 협업)을 할 때 주체성을 발휘한다고 느끼는데, 이는 자신이 통제할 수 있는 범위 내에서 경험하는 결과와 상황에 대해 책임을 지기 때문이다. 주체성이 있는 팀원은 문제가 발생할 때 그것이 타인의 문제이거나 통제할 수 없는 문제라고 생각하지 않는다. 이들은 상황에 휘둘리기보다 상황을 개선할 해결책을 찾을 가능성이 높다.

심상화는 개인에게 자율성을 부여한다. 팀 심상화도 마찬가지다. 캐서린의 팀의 사례에서 보았듯이, AIM은 팀원들을 한데 모아 더욱 강하고 유연한 팀으로 만든다.

공감

팀원들에게 공감하는 법을 알려주면 불만이 협업으로 바뀌는 모습을 관찰할 수 있다. 이러한 변화는 팀 내 사기를 북돋아주고 소속감을 강화하며, 최종 결과인 목표 달성에도 영향을 미친다.

우리는 통계학자 폴 허츠가 고안한 동기 부여 측정 방법을 활용해 팀원 각각의 강점과 약점, 잠재적 갈등을 파악하는 것을 돕는다.[4] 이를 통해 형성된 자기 인식은 팀원들이 자신의 행동에 대한 책임을 지게 하고 팀 내 소통 문제를 일으키는 요소를 예상할 수 있게 돕는다. 팀원들과 함께 이러한 조치에 대해 논의하면, 팀은 공통 언어를 개발하고 서로 다른 관점을 인정하게 되며 공감대가 형성된다.

팀 내에는 다양한 역학관계가 존재하므로 팀의 공감을 불러일으키는 것은 개인의 공감을 불러일으키는 것보다 어렵다. 팀 내 공감대를 형성하는 일은 경청에서 시작된다. 우리는 팀과 함께 워크숍을 진행할 때마다 적극적인 경청, 개방형 질문, 반문을 장려한다. 자신의 말과 행동이 타인에게 어떤 영향을 미치는지 이해하는 연습을 하는 것이 좋다. 구글이 직원들에게 신중하게 이메일을 보내는 연습을 하라고 권장하는 것처럼, 당신도 팀원들과 함께 경청하는 연습을 할 수 있다. 지금 바로 시도해보라. 생각을 자극했던 의미 있는 대화를 떠올려보고 잠시 그 순간으로 돌아가 보자. 일단 대화를 상상하고 당시의 청중, 환경, 열기를 떠올린다.

상대방이 말을 많이 했는가? 당신만 이야기했을 수도 있다. "그다음 무슨 일이 벌어졌어?(개방형 질문)"와 같이 재촉하는 질문을 받았거나 "말도 안 돼!(호기심 어린 반문)"라고 속삭였을 수도 있다. 두 경우 모두 말하는 사람(당신)은 상대방이 자신의 이야기에 관심을 갖고 진심으로 경청하고 있다고 느꼈을 것이다.

이번에는 상대방이 자신의 말에 전혀 귀를 기울이지 않았던 때를 떠올려보자. 해결책이나 사례에 대해 이야기하고 싶은데 상대방은 듣고 싶어 하지 않는다면? 당신이 이야기를 하는데 누군가가 끼어들었거나 대답하지 않았거나 반응을 보이지 않고 다른 주제로 넘어간 적이 있을 것이다. 당신은 그때 답답함을 느꼈는가? 불쾌했는가? 자기 자신이 이해하기보다 반응하기 위해 상대방의 말을 듣는 경우가 어느 때인지 파악하는 것은 쉬운 일은 아니다. 이를 위해 LAP의 수정 버전을 활용할 수 있다.

- **단서를 찾는다.** 잠시 멈추고 천천히 호흡한다.
  : 이렇게 하면 즉각적으로 반응하는 것을 막을 수 있다.

- **심상을 활성화한다.** 8초 이내로 팀의 목적을 상상한 다음 팀의 공동 목표를 상상한다.
  : 이렇게 하면 팀원 간의 정서적 유대감을 불러일으킬 수 있다.

- **현재에 집중한다.** 경청하고, 반문하고, 개방형 질문을 한다.
  : 반문을 하려면 적극적으로 경청해야만 한다.

이 프로세스를 통해 적극적인 경청을 방해하는 끼어들기를 최소화하여 깊은 관계를 형성할 수 있고, 회의실 내 모든 사람이 의견을 개진하는 의미 있는 토론을 할 수 있다.

최종단계

우리의 궁극적인 목표는 계획된 책임이다. 각 팀원이 팀이 직면할 만한 어려움을 상상하고 잠재적인 이슈를 문제가 되기 전에 해결하기 위해 노력할 때 계획된 책임을 다하는 것이라고 할 수 있다. 이는 모든 팀원이 공동의 의무를 지키는 참여자에서 개인의 책임과 행동을 다하는 성실한 참여자로 발전해 가는 것을 의미한다.

계획된 책임을 달성하기 위한 첫 번째 단계는 7장에서 설명한 AIM 모델을 참조하는 것이다. 팀을 정비한 다음 공동의 목표를 정의하고 팀 심상화를 통해 함께 계획을 세운다. 이 단계들을 따라가다 보면 팀이 적극적으로 실행에 옮길 만한 현실적인 목표를 세울 수 있다. AIM을 통해 팀은 가치, 신념, 승리하는 태도에 대한 논의에 참여하여 깊은 유대감을 조성하게 되므로 갈등은 최소화된다. 팀은 공동의 목표에 집중하고 건설적으로 비판하게 되며, 이를 통해 동기가 부여된다.

다음 단계로 팀이 목표와 이정표에 대한 진행 상황을 평가할 때 일시 중지의 순간과 원탁 회의를 개발하라. 이를 통해 팀원들의 목소리를 듣고 공감대를 형성할 수 있다. 팀원들의 의견을 경청하고 이해해야 하며, 이는 팀과 조직의 목표나 목적에 부합해야 한다. 회복력이 강한 팀은 협업의 여정이 순탄할 수 없다는 사실을 인정하는 데에서 시작되므로 팀이 함께 모여 문제를 논의하거나 선택의 순간에 대비할 수 있는 시간을 확보해야 한다. 공개적이고 의도적으로 배울 수 있는 환경을 조성함으로써 계획된 책임감을 가질 기회를 만들 수 있다. 그렇게 하면 팀원들은 사전에 문제를 생각하고 다른 팀원을 지원하는 여유를 가질 수 있게 된다.

캐서린의 팀의 사례로 돌아가 보자. 우리는 1년간 캐서린의 팀과 소통을 개선하고 역할을 명확히 하며 유대감과 소속감을 바탕으로 공동의 목표를 수립했다. 수개월간 지속된 갈등을 중재하고 편향과 '또 시작이군' 증후군을 극복하는 일은 쉽지 않았다. 우리는 모든 팀원과 함께 작업을 했고(일부와는 더 많은 시간을 함께 했다) 팀원들이 단합할 수 있게 도왔다.

우리는 공식적인 작업을 마치고 나서 두 달 뒤에 다시 캐서린의 팀과 대화를 했다. 가장 보람을 느꼈던 전화 통화 중 하나였다. 팀원 한 명이 말했다. "함께 작업해서 다행이었습니다. 우리는 매우 힘든 전환기를 거쳤고, 모든 게 수포로 돌아갈 수도 있는 상황에서 잘 견뎌냈습니다."

그들은 정기적으로 심상화를 하고 계획을 세웠다. 공동의 목표에 따라 세부 목표를 설정하는 회의를 열었고 어디에 관심과 노력을 집중해야 하는지 알았다. 갈등이나 불확실성이 발생했을 때 불편함을 느끼기도 했지만, 유연한 태도를 유지하며 연민과 이해심을 가지고 서로의 이야기를 경청했다.

캐서린은 팀의 진전에 기뻐했다.

세부 목표를 함께 수립하면서 투명성이 높아졌습니다. 모두가 무엇을 해야 하는지 알고 있었고 결과물에 대해 책임감을 느꼈습니다. 일주일에 한 번 원탁 회의에서 심상화를 하며 계획을 세우고 잠재적인 어려움과 일정, 역할이 명확하게 제시된 시나리오를 검토하면서 팀이 하나가 될 수 있었습니다. 모두가 같은 주파수에 자신을 맞추고, 서로의 업무 방식과 선호를 이해하며, 문제가 발생하더라도 폭넓은 이해와 존중을 바탕으로 함께 극복할 방법을 알게 되었습니다. 업무와 서로에 대해 의무감만 느꼈던 팀이 책임감을 가지게 되었습니다.

협업과 관계에 투자하는 시간이 늘어날수록 팀은 팀 목표보다 큰 외부 목표를 인식하게 된다. 이따금 발생하는 갈등을 해결하는 일은 미래를 위한 싸움으로 인식되어 조직이 공유하는 공동의 가치가 된다. 또한 계획된 책임을 다하는 강력한 팀을 갖춘 조직은 조직보다 거대한 무언가에 기여할 수 있는 기회를 가지게 된다. 이러한 조직은 단순히 위로 올라가는 데 그치지 않고 한계를 넘을 수 있는 공동의 인프라를 갖추게 될 것이다.

Chapter 9

한 차원 더
나은 세계로

논리는 우리를 A에서 B로 데려갈 수 있지만,
상상력은 우리를 어디든지 데려갈 수 있다.

알버트 아인슈타인

"눈을 감으니 눈이 열렸어요." 한 고객이 말했다. 우리도 마찬가지였다. 처음에 우리도 각자 한 가지 목표를 가지고 있었다. 조의 목표는 자전거 사고를 극복하는 것이었고, 조나단의 목표는 연구를 수행하고 연구 결과에 관한 글을 쓰는 것이었다. 그런데 이 책에서 우리의 방법과 이야기를 공유하다 보니 더 큰 생각을 하게 되었다. 우리는 심상화가 습관이 된 사람들이 동기 부여가 증폭되고 시야가 넓어지는 사례를 오랫동안 지켜봤다. 이제 당신에게 과제를 인식하고, 계획하고, 온전히 집중하기 위한 도구가 생겼으니, 스스로의 잠재력을 제한하는 방식을 버리고 새로운 방식을 수용하기를 바란다.

다음 단계가 무엇이냐는 질문은 아주 훌륭한 질문인데, 이는 전적으로 당신에게 달려 있다. 이 시점에서 많은 사람들의 다음 단계는 비즈니스나 스포츠, 개인 목표를 달성하는 것이 아니라 공동의 비전을 갖고 책임을 다하는 세계 시민으로 구성된 팀을 꾸리는 것이다. 세상에 더욱 크고 광범위한 영향을 미친다는 아이디어가 매력적으로 느껴진다면 생각해보자. 당신은 세상에 어떤 변화를 일으키고 싶은가? 교육, 정신 건강, 암 연구, 동물권, 기후 변화, 혹은 다른 분야인가?

한 차원 높은 팀 심상화는 개인을 넘고 팀을 넘어 확장한다. 당신은 AIM을 통해 세상에 긍정적인 변화를 일으킬 수 있다. 목표를 바꾸면 개인적인 우선순위와 팀 우선순위를 수정해야 하는 장애물에 부딪히게 되겠지만, 엄청난 기회가 기다리고 있다. 이 장에서는 기후 행동에 대한 예시가 많이 등장하는데 우리가 이 문제에 열정을 갖고 헌신하고 있기 때문이다. 하지만 어떤 지구적 과제이든 동일한 예시를 적용할 수 있다.

회색 코뿔소 효과

회색 코뿔소가 멸종 위기에 처해 있다는 사실을 알고 있는가? 회색 코뿔소를 구하기 위해 돈을 기부하거나 시간과 노력을 투자한 적이 있는가? 흰코뿔소는 어떤가? 마지막 질문이다. 검은 코뿔소는 어떤가? 검은코뿔소를 구하기 위해 기부한 적이 있는가? 검은코뿔소는 2011년에 멸종되었으므로 소용없는 이야기이긴 하다.

회색 코뿔소 효과는 지구의 미래를 위해 즉시 행동해야 한다는 사실을 알면서도 그렇게 하지 않는 것을 말한다. 회색 코뿔소 효과에 빠지면, 변화를 일으키는 것이 자신의 책임이 아니라고 생각하거나 자신의 노력은 아무런 변화도 일으키지 못한다고 생각하는 양가감정을 느끼게 된다. 이는 주변의 영향(대부분의 사람들이 코뿔소를 본 적이 없음) 때문일 수도 있고, 시급성을 이해하지 못해서일 수도 있다(회색 코뿔소의 멸종은 지금 당장 행동하기에는 먼 미래인 것처럼 느껴진다). 따라서 우리는 지금 당장 우리 삶에 영향을 미치지 않는다고 생각하고 행동하지 않는다. 하지만 회색 코뿔소는 멸종 위기에 처해 있으며, 우리는 무언가를 할 수 있고 해야만 한다.

당신이 긴급하게 행동하지 않는 진짜 이유는 긴급함이 동기 부여와 얽혀 있기 때문이다. 코뿔소를 구하기 위한 동기 부여의 불꽃을 찾기 위해 옛 이론을 살펴보자.

미국의 심리학자 에이브러햄 매슬로의 인간 욕구 5단계 이론에 따르면 인간은 목표를 추구할 때 다섯 단계의 욕구 위계를 통해 위로 올라가며, 생리적 욕구(적절한 수면과 음식), 안전 욕구(건강과 재정), 애정과 소속에 대한 욕구(친구, 동료, 가족, 연인), 존중의 욕구(존경과 자존감)를 거쳐 마지막 단계인 자아실현 욕구(목표 달성)에 이른다고 한다.[1]

매슬로의 욕구 이론은 오랫동안 경험적 증거가 거의 없는 이론으로 남아 있었다. 이에 2005년 갤럽은 매슬로의 욕구 이론과 관련하여 5년간 6만 명 이상을 대상으로 대규모 생활 만족도 조사를 실시했다. 설문조사의 결론 중 하나는 자아실현을 할 때보다 사회적으로 연결되었을 때 더 행복을 느낀다는 사실이었다. 갤럽월드폴의 설계를 도운 갤럽의 심리학자이자 수석 과학자인 에드 디너는 "연구 결과 사람들은 타인의 욕구가 충족될 때 더 높은 만족도를 보이는 것으로 나타났다"고 전했다.[2] 다시 말해 주변 사람들의 욕구가 충족될 때 자기 자신도 더 행복해진다는 것이다.

다른 사람들이 어려움을 겪고 있다면 내 삶의 질도 떨어진다. 주변의 고통과 어려움을 무시하면서 자기 자신의 잠재력을 최대한 발휘하는 것은 불가능한 일이기 때문이다. 회색 코뿔소를 포함한 다른 생명체의 필요를 무시한다면 심상화로 얻는 모든 이

득은 덧없어질 것이다.

회색 코뿔소 효과는 연결을 통해 극복할 수 있다. 심상화는 연결을 촉진해 다른 사람들과 나눌 수 있는 대화를 상상하게 한다. 이를 통해 우리는 진정성 있고 현실적인 방식으로 타인과 관계를 맺을 수 있다. 이때 '만약의 경우'를 생각하다 보면 유연한 태도로 새로운 해결책에 마음을 열 수 있고, 자신이 외부공동체와 세상과 연결되었다고 느끼는 것 이상의 연결을 구축하는 방향으로 한 걸음 더 나아갈 수 있다.

조직, 팀, 개인 모두 출발 지점을 정해놓고 시작할 때 효과적으로 일할 수 있다. 출발 지점에서부터 비전을 가지고 있어야 하며, 역방향으로 고민하고 타협하며 단단한 토대를 구축해야 한다. 전 세계에서 일부 기업이 이러한 비전을 실현하기 위해 변화를 시작하고 있다. 포드 자동차를 비롯한 여러 자동차 제조업체는 지속 가능한 원단의 사용을 늘려 재활용할 수 있는 자동차를 만들고 있다(포드 포커스는 80퍼센트가 재활용 가능하다). 스타벅스는 저탄소 배출과 저유량 급수 밸브로 운영되는 친환경 매장을 만들고 커피 찌꺼기를 지역사회에 정원 퇴비로 기부하는 등 친환경 기업으로 거듭났다.

화장품 업계도 변신중이다. 대중적인 화장품 회사 러쉬 코스메틱스Lush Cosmetics는 모든 제품을 천연 식물성 원료로 만들고, 포장재 없이 제품을 판매하며, 동물 실험을 하지 않는다. 하지만 이렇게 되기까지 많은 어려움이 있었다. 러쉬 코스메틱스의 이전 브랜드명은 코스메틱 투 고Cosmetics to Go였는데 코스메틱 투 고는 입욕제 등의 상품을 갈색 종이로 화려하게 포장해 끈으로 묶은 다음 무료로 배송해왔었다.

기후 변화에 대처하는 법

지속 가능성과 기후에 대해 더 이야기하기 전에 먼저 솔직해지자. 기후 변화에 있어서 회색 코뿔소 효과는 인류를 대격변의 위기에 빠뜨렸다. 극지방의 만년설은 10년에 13퍼센트씩 녹고 있는데, 이 속도라면 해안 지역의 도시들은 물에 잠기게 된다. 그걸 어떻게 아느냐고? 1979년부터 NASA가 수집한 위성사진을 보면 알 수 있다.[3] 한때 희망을 품었던 환경 과학자와 경제학자들은 이제 우리가 지구의 연평균 기온 상승폭을 1.5도로 제한한다는 유엔의 목표에 도달하지 못할 것이라는 사실을 인정하고 있다. 이는 세계 일부 지역에 극심한 더위가 찾아와 가뭄과 빈곤이 심화되고 생물 다양성과 어업이 감소되며, 말라리아와 같은 매개체로 인한 감염병에 걸릴 위험이 높아진다는 의미이다.

우리(인류)가 너무 늦었다고 하는 사람도 많다. 그들은 우리가 이 환경 위기의 결과를 바꾸는 것이 불가능하다고 생각한다. 하지만 기후 위기는 인간이 초래한 것이므로 해결책도 인간이 마련해야 한다. 그렇기 때문에 심상화 코칭은 필수적이다. 우리가 선택의 순간을 상상하고 통제할 수 있게 되면, 기후 위기에 대한 해결책을 상상하고 이를 실천할 열정과 집중력을 지닌 사람들이 나오게 될 것이다.

세계적인 변화는 당신과 당신의 팀이 함께 상상하고, 함께 계획하며, 함께 행동하는 미시적 수준의 행동으로부터 시작된다. AIM은 상상력을 통해 개인과 국가를 연결하고 어려운 상황이 닥쳐도 인내심을 가지고 지속할 수 있도록 돕기 위해 개발되었다. 오늘날 우리는 회색 코뿔소 효과를 끊임없이 경험하고 있다. 우리는 전 지구적인 도전 과제에 직면한 시대에 살고 있다. 지금껏 경험하지 못한 실존적 위기에 처해 있으며, 전례 없는 수준의 공포와 위협이 우리를 허무주의로 이끌고 무력증에 빠트리고 있다. 그 어느 때보다 더 상상하고, 시도하고, 개선하고, 적응하고, 다시 상상하고, 성공할 때까지 다시 시도하는 승리의 태도가 필요하다. 기후 위기에는 대안이 없기 때문이다. 우리는 반드시 성공해야 한다.

우리는 무력함을 극복하기 위한 전략으로 경외감이 드는 장소, 즉 자기 자신과 자연이 조화를 이루는 장소를 상상하고 묘사하라고 가르친다. 이러한 장소는 다양하다. 해변을 걸으며 수평선을 바라보거나 미지의 세계인 밤하늘을 올려다보거나 들판에 누워 머리 위로 지나가는 구름을 지켜볼 수 있다. 경외의 장소는 원치 않는 생각에 대항하는 비밀 무기이다. 당신을 목표와 연결될 수 있게 해주고 정서적 닻이 되어 당신의 리셋을 도와줄 것이다. 경외의 장소는 의미를 지니며, 이를 떠올리기 위해서는 생생한 다감각적 심상을 사용해야 한다.

이제 잠시 시간을 내어 심상화에 들어가 보자. 먼저 호흡에 주의를 기울인다. 그다음 발에 집중한다. 땅을 느끼고 땅과 연결되어 있음을 느낀다. 특별한 일이 일어나길 바라는 게 아니라 그저 인식한다. 지금 경외심을 느끼는 장소에 있는 자신의 모습을 상상한다. 광경, 소리, 날씨, 미각, 후각, 몸의 움직임, 촉감, 감정을 상상한다. 그곳에서 왜 경외심을 느끼는지 잠시 생각해보고, 자세히 설명한다.

심상화를 하면서 같은 장소의 50년 후의 모습을 상상해보자. 물리적으로 무엇이 바뀌었는가? 모든 것이 지금과 동일한가? 당신은 무엇이 달라졌는가? 함께 있는 사람들은 어떤 점이 달라졌는가? 미래에 대한 생각을 계속해본다. 이제 100년 후의 미래를 상상해본다. 당신이 경외심을 느꼈던 장소는 더 이상 존재하지 않는다. 폐허가 되어 버렸다. 기분이 어떠한가? 우리가 상상력을 발휘해 분쟁과 기후 변화를 해결하지 않는다면 그 폐허가 현실이 될 것이다. 지금 당신이 하는 일과 앞으로 지속할 일이 중요한 이유는 당신의 행동이 당신의 미래와 역사를 정의하기 때문이다.

AIM은 개인의 헌신과 노력을 뛰어넘어 회색 코뿔소 효과를 극복하는 데 사용될 수 있다. 한 가지 강력한 방법은 방금 안내한 미래에 대한 심상을 사용하여 모든 사람의 긴박감을 고조시키는 것이다. 팀은 심상화를 통해 지금과 같은 방식으로 계속 비즈니스를 운영한다면 5년 후, 10년 후 어떤 모습이 될지 상상해 볼 수 있다.

우리는 팀원들의 토론을 유도하기 위해 환경과 무관한 사례를 제시하면서 작업을 시작한다. 경쟁업체가 워크플로를 간소화하는 데 사용하고 있는 새로운 소프트웨어를 도입하지 않으면 어떻게 될지 물어보면서 기술 등 업무와 가까운 주제를 꺼내는데 보통 다음과 같은 시나리오로 시작한다. "팀에서 새로운 소프트웨어의 도입을 고려하고 있다. 팀원들은 대부분 프로그램을 설치하고 기능을 숙달하는 데 많은 시간과 노력이 소요될 것으로 본다. 모든 직원이 혜택을 받게 되겠지만, 아직 큰 변화를 받아들일 준비는 되지 않은 것 같아 두렵다." 우리는 각 팀에 이 프로그램이 회사, 팀, 개인의 삶에 미칠 영향을 상상해보라고 하고, 변화에 대한 팀원들의 감정과 동기를 탐구한다.

그런 다음 기후 문제로 화제를 돌려 재활용, 에너지 절약, 음식물 쓰레기 줄이기 등과 같은 친환경적 결정에 대한 개인의 선택의 순간을 탐색하면서 회색 코뿔소 효과를 살펴본다. 각 팀에게 "회색 코뿔소 효과를 극복하기 위해 조직으로서 지금 무엇을 할 수 있을까?"에 관한 자체 시나리오를 개발해달라고 요청한다.

요청을 받은 팀은 대부분 환경적 측면에 대해 논의하지만, 기술에 대해 논의하는 팀도 있다. 그러면 물을 절약하지 않는 등 친환경적인 행동에 신경을 쓰지 않는 상상을 해보라고 권한다. '카풀을 하지 않는 것'은 가장 자주 제안하는 시나리오다. 그다음 카풀을 자주 한다면 어떤 미래가 펼쳐질지 그려볼 수 있는 질문을 던져 팀원들을 미래로 초대한다.

- 카풀 출퇴근이 환경에 어떤 영향을 미칠까? 카풀은 우리(지역)와 환경 위기(세계)에 어떤 이점이 있는가?
- 나, 우리에게 왜 중요한가?
- 이 프로그램에 적극적으로 참여하려면 어떻게 해야 하는가? 내게 어떤 의미가 있는가?
- 시작하기 위해 우리는 무엇을 해야 하는가? 우리는 지금 당장 변화를 실행할 준비가 되었는가? 다음 단계는 무엇인가?
- 이 프로그램은 지속 가능한가?
- 만약 우리가 카풀을 하지 않으면 어떻게 될까?
- 성공과 실패를 어떻게 판단할 수 있는가? 카풀이 증가하거나 감소하는 두 가지 시나리오를 모두 상상할 수 있는가?
- 5년, 10년, 20년, 50년 동안 이 프로그램이 어떻게 성장할 수

있을까?

- 실행은 어떻게 이루어지는가? 우리는 어디서부터 시작해야 하고 우리의 이정표는 무엇인가?

팀은 행동할 때의 긍정적인 결과와 행동하지 않을 때의 부정적인 결과를 상상하며 심상화에 몰입한다. 이 과정이 적절한 타이밍에 이루어진다면, 팀은 실행 계획을 수립하고 행동으로 옮긴다.

적절한 타이밍

행동 변화의 핵심은 타이밍이다. 사람들은 준비가 되었을 때만 변화한다. 참여자의 자율성을 키우지 않으면 참여자는 이전의 행동으로 되돌아가므로 변화는 강요할 수 없고, 강요해서도 안 된다. 사람들이 변화할 준비가 되었는지 파악하려면 준비도를 0점(준비되지 않음)에서 10점(바로 시작할 수 있음)까지의 점수로 평가해달라고 요청하라. 이 점수는 추가 탐색을 위한 기준점이 될 수 있다. 7점이라면 왜 5점이 아닌지, 9점이 되려면 어떻게 해야 하는지 등의 질문을 던질 수 있다. 점수를 바탕으로 집단 토론과 개인적인 성찰을 할 수 있다. 변화는 성찰(이 경험이 알려주는 것은 무엇인가?)에서 시작하여 숙고(이것이 나와 다른 사람들에게 어떤 의미가 있는가?)로 이어진다. 도전적인 목표가 왜 자신에게 공감을 불러일으키는지 탐구한 사람들은 변화를 실행할 창의적인 방법을 생각하기 시작하고, 변화를 시작할 준비를 한다. 이 과정은 중요하다. 도전적인 목표를 달성하려면 계획을 세울 때, 목표에 착수할 때, 어려움을 겪을 때, 성공할 때, 또 다른 여정을 상상할 때 등 전 과정에 걸쳐 창의력이 요구되기 때문이다. 이 세상에 살고 있는 사람들을 구하기 위해서는 창의적인 사람이 되어야 하고, 창의적인 사람이 되려면 상상력이 풍부해야 한다.

환경을 보호하기 위해 생활에 변화를 주고 있다고 가정해 보자. 지난 몇 달 동안 당신은 쓰레기를 줍는 프로젝트를 꾸준히 해왔다. 프로젝트는 잘 진행되고 있고, 같은 생각을 가진 활동가들도 만났다. 당신은 이 프로젝트에서 큰 목적과 의미를 찾았고, 밖에서 활동하는 기회도 즐기고 있다. 직장 동료가 "얼굴이 밝네요. 요즘 뭐 하세요?"라고 묻는다. 당신은 "점심시간에 조깅을 하고 공원에 가서 쓰레기를 줍고 있어요"라고 대답한다.

동료가 미소를 짓는다.

"같이 할래요?" 당신이 묻는다.

"지금은 좀 그렇고, 다음에 같이 해요." 동료가 대답한다.

당신과 바로 함께 할 준비가 된 사람도 있는 반면, 시험 삼아 발만 살짝 담가보려는 사람도 있다. 상대방의 이야기를 경청하고 상대방이 변화를 향한 여정에서 어느 단계에 있는지 파악하면 상대방을 이해하고 소통할 수 있다. 다시 말하지만, 중요한 것은 적절한 타이밍이다.

조나단의 절친한 친구인 토머스는 대규모 화석 연료 회사에서 최고 운영 책임자로 일하고 있다. 토머스는 대학 시절부터 기후 활동가로 활동하며 조직적인 행사와 시위에 참여했다. 기후활동가가 어째서 화석 연료 회사에서 일하는지 궁금할 것이다. 토머스는 기업이 탄소 배출을 줄이는 윤리적인 방식으로 운영되기를 원했기 때문에 자신의 역할이 더 큰 변화의 중심이 될 것이라고 생각했다. 토머스는 자신이 기후활동가이자 경영인으로서 주요 의사 결정에 관여하고, 시위대의 팻말 뒤가 아닌 이사회에서 영향력을 발휘할 수 있다는 사실을 알았다.

이사회는 기업의 핵심 관계자들이 합의에 도달하고 중요한 결정을 내리는 곳이지만, 그 결정이 시작되는 곳도 아니고 실행되는 곳도 아니다. 2018년 1월, 토머스는 수개월간 지속된 싸움 끝에 기후 비상사태를 선언하기 위한 팀원들의 합의를 이끌어냈다. 지구의 연평균 기온 상승폭이 목표치인 1.5도를 초과하여 해수면과 모든 생물의 서식지에 영향을 미칠 가능성이 높아졌다는 사실을 깨달았기 때문이다. 회사는 자사가 기후 위기를 크게 가중시키고 있다는 사실도 인정했다. 토머스에게 큰 승리였지만(그는 화석 연료 기업이 화석 연료가 환경에 미치는 부정적인 영향을 발표하도록 했다), 선언을 하는 타이밍이 문제였다.

경영진 회의에서 토머스는 "의견이 일치해서 기쁩니다. 즉각적인 조치가 필요한데, 어떻게 할까요?"라고 말했다.

동료 한 명이 잠시 시간을 갖고 앞으로 한두 달 정도 탄소 발자국을 줄이기 위한 5단계 계획을 세우자고 제안했다.

"지금 당장 하면 안 되나요?" 당황한 토머스가 물었다. "기후 비상사태는 긴급하게 대처할 일입니다. 지금 아이디어를 공유해도 될까요?"

다른 동료가 끼어들었다. "지금요? 너무 성급한데요. 집중할 시간이 필요합니다. 지금은 마케팅 계획을 세울 시기예요."

"맞아요. 구체적인 마케팅 계획이 필요합니다." 첫 번째 동료가 말했다. "지구의 날에 비상사태를 선포하고 대대적으로 보도자료를 배포합시다. 지구의 날이 언제인지 아는 사람 있습니까?"

누군가가 "네, 4월입니다. 제가 그 주에 가족 여행을 가기로 되어 있는데, 비상사태 선포 일정을 뒤로 미룰 수 있을까요?"라고 물었다.

"전략을 수립하고 즉시 보도자료를 배포하는 것이 중요하다고 생각합니다. 가능하면 일주일 이내로요." 토머스가 말했다.

두 번째 동료가 유엔의 2018년 기후변화회의를 언급하며 "당사국 총회가 언제죠?"라고 물었다.

토머스가 "12월이요"라고 대답했다.

"좋아요. 앞으로 두세 달 동안 전략을 세우고 마케팅팀에서 그 영향을 평가하고 나면 회사 정책 관련 문서를 작성해 봅시다. 그렇게 하면 당장 실행할 일은 없습니다."

"이게 얼마나 아이러니한 상황인지 다들 아시죠?" 완전히 실망한 토머스가 물었다.

토머스는 기후 비상사태 선포가 중요하다는 데 팀원들의 동의를 얻는 데는 성공했지만, 적절한 선포시기를 합의하는 중요한 단계를 건너뛰었다. 토머스는 중요성과 준비도가 반드시 연결되어 있는 것은 아니라는 사실을 깨달았다. 실행 계획, 정책 개발, 시작 일정에 관한 긴 논의 끝에 회사는 "중요한 지속 가능발전 목표를 달성하기 위한 운영상의 중대한 변화를 즉시 시행"하는 데 합의했다.

AIM은 협업과 공동 목표의 수립 및 달성에 초점이 맞춰져 있다. 공동의 목표를 논의하고 상상하며 이정표를 계획한다. 목표 설정이 끝나면, 팀원 개개인이 목표를 달성하는 능력에 대한 자신감, 목표의 중요도, 준비 정도를 0~10점 척도로 평가하도록 한다. 개인별 점수를 취합하여 평균을 낸다. 팀이 함께 점수와 견해 차이를 논의한다. 예를 들어, 한 팀원이 준비도 점수를 5점으로 매기고 나머지 팀원은 8점을 매긴 경우, 왜 점수가 불일치하는지 논의한다. 준비도에서 높은 점수를 받은 팀은 AIM을 통해 목표에 대한 자신감을 키울 수 있게 되고 긴박감이 조성되어 실행 계획을 세우게 된다. 낮은 점수를 받았다면 현재의 목표가 적절하지 않다는 뜻이므로 중요도와 준비도를 다시 평가하기 전에 올바른 공동의 목표를 찾는 작업이 필요하다.

늑대 무리 만들기

토마스는 변화를 주도하려는 외로운 늑대였고 팀은 변화를 받아들일 준비가 되어 있지 않았기 때문에 진행 속도도 느리고 반발에 부딪힐 수밖에 없었다. 고독한 늑대 두 마리가 만나 목표를 공유하면, (작은) 늑대 무리가 형성된다. 그러면 더 이상 혼자가 아니다. 두 명으로 구성된 작은 늑대 무리는 빠르게 사고를 전환하고 목표 달성에 필요한 추진력을 생성할 잠재력을 지니고 있다. 하나의 목표를 달성하기 위해 갈망하는 늑대 무리를 상상해보라. 이 무리는 누구도 막을 수 없는 고성과 팀이 된다.

한 무리의 강력한 늑대들은 구체적인 목표를 가지고, 창의적인 의사결정을 하며, 실행 계획과 행동을 통해 고유한 정체성을 드러낸다. 고성과 늑대 무리 속에 있는 자신의 모습을 상상해보자. 당신은 이미 그런 팀에 속해 있을지도 모른다. 이 팀은 서로를 '이해하는 팀'이다. 손발이 척척 맞는다. 모든 구성원이 목적에 몰입하고, 목표에 개인적인 의미를 부여하며, 행동으로 팀에 활력을 불어넣는다.

심상화를 해보자. 그 팀은 어떤 모습인가? 그 팀의 구성원이 된다는 것은 어떤 느낌인가? 팀원들의 성격은 어떻게 다른가? 팀원들의 견해는 어떻게 일치하고 어떻게 다른가? 늑대 무리에 합류하려는 사람을 위한 가이드라인이 존재하는가? 있다면 어떤 것인가?

성과가 높은 팀에서는 다양한 생각을 가진 사람들이 서로의 관점을 제한 없이 나눈다. 이러한 팀에서는 구성원들이 빠르게 잠재력을 발휘할 수 있고, 실패하고 배우며 배려심이 넘치고, 성장하는 환경이 조성된다.

주인의식 형성하기

AIM을 통해 팀의 가치, 신념, 태도, 목표를 조율할 수 있다. AIM은 실패했을 때의 상황과 목표를 달성했을 때의 상황을 다각도에서 세밀하게 상상해볼 수 있는 도구를 제공해 긴박감을 조성한다. 팀원들은 팀 심상화를 통해 함께 시나리오를 탐색할 때 과정과 결과에 주인의식을 가지게 되고, 합의한 이정표들을 달성하기 위해 노력하게 된다. 가장 중요한 작업에 팀의 노력이 집중되고, 소통이 개선되며, 팀 전체의 책임감이 증진된다. 전반적으로 AIM 프로세스는 개인의 목적을 넘어선 도전적인 목표를 중심으로 뭉친 팀에 대한 소속감을 강화하고 헌신을 장려하여 팀원 간의 유대감을 강화한다.

창의적인 솔루션을 찾기

의료에서 환경에 이르는 다양한 문제들을 해결하려면 사고의 폭을 넓히고 기존의 틀에서 벗어나 사고하는 사람들을 초대해야 한다. 인간은 본능적으로 생각이 비슷한 사람과 어울리는 것을 좋아하지만, 우리의 목표를 지지하는 동시에 우리의 견해에 이의를 제기하는 다양한 배경을 가진 사상가들에게 마음의 문을 열어야만 문제를 해결하고, 혁신을 이루어낼 수 있다.

군인들과 함께 작업할 때 입대한 이유를 물어보면 대부분 "안정적인 직업이 필요해서", "생각이 비슷한 사람들과 일하고 싶어서", "세계 여행도 하고 먹고살 만한 기술도 배우고 싶어서"라고 답한다. 신, 국왕, 대통령, 조국 수호 등을 언급하는 군인은 아직까지 본 적이 없다. 목표를 논의할 때 우리는 다양한 배경을 가지고 다양한 사고를 하는 군인(또는 연구원)들이 어떻게 하나의 목표에 연결되어 있는지 탐구했다. 군인들은 모두 하나의 목표를 공유하면서 같은 목적을 바라보게 되었고, 이것이 초기 유대감을 형성했다. 늑대 무리는 몇주에 걸쳐 소통하면서 유대감을 강화했고 팀원 한 명 한 명의 소중함을 깨닫게 되었으며, 동기는 더욱 강화되었다.

좋은 팀은 각자의 고유한 특성과 결합된 사고방식의 차이를 통해 팀으로서 개성을 찾아간다. 다시 말해 팀으로서 하나의 목표를 추구하게 되고, 나와 팀을 동일시하면서 목표 달성을 위해 각자가 기여할 수 있는 바를 인식하게 된다. 팀의 정체성을 깨달아 가는 과정에서 각 팀원은 생각과 기질이 진화하고 하나된 팀으로서 창의적인 사고를 할 수 있게 된다. 이러한 역동성은 늑대무리에게 필수적인데, 팀원 모두가 새로운 관점을 제시하면 어려움을 극복하는 집단적 접근이 강화되기 때문이다.

하나의 목표를 향해 전진하는 전투 훈련에 참여하는 병사들도 사고와 성격이 다양하다. 지시를 내리고 훈련의 흐름을 주도하려는 사람, 계획을 검토하고 진행 상황을 확인하고 싶어 하는 사람, 계획 수립에만 참여하고 훈련에는 참여하고 싶어 하지 않는 사람도 있고, 훈련에 참여하지만 소리 지르는 것을 싫어하는 사람도 있다. 병사들이 선호하는 방식이 무엇이든 간에 병사들의 선호를 계획 수립에서 훈련까지의 부대 운영 방식에 반드시 반영해야 한다.

다양한 사고 장려하기

새로운 안무를 구상하는 무용수는 심상화 훈련으로 창의력과 유연한 사고를 기를 수 있다.[4] 한 연구에 참여한 무용수들은 6회에 걸쳐 다감각적 심상화를 배우고 그룹으로 함께 움직임을 탐구하여 구체적이고 혁신적인 안무를 고안해냈다. 연구 결과 다양한 아이디어를 공유하고 심상화하면 참신한 콘셉트를 창출하고 유연한 사고를 증진시키는 데 도움이 된다는 사실이 밝혀졌다.

팀이 함께 AIM을 활용한 결과 개인의 개방성과 긍정성도 향상되었고, AIM은 모든 팀원이 계획 수립에 참여할 수 있도록 플랫폼 역할을 하는 것으로 나타났다. 7장에서 설명했듯이 군인들은 적의 행동을 다양한 관점으로 바라보며 계획을 논의한다. 계획 A, 계획 B, 계획 Z를 상상하고 나서 팀을 위한 최선의 전략에 합의하는 방식이다. 다양한 비판적 사고는 이 과정에서 중요한 역할을 한다. 팀이 가장 적합한 계획을 수립하면 팀원들은 자신의 역할을 수용한다(병사 A: "내가 3번 위치에서 밀고 나갈 테니 2번 위치에서 나를 엄호해주면 내가 진입 지점을 돌파하겠다"). 그런 다음 계획에 착수하고(병사 B: "나는 2지점에서 진격을 조율하겠다. 모두 준비됐나?"), 마지막으로 행동에 옮긴다.

다양한 사고방식을 가진 사람들은 목표를 달성하는 것을 넘어 지역사회를 지원할 방법을 고민하기도 한다. 5킬로미터 달리기나 가족의 날과 같은 지역사회를 위한 모금 행사를 조직하거나 무료 급식소나 음식 기부 운동을 하는 자원봉사 팀에서 이러한 현상을 관찰할 수 있다. 이러한 아이디어는 창의적인 비전을 가진 외로운 늑대 한 명이 무리와 함께 일하며 구성원들과 유대감을 쌓다가 탄력을 받아 떠올리게 되는 경우가 많다.

늑대 무리는 공동의 목표를 달성하기 위한 진척도를 어떻게 측정할까? 주도적인 무리는 목적의식을 가지고 목표를 향해 전진하는 속도를 지시한다. 무리는 에너지와 열정을 바탕으로 창의적인 솔루션을 개발하고 실행하면서 목표에 집중한다. 팀워크가 제대로 발휘되면, 열심히 일하는 동시에 스마트하게 일하는 문화가 조성되고 이것이 팀 업무 수행 방식의 표준이 된다.

희생

목표나 목표를 달성하기 위해 희생을 감수했던 경험을 떠올려 보자. 학위를 취득했을 때, 기술 자격증을 취득했을 때, 취미 생활을 했을 때일 수도 있다. 여기서 '희생'이란 제멋대로인 상사 때문에 매일 정확히 오후 5시에 퇴근하는 등 타협을 했던 상황을 의미하는 것이 아니다. 그보다는 무언가를 감내하는 일이 당신의 새로운 루틴이나 새로운 규범으로 자리 잡았던 경험을 말한다. 이러한 유형의 희생은 스포츠에서 흔히 볼 수 있다. 운동선수들은 사회생활, 가족 행사, 수입, 수면 등을 희생한다. 선수들에게 왜 그렇게 많은 것을 희생하는지 물으면 "운동선수가 되기 위해서는 당연한 일"이라고 대답한다. 당신은 외로운 늑대일 수도 있고 무리에 속한 늑대일 수도 있다. 어느 쪽이든 어려운 목표를 달성하려면 분명하고 과감한 희생이 필요하다.

행동을 바꾸면 처음에는 그 희생이 불편하게 느껴질 것이다. 새로운 규범을 만드는 것은 자동화된 사고에 도전하는 일이므로 어렵게 느껴질 수밖에 없다. 이러한 불편은 무언가를 놓치는 것에 대한 두려움이나 보다 나은 선택지가 있을지도 모른다는 두려움, 다시 말해 즉각적인 만족을 얻는 행동이 아닌 다른 행동을 선택하는 데서 오는 불안감이다. 대회를 앞두고 파티에 갈 것인가? 아니면 팀원들과 함께 있을 것인가? 어떠한 희생이 자신의 정체성을 지키기 위한 필요조건이라는 사실을 받아들이면, 그 희생은 인지적이고 행동적인 규범이 된다.

공동의 규범과 정체성을 확립하는 일은 늑대 무리를 형성하기 위해 필요한 과정이다. 다양한 사고방식을 가진 사람들에게 공동의 규범과 정체성을 수용하도록 하면, 희생이 따르는 행동을 유도할 수 있다. 예를 들면, 자선단체를 지원하기 위해 주말에 자원봉사를 하는 것도 이타적인 행동으로 팀워크를 강화하는 상상을 하며 의도적인 희생을 치르는 것이다. 이타적인 희생이 나의 목적 및 의미와 연결되어 있다는 사실을 인식하면, 선택의 순간에 빠르게 주도권을 잡고, 두려움을 불러일으키는 심상을 건설적인 심상으로 전환할 수 있다.

의도적인 희생을 촉진하는 법

올림픽에 출전한 선수들과 함께 작업한 결과, 팀 정체성은 팀 루틴(훈련장에 일찍 도착하기), 집단적 태도(최고가 되려면 희생을 감수해야 한다), 집단 기대(팀원들에게 건설적인 피드백 제공하기)를 기반으로 형성되는 특정 행동을 만들어낸다는 사실이 밝혀졌다. 이러한 행동은 일상적인 관행이 되어 희생을 감수하거나 새로운 행동 방식을 채택하는 결과를 낳는다. 개인이든, 팀이든, 목표를 달성하기 위해 노력할 때 치르는 희생은 미래의 이익을 위해 자율적으로 선택하는 것이어야 한다.

수영 선수인 마리오는 이탈리아 최고의 수영 클럽에 들어가기 위해 이사를 했다. 그는 4명의 우수한 수영 선수들과 함께 한 아파트에 살게 되었다. 그중 AIM 과정을 훈련받은 수영 선수들이 장기적인 목표를 달성하기 위해 건설적인 규범을 만들었다. 이들은 함께 생활하면서 체력 증진에 방해가 될 만한 장애물을 상상해보았다. 가장 큰 장애물은 운동에 도움이 되지 않는 음식들이었다. 이들은 몇 가지 기본 규칙을 정했다. 첫째, 빵과 같이 탄수화물이 많은 음식은 수영에 좋은 연료가 아니므로 먹지 않기로 결정했다. 이들에게 빵을 먹지 않는 것은 경기력 향상을 위한 작은 희생이었다. 대신에 귀리, 현미, 풍부한 채소를 먹고 항상 식단에 대해 서로의 책임을 물었다. 그들은 이를 '깨끗한 식단clean eating'이라고 불렀다. 백미, 일부 파스타, 반죽으로 만든 음식 등 '탄수화물이 많은 음식'은 '더러운 식단dairy eating'으로 분류했다. 마리오는 더러운 음식을 먹지 않고 다른 팀원들도 독려하며 자신의 역할을 다했다.

한 팀이 늑대 무리가 되어 목표에 헌신하면 사람들에게 영감을 주게 되는데, 이를 '인재의 온상'이라고 한다.[5] 인재의 온상은 같은 생각을 가진 사람들이 함께 훈련하고, 배우고, 경쟁하고, 성장하는 곳으로 이들은 비슷한 목표를 가지고 전염성 있는 규범을 개발한다. 조직이 허용하는 경우 늑대 무리의 규범은 모두를 연결하는 문화를 조성하게 된다.

규범은 기업에서도 팀을 구축하는 역할을 한다. 한 기업의 팀원들에게 최근 의도적으로 희생한 사례를 말해 달라고 요청했다. 그러자 자투리 공간이나 남는 방을 재택근무를 위한 사무실로 바꿨다고 말한 사람이 가장 많았다. 이것이 큰 희생이 아니라고 생각하는 사람도 있겠지만, 이는 집이라는 환경을 일터로 바꾼 것이다. 게다가 이로 인해 "스트레스가 증가하고 생산성이 떨어졌다"고 하는 직원도 있었다. 우리는 팀원들에게 어떻게 하면 희생을 감수하면서 작업 부하를 완화하는 팀 규범을 만들 수 있을지 물었다. 팀원들은 유대감과 소속감을 강화하고 스트레스와 생산성에 대한 통제력을 되찾기 위해 금요일을 줌을 사용하지 않는 날로 정하고 수요일 오후는 창의력을 발휘하는 시간으로 정했다. 팀이 새로운 규범이라는 희생을 자발적으로 받아들였더니 감당할 만한 희생이 되었다.

다른 사람들과 함께 일하는 동시에 독립적인 선택(예를 들어, 컴퓨터 카메라를 원할 때 끌 수 있는 것)이 가능한 것은 개인적인 의미를 부여해 자율성을 높인다. 재택근무 환경을 개선하고자 하는 팀의 경우, 오후에 창의력 증진 회의에 참석하는 것은 개인의 자유이지만, 이는 애초에 회의를 하자는 제안이 있어야 가능한 선택지이다. 이처럼 적절한 제안과 환경이 있어야 하며, 사람들이 그 활동에서 가치와 의미를 발견할 때 그 활동은 일상의 일부가 되고 규범이 탄생하게 된다.

자신의 경기력 향상을 위한 합리적인 방법이었기 때문에 마리오는 빠르게 식습관을 바꿨다. 그는 식습관을 바꾸는 일이 희생할 가치가 있다는 사실을 알았다. 그는 충동적으로 유혹에 굴복할지도 모르는 선택의 순간과 만날 때마다 이러한 인식을 바탕으로 건강에 해로운 음식을 먹는 것이 자신의 가치관과 자신이 선택한 행동에 부합하지 않음을 천천히 상기했다.

정신적 시간 여행

우리는 개인이나 팀을 교육하는 마지막 워크숍에서 참가자들이 배운 기술을 요약하고 자신의 이야기를 복습하게 하는 심상화 시간 여행을 실시한다. 이 마지막 단계에서 우리는 배운 기술을 사용해 변화를 다시 상상해본다. 이러한 변화는 초점이 참가자들의 역할을 물려받을 사람들이나 지구에 맞춰져 있기 때문에 개인이나 팀에 국한되는 변화가 아니다. 이때 개인이나 팀은 자신들의 초기 목표보다 크게 확장된 상상을 하면서 심상화의 진정한 가치를 발견한다. 심상화를 통해 이익이 실현되는 데 걸리는 시간은 사람마다, 팀마다 다르다. 6주 만에 목표를 달성하는 팀도 있고, 1년이 넘게 걸리는 팀도 있다. AIM은 소속감을 증진 하지만, 팀원 간의 깊은 유대감이 형성되려면 시간이 필요하다. 유대감이 형성되면, 사람들은 희생을 감수하고, 다양한 사고의 중요성을 이해하게 되며, 시급함을 느끼게 된다.

마지막 세션에는 시간 여행과 새로운 스토리를 나누는 시간이 포함되어 있는데, 이를 통해 우리는 동기 부여를 강화하고, 목적 에 기반한 목표를 더욱 일치시켜 목표를 주변에서 외부 공동체 로, 또 우리의 생애를 넘어서까지 확장시킨다.

시간 여행은 가능하다. 사실 우리는 항상 시간 여행을 한다. 과거를 그리워할 때 시간 여행을 하고 있는 것이다. 미래를 불안 해하거나 기대하는 것도 시간 여행이다. 우리는 매일 정신적으 로 시간 여행을 하고 있는데, '좋았던 시절'에 대한 달콤 쌉쌀한 기억이나 과거의 경험을 떠올리는 것은 두렵거나 슬픈 일이기 도 하다. 정신적 시간 여행은 어디를 가든 감정과 연결되어 있다. AIM은 초기 목표와 기대를 뛰어넘는 것을 의도하므로 감정적 연결고리를 활용해 현재에서 선한 행동을 한다면 우리의 미래는 상상보다 훨씬 밝아질 것이다.

우리는 미발표 연구 프로젝트에서 다음 세대로 눈을 돌렸다. 3개의 학교에서 14세에서 19세 사이의 학생 294명을 대상으로 자신이 기후 변화에 영향을 미칠 수 있다고 생각하는지 평가해

달라고 했다. 우리는 1(그럴 리가 없죠!)에서 10(당연하죠!)까지 점수를 매겨보라고 했다. 학생들의 평균 점수는 2.4였다. 그다음 모두가 한 팀으로 기후 변화에 영향을 미칠 수 있을지도 물었다. 이번에도 결과는 비슷했다. 평균 점수는 2.6이었다. 걱정스러운 결과였다.

우리는 교사들에게 학생 지속 가능성 위원회를 제안했다. 교사들은 학생들에게 참여를 강요할 수 없고 학생들이 스스로 선택해야 했다. 우리는 자원한 29명의 학생을 다섯 개 그룹으로 나누고 그들을 만나서 세 가지를 요청했다. 먼저, 환경적으로 지속 가능한 결정을 하는 것이 왜 중요한지(또는 왜 중요하지 않은지) 토론하게 했다. 그리고 토론을 통해 얻은 결과를 기록하고 발표하게 했다. 둘째, 학생들의 심상화 능력을 측정하고 심상화 기술을 가르쳤다. 그다음 정신적인 시간 여행을 하는 방법을 가르쳤다.

학생들에게 산 정상이나 바닷가 등 경외심을 느끼는 장소를 찾아 바람과 기온을 느끼고 사람들의 이야기를 들으며 서로 연결되어 있음을 느끼게 했다. 그런 다음 기후 변화의 상황을 되돌리기 위해 아무것도 하지 않는 경우 현재 경외심을 느끼는 그 장소가 100년 후 어떤 모습으로 변할지 정신적인 대조를 하게 했다. 동시에 지속 가능성과 기후에 대해 얼마나 자주 생각하는지 일지를 쓰게 했다. 이는 학생들의 생각일지가 되었다. 마지막으로 분리수거처럼 환경적으로 지속 가능한 일을 한 가지씩만 꾸준히 하라고 요청했다. 무엇을 할 것인지는 각자의 선택에 맡겼다.

두 주 후 우리는 학생들을 다시 만났다. 학생들은 자신이 배우고, 다듬고, 실행한 것에 대해 피드백을 제공했다. 학생들은 전반적으로 의식적이고 현명한 선택을 하고 있었으며, 자신이 한 선택을 창의적으로 실행하고 있었다. 루시는 물 온도가 쾌적하지 않으면 샤워를 빨리 끝내게 되므로 물 사용량을 감소한다는 생각으로 찬물 샤워를 하기 시작했다. 다른 두 명의 학생은 꿀벌 호텔을 만들었고, 9명의 학생은 재사용이 가능한 컵을 들고 다니기 시작했다. 모두가 적극적으로 행동하고 있었다. 그다음에 벌어진 일은 더욱 흥미로웠다. 학생들이 늑대 무리를 형성한 것이다.

학생 지속 가능성 위원회는 학교에 변화를 가져왔다. 15일 동안 찬물로 샤워했던 루시는 학교 관리자에게 학생 샤워실의 온도를 낮출 수 있을지 물었다. 꿀벌 호텔을 만들었던 학생들은 과학부와 협력해 추가적으로 만든 꿀벌 호텔을 학교 운동장 곳곳에 배치했다. 학생들은 학교 운영진과 함께 일회용 플라스틱을 제거하는 공동 작업을 했다. 음식물 쓰레기를 줄이기 위해 식당 직원들과 배식량을 조절했고, 교사들이 사용하지 않을 때 전등과 컴퓨터 모니터를 끄도록 상기하는 포스터를 붙이기도 했다.

학기가 끝날 무렵, 우리는 연구에 참여한 294명의 학생들에게 똑같은 질문을 던졌다. 개인적으로 기후 변화에 영향을 미칠 수 있다고 생각하는지, 팀과 학교가 기후 변화에 영향을 미칠 수 있다고 생각하는지 1에서 10까지의 점수로 평가할 것을 요청했다. 두 질문의 합산 점수는 무려 7.4점이었다. 학생들은 단순히 행동한 것이 아니라 긴급한 행동에 집중하는 늑대 무리와 같았다. 학생들이 정신적 시간 여행을 하고 이뤄낸 성취가 이 정도라면, 당신이 어떤 일을 할 수 있을지 상상해보라!

선택은 당신에게 달려 있다

주변에 영향을 미치지 않고 살 수 있는 날은 단 하루도 없다.
당신이 하는 일은 변화를 일으키고,
어떤 변화를 일으킬지는 당신이 결정해야 한다.

제인 구달

조와 그녀의 여자친구는 '저녁 식탁의 촛불'이라는 새로운 전통을 만들었는데, 이는 블레이크 E. S. 테일러가 쓴《ADHD와 나: 저녁 식탁에서 초를 켜다 배운 것ADHD and Me: What I Learned from Lighting Fires at the Dinner Table》이라는 책을 읽고 사용하기 시작한 용어였다. 이 전통에는 질문 카드 상자가 필요한데. 식탁에 앉은 사람들은 각자 카드를 뽑아 큰 소리로 읽고 모두가 대답할 때까지 기다린다. (물론 네 살배기 리드는 카드를 읽는 데 약간의 도움이 필요했다.) 힘든 하루를 보낸 어느 월요일 저녁 조는 '당신은 사소한 일이 큰 일에 영향을 미치도록 놔두는가?'라고 적힌 카드를 뽑았다.

"네." "네." "네." "네."

"안 그러는 사람이 어디 있어요?" 아홉 살 앤드류가 덧붙였다.

그러자 어린 리드가 반발했다.

"아냐, 아냐, 나는 안 그래!" 그의 외침에 모두가 웃었다.

리드가 개념을 잘 이해하지 못했을지도 모르지만, 조와 조의 파트너는 그가 한 말이 진심이라는 사실을 알고 있었다. 유타로 향하는 비행기가 지연되고 항공사가 스키 가방을 분실하는 바람에 새벽 1시에 공항에 발이 묶였던 적이 있다. 모두가 피곤해하고 짜증을 냈지만 리드는 아무렇지 않은 듯 달과 눈 덮인 산을 가리키며 즐거워했다. 그는 경이로움과 경외감으로 가득 차 있었다.

우리가 이 책을 쓴 목적은 당신이 내면에 있는 네 살짜리 아이의 상상력을 되찾고, 당장의 불편함을 넘어 큰 그림을 보며, 정말 중요한 것과 연결될 수 있도록 돕기 위해서이다. 우리의 목표는 당신이 큰 그림을 인식하고, 꿈을 이루지 못하게 하는 사소한 일들을 극복할 힘이 당신의 내면에 있다는 사실을 이해하게 하는 것이다.

우리는 당신이 이 책에 있는 정보를 활용하여 집중할 곳을 의식적으로 선택할 힘을 갖게 되기를 바란다. 당신은 잃어버린 가방이 주는 감정에 집중하겠는가? 아니면 산의 장엄함과 경외감에 집중하겠는가?

며칠 뒤 가방이 나타났다. 조는 "어떤 생각도 가방을 되찾는 결과나 가방을 찾는 시기를 바꾸지는 못했지만, 리드의 말을 듣고 관점이 바뀌었고 생각이 경험을 바꿔놓았다"라고 말했다. 리드가 아니었다면 가족들은 부정적 사고에 갇혀 멋진 로키 산맥의 경치를 놓쳤을지도 모른다.

당신은 잃은 것과 얻은 것 중 어느 것에 집중할지 선택할 수 있다. 선택은 당신에게 달려 있다.

당신은 자아 성찰로 시작해 가치, 목적, 의미를 확립하는 자기 발견의 여정을 우리와 함께했다. 이 여정은 당신이 세상을 바라보고 이해하는 데 있어서 내면의 나침반이 되어줄 매우 중요한 출발점이다. 더 깊은 의미와 연결된다면, 목표를 향해 헌신하는 추진력을 유지할 수 있다.

의미 있는 변화는 조금씩 일어난다. 매일 마주하는 60여 번의 선택의 순간에 주의를 기울이기 시작하면 목표를 향해 나아가는 길목에 수많은 선택의 기회가 있다는 사실을 깨닫게 된다.

어느 기술이나 숙달하는 과정에는 어려움이 있기 마련이다. 심상화를 하는 나만의 방식을 다듬고 선택의 순간에 직면할 때마다 스스로를 통제하는 훈련이 되기 전까지는 심상화가 어색하고 어렵게 느껴질 수 있다. 가치 있는 일에는 어려움이 따르기 마련이다. 당신이 얼마나 연습하고, 적용하고, 배우려 노력하느냐에 따라 심상화 능력도 달라질 것이다.

우리는 심상화와 변화에 노력과 시간을 투자하는 사람들을 볼 때 가장 큰 보람을 느낀다. 사람마다 자기만의 속도가 있다. 나만의 속도를 찾고 믿음을 가져라. 자신의 가치에 부합하지 않는 삶을 살고 있거나 과거 경험이 잠재력을 제한하고 있다고 느낀다면, 효과적인 방식을 찾는 데 시간이 걸릴 것이다. 마음의 여유를 가지고 자신에게 동기를 부여하는 것을 찾아라. 부정적인 생각을 깊게 파고 들어가면 자신이 꿈꿔온 것보다 훨씬 더 많은 일이 가능하다는 사실을 알게 될 것이다.

우리는 수년간 FIT와 AIM을 개발하고 적용하면서, 개인이나 팀이 선택의 순간을 통제하기 위해서는 반드시 필요한 타협 불가능한 요소들이 있다는 사실을 발견했다. 이를 순서대로 나열하면 가치, 믿음, 태도, 인지(심상화), 행동이며, 우리는 마지막 세션에서 고객과 함께 이 기본 요소들을 복습한다. 우리는 이 기본 요소들을 '나답게 사는 Be You 원칙'이라고 부르는데, 이 원칙이 바로 당신과 함께 나누고 싶은 핵심 교훈이다.

인생의 와일드 카드

누군가 "당신의 가치가 무엇이냐"고 묻는다면 뭐라고 대답하겠는가? 가치의 중요성은 2장에서부터 강조했으니 이제 자신의 핵심 가치 정도는 쉽게 떠올릴 수 있기를 바란다. 자신의 가치에 따라 사는 사람은 불안정하지 않다. 건강을 중요하게 생각하지만 매일 담배를 피우고 술을 마시는 사람은 담배를 피울 때마다 선택의 순간에 직면하고 내적 갈등을 겪는다. 반면에 자신의 가치와 잘 연결되어 있고 매일 그 가치에 부합하게 행동하는 사람은 역경이 닥쳐도 도전적인 목표를 향해 인내하며 나아갈 가능성이 높다. 가치는 인생이라는 게임을 하면서 마주하는 선택의 순간에서 어떤 장애물을 만나든 사용 가능한 와일드 카드이다.

가치는 연결과 기대를 구축하므로 팀에도 필수적인 요소이다. 공통의 가치와 목표에 대해 설명해 달라는 요청을 받으면 당신과 당신의 팀은 뭐라고 대답할 것인가? 당신의 팀은 고유한 정체성을 가진 존재이며, 모든 팀원이 함께 고유한 문화를 창조해 낸다. 개인의 가치관들이 조직의 가치관 및 공동의 목표와 결합될 때 팀을 차별화하는 경쟁 우위가 창출되는 것이다. 팀의 경쟁 우위를 파악하면 모든 팀원이 같은 방향으로 움직일 수 있고 투명한 워크플로를 개발하는 데도 도움이 된다.

믿음을 뛰어넘는 태도

현재의 믿음과 사고방식은 과거의 경험을 기반으로 형성되며, 미래의 변화에 대한 인식을 주도한다. 포커 선수가 이전에 가지고 있던 카드와 아직 뒤집지 않은 카드를 바탕으로 현재의 패를 판단하는 것과 같은 이치다. 운동과 체중 감량에 성공한 적이 거의 없는 사람이 자신이 바꿀 수 있는 게 거의 없다는 믿음을 갖는 것은 당연한 일이다. 하지만 이러한 고정관념을 가지고 있더라도 변화를 향한 발걸음을 내디딜 수는 있다.

조나단은 올림픽 출전 선수들을 코칭할 때 타고난 재능을 바꿀 수 없다고 생각하면서도 유연한 태도와 끈기, 열정을 지닌 선수들을 지켜보았다. 시간이 지날수록 그들은 "나아질 수 없다고 생각했는데, 계속 노력했더니 점점 나아졌습니다"라고 말했다. 그들의 태도가 그들의 믿음을 뛰어넘은 것이다. 당신에게도 이런 일이 벌어질 수 있다.

'만약의 경우'를 떠올릴 때 가장 좋은 태도는 문제를 낙관적으로 바라보는 것이다. 낙관적인 사고방식은 그 순간의 마음가짐이 긍정적이든 부정적이든 도약할 수 있게 하는데, 당신의 가치와 상상 속의 변화를 연결해준다. 많은 사람들이 복권에 당첨되지 않더라도 매주 복권을 구매하는 이유가 바로 여기에 있다. (복권 구매를 권장하는 것은 아니지만) 선택은 복권을 사거나 사지 않거나 둘 중 하나이다. 복권을 사는 행동은 논리적인 믿음이나 사고 방식에 기인한 것이 아니라 태도에 기인한다. 복권을 정기적으로 구입하는 사람들은 말한다. "아무렴 어때! 당첨되는 모습을 상상해봐!"

성장형 사고방식에 뿌리를 둔 믿음이든 고정 관념에 뿌리를 둔 믿음이든, 개인이 지닌 믿음이든 집단이 지닌 믿음이든, 믿음은 태도에 따라 바뀐다. 승리하는 태도는 노력과 상상을 위한 공간을 만든다. 바로 이 공간에 호기심과 도전이 자리를 잡는다. 우리는 아이들에게 "그냥 한번 해봐!"라고 말하고는 호기심에 불타 끈질기게 배우려 애쓰는 아이들의 모습을 지켜본다. 아이들은 무엇인가를 시도하면서 선택의 순간을 관리하는 법을 터득하는 것이다.

호기심은 협업을 강화하고 새로운 아이디어를 창출한다. 호기심을 갖는다는 것은 무조건 자신이 옳아야 한다거나 전문가가 되어야 한다는 집착을 버리고 '타인의 관점에 귀를 기울이는' 위험을 감수하는 것을 의미한다. 세계 최고의 테니스 선수라도 유연한 태도를 갖추고 있다면 초보자에게서 배움을 얻을 수도 있다.

마르티나 나브라틸로바는 조의 친구인 팸의 서브 코치로 활동했었다. 조는 테니스 선수는 아니지만, 팸이 서브를 할 때 발을 움직인다는 사실을 알아차렸다. 팸 옆에서 그녀의 상체를 보고 있던 마르티나는 이 사실을 알아차리지 못했다.

"발이 문제인 것 같아요." 조가 마르티나에게 말했다. "제가 앉아 있는 자리에서 보면 보일 거예요."

마르티나는 조의 말이 의심쩍었지만 조가 앉아 있는 곳으로 가서 팸의 서브를 지켜보았다.

"와우, 정말 그렇네요!" 마르티나가 말했다.

당신의 긍정적인 태도와 다른 사람들의 긍정적인 태도가 결합되면 팀 전체가 승리하는 태도를 갖추게 된다. 경직된 사고로 생각을 좁히지 말고 탐구심을 가지고 관찰하며, 혼자서든 팀과 함께든 호기심 많은 연구자가 되길 바란다. 승리하는 태도는 배움의 문화를 구축하고, 노력을 배가하며, 인재가 성장할 수 있는 환경을 조성할 것이다.

굽은 길 너머를 보는 힘

인생에 리허설은 없다고들 하지만, 심상화는 약간의 예행 연습을 해볼 수 있는 도구이다. 마음챙김과 명상은 현재에 대한 인식을 강화하지만, 심상화는 곧 다가올 미래에 대비할 수 있게 한다. 말을 탈 때 눈앞의 울타리에만 집중하면 울타리를 뛰어넘어 착지한 뒤 코스에서 길을 잃을 수도 있다. 뛰어난 기수는 속도를 유지하면서 거리를 살펴보고, 현재에 충실하는 동시에 다음 동작을 생각한다. 그들은 점프한 다음에 직진을 할지, 좌회전이나 우회전을 할지를 점프를 하기 전부터 알고 있다.

뱃사람들도 마찬가지다. 그들은 배에 들이닥칠 바람 너머의 바람을 보고 어느 방향으로 갈지를 판단한다. 자동차 경주에서도 비슷한 일이 벌어지는데, 앤디 프리올스 같은 전문가들은 운전자에게 '굽은 길 너머'를 보라고 가르친다.

이제 자신에게 가장 효과적인 방식으로 LAP(단서 찾기, 심상화 활성화하기, 계획 지속하기)를 해봤을 것이고 하고 있을 것이다. (언어적 또는 비언어적) 단서는 행동으로 이어지는 생각을 촉발한다. 단서는 특히 의미와 연결할 때 중요하다. 이 책이 말하는 과학을 생활에 적용하려면 적어도 두 가지 핵심 사항을 일상에 적용해야 한다.

첫째, 심상화로 들어가기 위해 아침에 마시는 커피의 향 등을 초기 단서로 설정하면 미리 생생하게 미래를 경험해볼 수 있다.

둘째, 실수를 했다면 심호흡과 같은 다른 단서를 활용해 생각을 리셋하고, 행동을 가치에 맞게 조정한다. 특정 물건이나 냄새가 필요한 건 아니기에 어디서든 쉽게 활용 가능한 단서를 고르면 된다.

이 책에서는 하던 일을 멈추고 깊게 숨을 들이마신 뒤에 2초간 참았다가 천천히 내쉬는 방법을 추천한다. 이 방법을 선택한 이유는 사람은 누구나 항상 숨을 쉬고 있기 때문이다. 하지만 보다 효과적인 다른 방법이 있다면 어떤 방법을 사용해도 상관없다. 당신이 스토리의 주인공이라는 사실을 명심하라.

자신의 규칙에 따라

우리는 마지막 세션 때 고객에게 배운 것을 말해달라고 요청한다. 그러면 고객들은 보통 자신이 특정 가치와 고정 관념을 가지고 있었으나 유연한 태도를 취하려고 노력하면서 새로운 목표를 세우고 새로운 가능성을 상상할 수 있게 되었다고 이야기한다. 우리가 마지막으로 고객에게 주는 과제는 세 가지 행동을 결정하는 일이다.

조나단은 자신이 코치했던 CEO에게 "가치에 따라 살기 위해 타협하지 않고 실천해야 하는 세 가지가 무엇일까요?"라고 질문한 적이 있다. 그 CEO는 이렇게 대답했다.

제가 가장 중요시하는 가치는 가족입니다. 가족과 함께 있을 때는 가족에게 집중해야 합니다. 제 목표는 매일 딸아이의 손을 잡고 교감하며 함께 있는 순간을 느끼는 것입니다. 전화를 하거나 받지 않고 온전히 함께하는 것이죠. 두 번째로 소중히 여기는 가치는 우정입니다. 다른 사람들과 더 친해지기 위해 화요일 아침에는 꼭 친구들과 모임을 갖습니다. 최근에 약속을 취소하는 일이 많아져서 관계가 소원해진 느낌이 들었는데, 우정이 제 핵심 가치라면 친구들 모임에 꼭 참석해야겠죠. 세 번째 가치는 건강과 균형인데, 이 두 가지는 뗄 수 없는 관계입니다. 저는 아침에 달리기를 하거나 수영하는 것을 정말 좋아합니다. 일주일에 네 번은 해야 나다워지는 기분이고 건강해지는 느낌입니다.

"언제나 타협하지 않고 자신의 가치에 따라 행동하며 살 수 있습니까?" 조나단이 물었다.

"네, 계속 노력해왔지만, 그렇게 하겠다고 말하니 가치에 따라 사는 제 모습과 그렇게 할 때 제가 어떤 사람으로 느껴지는지 상상이 되네요." CEO가 대답했다.

세션을 시작할 때는 자신의 가치에 따라 살라는 말을 하지 않는다. 처음부터 말하기에는 너무 무리한 요구이다. 그보다는 먼저 하나의 목표에 집중한 다음, 성찰을 하고, 생각을 키우고, 심상화 기술을 다듬고, 심상화를 구체적이고 의식적으로 적용하면서 가치에 따라 사는 지점에 도달하게 해야 한다. 예를 들어, 현재에 집중하고 그 순간을 살기 위해서는 자기 발견과 주의력을 관리하는 능력이 필요하다.

이제 당신에게 마지막 과제를 내주겠다. 세 가지 행동 서약을 적어 보라. 아래의 형식을 맞게 자유롭게 답을 적으면 된다. 당신의 종이가 가득 채워지기 바란다. 행동 선언은 매일 또는 매주 실천하면 된다. 각각의 행동을 실천하는 모습을 상상하는 시간을 가져라. 당신에게 그 행동이 왜 중요한지, 왜 그 행동을 즉시 실행할 준비가 되었는지 정교화한다.

1. 나의 가치는 ○○이므로 나는 ○○할 것이다.
2. 나의 가치는 ○○이므로 나는 ○○할 것이다.
3. 나의 가치는 ○○이므로 나는 ○○할 것이다.

행동 서약을 작성했다면 이제 끝이다. 자신의 행동 서약이 왜 자기 자신과 다른 사람들에게 목적의식을 갖게 하는지 여러 가지 감각으로 자세히 상상하면서 서약에 따라 살기 위해 최선을 다하라. 세 가지 규칙이나 행동 서약에 따라 사는 당신의 삶이 당신을 정의할 것이다.

이 책을 읽기 전까지 당신은 일이나 인간관계, 가족, 건강 등의 영역에서 자신이 원하는 곳에 도달하지 못했다고 느낀 적이 있을 것이다. 머릿속에 떠오르는 생각과 심상을 통제하지 못해 무력감을 느꼈을지도 모른다. 이제 당신은 이를 통제하고 선택할 수 있는 도구를 갖게 되었다. 이제 당신은 당신의 인생에서 승객이 아닌 운전자가 될 수 있다.

우리의 많은 고객들이 자신의 심상화 능력을 초능력이라고 부른다. 우리도 그들의 말에 동의한다. 심상화 능력을 현명하게 사용하면 당신의 인생이 바뀔 것이다. 당신이 이 심상화의 마법을 경험할 수 있기를 바란다.

Chapter 1. 왜 자꾸 후회만 하는 선택을 할까?

1. Tseng, Julie, and Jordan Poppenk. "Brain meta-state transitions demarcate thoughts across task contexts exposing the mental noise of trait neuroticism." Nature Communications 11, no. 1 (2020): 1–2.

2. Baumeister, Roy F., Ellen Bratslavsky, Mark Muraven, and Dianne M. Tice. "Ego depletion: Is the active self a limited resource?" In Self-Regulation and Self-Control, pp. 16–4. Routledge, 2018.

3. World Health Organization. "Obesity," June 9, 2021. www .who.int/news-room/facts-in-pictures/detail/6-facts-on-obesity.

4. Solbrig, Linda, Ben Whalley, David J. Kavanagh, Jon May, Tracey Parkin, Ray Jones, and Jackie Andrade. "Functional imagery training versus motivational interviewing for weight loss: A randomised controlled trial of brief individual interventions for overweight and obesity." International Journal of Obesity 43, no. 4 (2019): 883–94.

5. Human Connectome Project. "1200 Subjects Data Release," March 1, 2017. www.humanconnectome.org/study/hcp-young-adult/document/1200-subjects-data-release.

6. Tseng and Poppenk. "Brain meta-state transitions demarcate thoughts."

7. Suarez-Pellicioni, Macarena, Maria Isabel Nunez-Pena, and Angels Colome. "Math anxiety: A review of its cognitive consequences, psychophysiological correlates, and brain bases." Cognitive, Affective, and Behavioral Neuroscience 16, no. 1 (2016): 3–2.

8. Rhodes, Jonathan, Karol Nedza, Jon May, Thomas Jenkins, and Tom Stone. "From couch to ultra marathon: Using functional imagery training to enhance motivation." Journal of Imagery Research in Sport and Physical Activity 16, no. 1 (2021).

9. Nedza, Karol, and Jon May. "The impact of Functional Imagery Training on adherence to treatment, completion of rehabilitation exercise plan and confidence in recovery in sports therapy patients: Pilot study: Oral Presentation B5.6." Health and Fitness Journal of Canada 14, no. 3 (2021).

10. May, Jon, Jackie Andrade, David Kavanagh, and Lucy Penfound. "Imagery and strength of craving for eating, drinking, and playing sport." Cognition and Emotion 22, no. 4 (2008): 633–50. 11. Kahneman, Daniel. Thinking, Fast and Slow. Macmillan, 2011.

12. Leahy, Robert L. The Worry Cure: Seven Steps to Stop Worry from Stopping You. Harmony, 2006.

13. Baddeley, Alan D., and Graham Hitch. "Working memory." In Psychology of Learning and Motivation, vol. 8, pp. 47–9. Academic Press, 1974.

Chapter 2. 앞으로 나아가게 하는 상상의 힘

1. Miller, William R., Cheryl A. Taylor, and JoAnne C. West. "Focused versus broad-spectrum behavior therapy for problem drinkers." Journal of Consulting and Clinical Psychology 48, no. 5 (1980): 590.

2. Miller, William R. "Motivational interviewing with problem drinkers." Behavioural and Cognitive Psychotherapy 11, no. 2 (1983): 147–72.

3. Miller, William, and Stephen Rollnick. Motivational Interviewing: Preparing People to Change Addictive Behavior. Guilford Press, 1991.

4. Rubak, Sune, Annelli Sandbæk, Torsten Lauritzen, and Bo Christensen. "Motivational interviewing: A systematic review and meta-analysis." British Journal of General Practice 55, no. 513 (2005): 305–12.

5. Lundahl, Brad W., Chelsea Kunz, Cynthia Brownell, Derrik Tollefson, and Brian L. Burke. "A meta-analysis of motivational interviewing: Twenty-five years of empirical studies." Research on Social Work Practice 20, no. 2 (2010): 137–60.

6. Kavanagh, David J., Jackie Andrade, and Jon May. "Imaginary relish and exquisite torture: The elaborated intrusion theory of desire." Psychological Review 112, no. 2 (2005): 446.

7. May, Jon, Jackie Andrade, Nathalie Panabokke, and David Kavanagh. "Images of desire: Cognitive models of craving." Memory 12, no. 4 (2004): 447–61.

8. Andrade, Jackie, Marina Khalil, Jennifer Dickson, Jon May, and David J. Kavanagh. "Functional Imagery Training to reduce snacking: Testing a novel motivational intervention based on Elaborated Intrusion theory." Appetite 100 (2016): 256–62.

9. May, Jon, Jackie Andrade, David J. Kavanagh, and Marion Hetherington. "Elaborated intrusion theory: A cognitive-emotional theory of food craving." Current Obesity Reports 1, no. 2 (2012): 114–21.

10. Miller, William R., Janet C'de Baca, Daniel B. Matthews, and Paula L. Wilbourne. "Personal Values Card Sort." Website of Guilford Press, updated 2011. www.guilford.com/add/miller11_old/pers_val.pdf?t.

Chapter 4. 바라는 것을 더 생생하게 상상하라

1. Paivio, A. "Cognitive and motivational functions of imagery in human performance." Canadian journal of applied sport sciences Journal canadien des sciences appliquees au sport 10, no. 4 (1985): 22S–8S.

2. Schuster, Corina, Roger Hilfiker, Oliver Amft, Anne Scheidhauer, Brian Andrews, Jenny Butler, Udo Kischka, and Thierry Ettlin. "Best practice for motor imagery: A systematic literature review on motor imagery training elements in five different disciplines." BMC Medicine 9, no. 1 (2011): 1–5.

3. Holmes, Emily A., and Andrew Mathews. "Mental imagery and emotion: A special relationship?" Emotion 5, no. 4 (2005): 489.

4. Henderson, Robert R., Margaret M. Bradley, and Peter J. Lang. "Emotional imagery and pupil diameter." Psychophysiology 55, no. 6 (2018): e13050.

5. This section is based on the work of cognitive psychologist David Marks and his

research using the Vividness of Visual Imagery Questionnaire (VVIQ).

6. Hanakawa, Takashi, Ilka Immisch, Keiichiro Toma, Michael A. Dimyan, Peter Van Gelderen, and Mark Hallett. "Functional properties of brain areas associated with motor execution and imagery." Journal of Neurophysiology 89, no. 2 (2003): 989–002.

7. Galton, Francis. "Statistics of mental imagery." Mind 5, no. 19 (1880): 301–18.

8. Andrade, Jackie, Jon May, Catherine Deeprose, Sarah-ane Baugh, and Giorgio Ganis. "Assessing vividness of mental imagery: The Plymouth Sensory Imagery Questionnaire." British Journal of Psychology 105, no. 4 (2014): 547–63.

9. Zeman, Adam, Michaela Dewar, and Sergio Della Sala. "Reflections on aphantasia." Cortex 74 (2016): 336–37.

10. Williams, Jacqueline, Cristina Omizzolo, Mary P. Galea, and Alasdair Vance. "Motor imagery skills of children with attention deficit hyperactivity disorder and developmental coordination disorder." Human Movement Science 32, no. 1 (2013): 121–35.

11. Debarnot, Ursula, Eleonora Castellani, Gaetano Valenza, Laura Sebastiani, and Aymeric Guillot. "Daytime naps improve motor imagery learning." Cognitive, Affective, and Behavioral Neuroscience 11, no. 4 (2011): 541–50.

12. McTighe, Stephanie M., Rosemary A. Cowell, Boyer D. Winters, Timothy J. Bussey, and Lisa M. Saksida. "Paradoxical false memory for objects after brain damage." Science 330, no. 6009 (2010): 1408–410.

13. Crego, Alberto, Socorro Rodriguez-Holguin, Maria Parada, Nayara Mota, Montserrat Corral, and Fernando Cadaveira. "Reduced anterior prefrontal cortex activation in young binge drinkers during a visual working memory task." Drug and Alcohol Dependence 109, no. 1– (2010): 45–6.

Chapter 5. 결국 해내는 사람들의 상상법

1. Rhodes, Jonathan. "The commando's mental mutiny and mindset." The Psychologist 4 (2022): 54–6.

2. Rhodes, Jonathan. "Enhancing grit in elite athletes through functional imagery training." PhD diss., University of Plymouth, 2020.

3. Oettingen, Gabriele. "Future thought and behaviour change." European Review of Social Psychology 23, no. 1 (2012): 1–3.

4. Zenke, Friedemann, and Wulfram Gerstner. "Hebbian plasticity requires compensatory processes on multiple timescales." Philosophical Transactions of the Royal Society B: Biological Sciences 372, no. 1715 (2017): 20160259.

5. Rhodes, Jonathan, Karol Nedza, Jon May, Thomas Jenkins, and Tom Stone. "From couch to ultra marathon: Using functional imagery training to enhance motivation." Journal of Imagery Research in Sport and Physical Activity 16, no. 1 (2021).

6. Rhodes, Jonathan, Jon May, Jackie Andrade, and David Kavanagh. "Enhancing grit through functional imagery training in professional soccer." Sport Psychologist 32, no. 3 (2018): 220–25.

Chapter 6. 방해되는 생각 다스리기

1. Rhodes, J., J. May, J. Andrade, and R. Ramage. "Mindsets in Education" (presented at 8th Annual Pedagogic Research Institute and Observatory, University of Plymouth, Plymouth, UK, April 2019), www.researchgate.net/publication/332371437_Mindsets_in_Education.

Chapter 7. 최고의 팀은 무엇을 하는가

1. Rhodes, Jonathan, and Jon May. "Applied imagery for motivation: A person-centred model." International Journal of Sport and Exercise Psychology (2021): 1–0.

2. Rhodes, Jonathan, Karol Nedza, Jon May, Thomas Jenkins, and Tom Stone. "From couch to ultra marathon: Using functional imagery training to enhance motivation." Journal of Imagery Research in Sport and Physical Activity 16, no. 1 (2021).

Chapter 8. 변화를 이끌어내는 힘

1. Blanding, Michael. "National health costs could decrease if managers reduce work

stress." Harvard Business School, January 26, 2015. https://hbswk.hbs.edu/item/national-health-costs-could-decrease-if-managers-reduce-work-stress.

2. Olivarez-Giles, Nathan. "Former YouSendIt CEO admits to cyber attack on the company." Los Angeles Times, June 28, 2011. www.latimes.com/business/la-xpm-2011-jun-28-la-fi-yousendit-20110628-story.html.

3. Lee, Woogul, Johnmarshall Reeve, Yiqun Xue, and Jinhu Xiong. "Neural differences between intrinsic reasons for doing versus extrinsic reasons for doing: An fMRI study." Neuroscience Research 73, no. 1 (2012): 68–2.

4. Website of the Paul Hertz Group, accessed September 13, 2022, www.paulhertzgroup.com.

Chapter 9. 한 차원 더 나은 세계로

1. Maslow, Abraham Harold. "A dynamic theory of human motivation." 1958.

2. Tay, Louis, and Ed Diener. "Needs and subjective well-being around the world." Journal of Personality and Social Psychology 101, no. 2 (2011): 354.

3. NASA. "Arctic sea ice minimum extent," July 13, 2022. https://climate.nasa.gov/vital-signs/arctic-sea-ice/.

4. May, Jon, Emma Redding, Sarah Whatley, Klara Łucznik, Lucie Clements, Rebecca Weber, John Sikorski, and Sara Reed. "Enhancing creativity by training metacognitive skills in mental imagery." Thinking Skills and Creativity 38 (2020): 100739.

5. Coyle, Daniel. The Talent Code: Unlocking the Secret of Skill in Maths, Art, Music, Sport, and Just About Everything Else. Random House, 2009.

옮긴이 **이윤정**

한국외국어대학교와 한동대학교 통번역대학원에서 공부하고 현재 출판 번역 에이전시 유엔제
이에서 도서 검토자이자 도서 번역가로 활동하고 있다. 옮긴 책으로는《무의식적 편향》,《시너지
셀링》,《나만의 커피 레시피 북》등이 있다.

인생을 바꾸는 작은 습관들

1판 1쇄 발행 2024년 1월 15일

지은이 조안나 그로버 · 조나단 로즈
옮긴이 이윤정
발행인 오영진 김진갑
발행처 토네이도미디어그룹㈜

책임편집 박민희
기획편집 박수진 유인경 박은화
디자인팀 안윤민 김현주 강재준
마케팅 박시현 박준서 조성은 김수연
경영지원 이혜선

출판등록 2006년 1월 11일 제313-2006-15호
주소 서울시 마포구 월드컵북로5가길 12 서교빌딩 2층
원고 투고 및 독자 문의 midnightbookstore@naver.com
전화 02-332-3310 팩스 02-332-7741
블로그 blog.naver.com/midnightbookstore
페이스북 www.facebook.com/tornadobook
인스타그램 @tornadobooks

ISBN 979-11-5851-283-5 (03190)